Elisabeth Lukas
Psychotherapie in Würde

Elisabeth Lukas

Psychotherapie in Würde

Sinnorientierte Lebenshilfe nach Viktor E. Frankl

Quintessenz

Anschrift der Autorin

Dr. Elisabeth Lukas
Süddeutsches Institut für Logotherapie GmbH
Geschwister-Scholl-Platz 8
82256 Fürstenfeldbruck

Lektorat: Dr. H. Jürgen Kagelmann

Die Deutsche Bibliothek – CIP-Einheitsaufnahme

Lukas, Elisabeth:
Psychotherapie in Würde : sinnorientierte Lebenshilfe nach Viktor E. Frankl / Elisabeth Lukas. – Berlin ; München : Quintessenz, 1994
ISBN 3-86128-281-X

Umschlagabbildung: Sr. Regina Hassler
Herstellung: Christa Neukirchinger, München
Satz: Computersatz Wirth, Regensburg
Druck und Bindung: Schauenburg Graphische Betriebe, Schwanau-Allmannsweiler
Printed in Germany

ISBN 3-86128-281-X
Verlagsbestellnummer 5281

„Binde deinen Karren an einen Stern!" Dieses Wort von Leonardo da Vinci enthält eine Symbolik, die zur sinnorientierten Lebenshilfe nach Viktor E. Frankl in besonderem Maße paßt. Denn diese Psychotherapierichtung – allgemein als Logotherapie bekannt – versteht sich nicht als eine Hilfe, den im Schlamm seelischer Fehlentwicklungen steckengebliebenen „Lebenskarren" eines Menschen aus dem Morast zu ziehen. Sie wühlt nicht im Schutt vergangener Tage, zwischen dem sich die Räder seines Gefährts verklemmt haben mögen. Ihr Anliegen entspricht eher einer Ausrichtung seines „Lebenskarrens" auf jenen Sinn- und Wertehorizont hin, der ihn durch Schutt und Morast noch heil durchzutragen vermag.
Ohne Anbindung an sinnstiftende Kraftquellen und zutiefst erfüllende Weltbezüge würde nämlich selbst der wieder flott gemachte „Lebenskarren" allzuleicht in den nächsten Sumpf einlaufen. Das Freisein der Räder bedeutet nicht zwingend, daß sie sich in die richtige Richtung bewegen. Psychotherapie, will sie der Würde des Menschen entsprechen, muß das Suchen und Sehnen des Menschen ernst nehmen, der wissen will, wohin und wozu sein Wagen rollt, welchen Hoffnungen entgegen.
Freilich, Psychotherapie – auch Logotherapie – kann keine Orientierung vorgeben, sie kann keine Sterne erzeugen. Aber sie kann mithelfen, an diejenigen Sterne anzubinden, die uns leuchten …

Dieses Buch ist dem
Viktor Frankl Institut in Wien
gewidmet

Inhaltsverzeichnis

semper valentior surgo

Die Vision

Warten auf Godot?
Die logotherapeutische Alternative

Ein gern gebrauchter Ausspruch von Werner Sprenger besagt, daß Wege entstehen, indem wir sie gehen. Stimmt dieser Ausspruch? Nun, stellen wir uns eine Wildnis vor, durch die wir uns mühsam hindurchkämpfen. Freilich entsteht mit jedem Schritt, den wir vorankommen, der von uns letztlich zurückgelegte Weg. Dennoch ist und bleibt ein Unterschied zwischen jener Wildnis und etwa einem von gut markierten Wanderwegen durchzogenen Wald. Denn, wo immer wir uns in der Wildnis befinden, stets gibt es nur einen Weg *hinter* uns, den wir uns eben gebahnt haben, und *vor* uns wegloses Gelände. Befinden wir uns hingegen auf einem Wanderweg, gibt es *hinter und vor* uns einen Weg: hinter uns das bereits gegangene Wegstück, und vor uns das noch nicht gegangene, erst zu gehende Wegstück. Hinter uns etwas, das durch uns mitentstanden ist, aber vor uns eine Art Weisung, die keinesfalls durch uns entstanden ist. Eine Wegweisung, die „vorfindlich" ist, ob wir ihr folgen oder nicht, ob wir von ihr abweichen oder nicht, die uns zu nichts zwingt, sondern lediglich Orientierung und Richtung gewährt. Und in der Tat können wir ohne Richtung nicht gehen, nicht einmal in der Wildnis, in der wir einen inneren oder äußeren Kompaß benötigen; wer orientierungslos ist, tritt auf der Stelle oder bewegt sich im Kreis. Folglich müßte der zitierte Ausspruch eigentlich lauten: „Wege entstehen, indem wir in bestimmte Richtungen gehen", und hinzufügen könnten wir: „... in uns gewiesene oder in uns nicht gewiesene". Analog zu dem tiefgründigen Frankl-Wort: „Der Sinn ist Schrittmacher des Seins"[1] ließe sich demnach variierend behaupten: „Die Richtung ist Schrittmacherin des Weges". Auch unseres Lebensweges. Auch des Lebensweges eines ganzen Volkes oder der gesamten Menschheit. Denn die Richtung ist entscheidend. Quo vadis – wohin gehst du, oh Mensch?

---

1 Viktor E. Frankl, Ärztliche Seelsorge, Deuticke, Wien, 10. Aufl. 1982, S. 78

Zu dieser keineswegs neuen, nur heutzutage in ihrer Aktualität besonders brennenden Frage existiert ein biblisches Gleichnis, auf das Viktor E. Frankl in seinen Schriften Bezug nimmt.[2] Es ist die Geschichte vom Auszug des Volkes Israel aus Ägypten auf der Suche nach dem „gelobten Land". Bekanntlich führte jene entbehrungsreiche Reise 40 Jahre lang durch die Wüste. Doch wäre das Volk Israel vermutlich auch nach 40 Jahren noch in der Wüste umhergeirrt, wenn es nicht mehr zur Verfügung gehabt hätte, als seine eigene Fortbewegung, die eigene Kraft. Seine Wegspur wäre zwar durch das Gehen entstanden, nicht aber sein Ankommen im „gelobten Land". Dafür war ein zusätzlicher Faktor ausschlaggebend, ein „Richtungsfaktor": Die *Wolke*. Der biblischen Überlieferung zufolge schwebte nämlich dem Volke Israel Gottes Herrlichkeit in Form einer Wolke voraus; und indem sich das Volk an dieser einzigen Wolke am sonst klaren Wüstenhimmel orientierte, fand es seinen Weg, den „richtigen" Weg, der Ankommen ermöglichte.

Das Gleichnis gibt Anwort auf die uralte, sich wieder und wieder stellende Frage, wohin wir uns im Leben bewegen wollen und sollen, und spendet zugleich Hoffnung, daß es auch für unser Geschlecht und unsere Zeit eine Weisung gibt, die ins „gelobte Land" führt, selbst dann, wenn wir nicht mehr weiter wissen. Um jedoch seine Botschaft zu entschlüsseln, die ja nur in einer Ausschau nach *unserer* Wolke an *unserem* inzwischen recht trübe gewordenen Gegenwartshimmel bestehen kann, empfiehlt es sich, Kriterien jener Wolke zu erarbeiten, die ihr Erkennen erleichtern. Viktor E. Frankl hat auf drei derartige Kriterien hingewiesen, die ich im folgenden von ihrem sinn- und friedenstiftenden Wert her erläutern möchte:

1. die Wolke ist stets *voraus*
2. die Wolke ist *andersartig*
3. die Wolke ist *unerreichbar*

Keine Wolke, die eines dieser Kriterien nicht erfüllt, kann und darf uns Weisung sein. Denn keine würde uns aus der Wüste erretten, wie Samuel Beckett 1952 in seinem Schauspiel „Warten auf Godot" meisterhaft verdeutlicht hat, worauf noch einzugehen sein wird.

---

[2] Viktor E. Frankl, Ärztliche Seelsorge, Deuticke, Wien, 10. Aufl. 1982, S. 78

1. Die Wolke ist stets voraus

Stellen wir uns den Zug des Volkes Israel durch die Wüste bildlich vor und nehmen wir an, die Wolke wäre den Dahinschreitenden nicht vorausgeschwebt, sondern exakt über ihren Köpfen gestanden. Die Konsequenz wäre gewesen, daß der Zug mangels Zielperspektive abrupt zum Stillstand gekommen wäre. Hätte sich die Wolke noch mehr den Menschen angenähert, wäre sie etwa herabgesunken und hätte sie sich unter die Menschen gemischt, hätte sie sie völlig eingenebelt und endgültig aller Orientierung beraubt. Das heißt, daß unser Lebensweg im Kleinen wie im Großen nur gelingen kann, wenn uns ständig und ungebrochen etwas „vorschwebt", ein Ideal, ein Soll-Zustand, eine individuell auf uns zugeschnittene Aufgabe – noch unverwirklicht, aber zur Verwirklichung einladend, noch unerfüllt, aber auf Erfüllung drängend. Etwas muß unserem Leben voraus sein, damit ein Daraufhinleben und Weiterleben Sinn hat.

Wie wenig diese alte Weisheit an Gültigkeit verloren hat, zeigt eine empirische Studie, die 1991 an der Kath. Universität von Lublin/Polen unter der Leitung von Kazimierz Popielski abgeschlossen worden ist.[3] Popielski, ein Schüler Frankls, untersuchte mittels eigens dafür entwickelter komplizierter Testverfahren die sogenannte „noetische Temporalität" bei seelisch gesunden und seelisch gestörten Personen. Darunter versteht man den *Lebenszeitraum*, mit dem sich eine Person geistig (= noetisch) intensiv auseinandersetzt, den sie gleichsam konzentriert im Blick hat. Denn niemand kann sich fortwährend mit seinem ganzen Leben beschäftigen, vom Anfang bis zum voraussehbaren Ende. Jeder wählt Teilzeiträume aus, denen er seine volle Aufmerksamkeit widmet, was entsprechende kognitive und emotionale Prozesse bei ihm in Gang setzt.

Die polnische Untersuchung an mehr als 300 Personen deckte nun folgende Zuordnungen auf:

a) Seelisch gesunde Menschen haben in überwiegendem Maße ihre Gegenwart und nähere Zukunft im Blick.

b) Seelisch gestörte Menschen haben in überwiegendem Maße ihre Vergangenheit und eventuell noch die fernere Zukunft im Blick.

---

[3] Kazimierz Popielski, Analiza poczucia sensu zycia. Test Noo-Dynamiki (T.N-D), Redakcja Wydawnictw, Katolickiego Uniwersytetu Lubelskiego, Lublin 1991

Popielski faßte seine Resultate in der nachstehenden einfachen Graphik zusammen und nannte das „temporale Charakteristikum" seelischer Gesundheit *Präsenz und Vision. Präsenz* als bewußtes Leben in der Gegenwart, um deren Chancen nicht zu verpassen, aber gerichtet auf Inhalte einer näheren Zukunft, die *visionär* vorweggenommen und kraftvoll angepeilt werden.

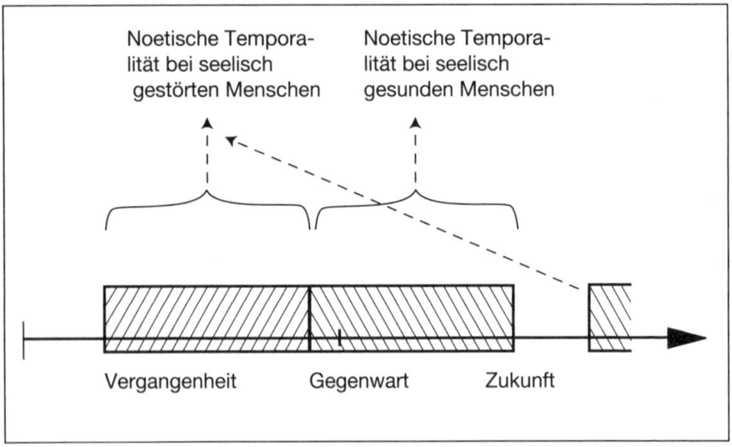

Im Unterschied dazu scheint es ein Charakteristikum seelischer Störungen aller Art zu sein, daß die eigene Vergangenheit und – etwas seltener – ein Zipfel der ferneren Zukunft akzentuiert werden. Wobei im Prinzip nichts dagegen spricht, gelegentlich innezuhalten und früheren Zeiten nachzusinnen. Lernen aus Fehlern, die man selber oder andere gemacht haben, und Freude an schönen Erlebnissen, die einem selber oder anderen bereitet worden sind, wären ohne Momente der Erinnerung undenkbar. Nur darf der „Blick zurück" nicht wie bei Lots Frau zum Element seelischer Erstarrung ausufern und jedwede geistige Kapazität des Menschen an sich binden, was meistens geschieht im Fall einer Glorifizierung der Vergangenheit (im Abstand zu einer unbefriedigenden Gegenwart) oder einer Verdammung der Vergangenheit (als Sündenbock sämtlicher Übel der Gegenwart). Gerade dazu aber neigen seelisch gestörte Menschen besonders: entweder sie jammern den goldenen Tagen einer vergangenen Lebensepoche nach, die nie mehr zurückkehrt – und verspielen so die Gunst der Stunde –, oder sie deklarieren die mittlerweile unabänderlichen Ereignisse aus ihrer Vergangenheit zur zwingenden Verursachung einer nicht minder unabänderlichen tristen Gegenwart und tragischen Zukunft – und werden so zu hilflosen Opfern ihres Lebenslaufes.

Merkwürdigerweise ist es dieselbe Gruppe von Menschen, die nicht nur wie beschrieben vergangenheitsverhaftet lebt, sondern auch leicht am Gedankengespinst ausgemalter ferner Zukunft kleben bleibt, sei es an rosigen Luftschlössern unrealistischer Träumereien, sei es in endzeitlichen Katastrophenängsten einer sich selbst auf Vernichtung programmierenden Existenz. Beides lähmt die Erschließung gegenwärtiger Ressourcen in Entfaltung auf das realistisch Erzielbare und ethisch Verantwortbare hin genauso, wie die Zentrierung um Vergangenes.

Wir sagten, seelisch gestörte Menschen neigen dazu. Vielleicht ist aber die Umkehrung nicht von der Hand zu weisen, nämlich daß Menschen, deren „noetische Temporalität" die Vergangenheit und ferne Zukunft anvisiert, seelische Störungen erleiden, daß sie das „gelobte Land" verfehlen, weil sie die Wolke aus ihren Augen verlieren. Was wäre denn aus dem Volke Israel geworden, wenn es sich in der Wüste permanent umgedreht hätte in der unstillbaren Sehnsucht nach den fruchtbaren Gärten am Uferrand des Nils oder fäusteschüttelnd in ohnmächtiger Wut auf die „Bösewichter" von Ägyptern, die seinen Exodus unabwendbar herausgefordert haben? Oder was wäre aus ihm geworden, wenn es sich, blindlings dahinstolpernd, in illusionistischen Fata-Morgana-Vorstellungen über das „gelobte Land", das noch keiner gesehen hat, gewiegt, bzw. der Trostlosigkeit einer Todesgewißheit, die noch keineswegs feststand, ausgeliefert hätte?

Es ist bestimmt nicht zu gewagt, denjenigen Lebensabschnitt, der nachgewiesenermaßen der „noetischen Temporalität" bei seelisch gesunden Menschen entspricht, mit dem jeweiligen Wegabschnitt zwischen dem durch die Wüste ziehenden Volk Israel und dem Schatten der es geleitenden Wolke zu symbolisieren.

Was bedeutet, daß auch wir nach sorgfältiger Erkundung unseres Standortes – allen tiefenpsychologischen Maximen zum Trotz – unseren Blick nach vorne richten sollen, nicht zu weit nach vorne, nur bis dorthin, wo der „Sinnanruf" (Frankl) gerade noch vernehmbar ist, der uns ruft zu sinnvollem Tun, zum nächsten Schritt. Den Blick nach vorne richten ... im Wissen, daß es etwas gibt, das uns immer voraus

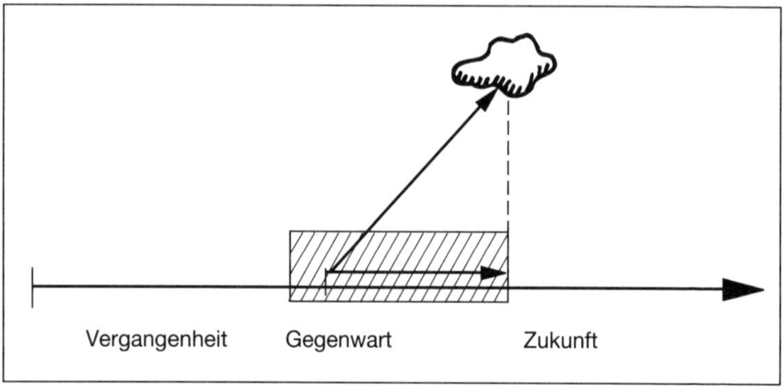

ist – und nie verläßt. Nur so ist Frieden mit der Vergangenheit und konstruktive Veränderung des jeweiligen Standortes in Richtung einer hoffnungsträchtigen Zukunft möglich.

2. Die Wolke ist andersartig

Die biblische Geschichte erzählt uns ein weiteres: Die Wolke ist andersartig als das ihr nachziehende Volk. Sie ist von anderer Qualität, „überwertig", übergeordnet. Es waren ja nicht Angehörige des Volkes Israel, die das Volk anführten, keine Führergestalten, Spähtrupps, Gurus, Machthaber, keine Menschen aus Fleisch und Blut. Die Wolke glitt sozusagen auf höherer (Seins-)Ebene dahin als diejenigen, die sich ihr anvertrauten.

Wiederum fragt sich, ob nicht auch hier der Umkehrschluß zulässig ist, nämlich, daß nur derjenige ins „gelobte Land" findet, der sich auf seinem Lebensweg einem höheren Sein anvertraut? Wieviele Menschen haben sich doch schon verirrt, bloß weil sie falschen Leitbildern gefolgt sind, sich von falschen Verheißungen haben blenden lassen! Wieviele ängstlich-schüchterne Personen orientieren sich an der Meinung ihrer Mitwelt, wollen es ihren Kollegen und Vorgesetzten um jeden Preis recht machen, und lassen sich zu den dümmsten Handlungen hinreißen! Wieviele unreife Jugendliche und junge Erwachsene verkaufen sich mit Leib und Seele an die Peergroup, steigen unter derem Druck in kriminelle Aktionen ein oder begeben sich willig in die Fänge einer Sekte! Wieviele kritiklose Mitläufer und Fans scharren sich um Politiker, Schauspieler, Supersportler und Finanzbosse, deren Thron auf nichts anderem als Geld und Prestige gebaut ist und mit ebendem zu Grunde geht.

Es ist die Frage nach dem Maßstab, an dem sich die richtige Richtung eines Lebensweges bemißt, eine Frage, die in derselben Ebene, in der sie gestellt wird, unbeantwortbar ist. Kein Mensch vermag einem anderen Menschen zu sagen, wohin dieser zu gehen hat, wo dessen „gelobtes Land" liegen könnte. Wir sind nicht der Maßstab – weder für uns selbst, noch für unsere Mitmenschen – und dennoch ist der Maßstab *in uns*. Viktor E. Frankl identifizert ihn mit unserem „persönlichen Gewissen", einem Begriff, den er sehr sauber vom Freudschen Begriff des Überichs abgrenzt, mit welchem die Summe eingelernter Normen und tradierter Moralgesetze gemeint ist. Das „persönliche Gewissen" hingegen „hört ab die Stimme der Transzendenz",[4] es ist – im biblischen Gleichnis – der Finger, der auf die Wolke zeigt.

In diesem Zusammenhang sei ein Gedankengang von Hans Küng erwähnt, den er „Projekt Weltethos" nennt.[5] Darin verdeutlicht er, warum eine ungeteilte Welt ein ungeteiltes Ethos benötigt:

> „Was nützen den einzelnen Staaten und Organisationen, ob der EG, den USA oder der UNO, immer neue Gesetze, wenn ein Großteil der Menschen gar nicht daran denkt, sie auch einzuhalten, und ständig genügend Mittel und Wege findet, um verantwortungslos die eigenen oder kollektiven Interessen durchzusetzen?"

Als Beispiel fügt er hinzu:

> „In den nächsten fünf Jahren etwa müßten in den USA wegen der neuen Drogenwelle für 460.000 neue Gefangene neue Zellen gebaut und insgesamt 35 Milliarden Dollar ausgegeben werden. Schon aus wirtschaftlichen Gründen also kann die Forderung nach mehr Überwachung, Polizei, Gefängnissen und schärferen Gesetzen nicht die einzige Lösung sein, um mit solch schwerwiegenden Problemen unserer Zeit fertig zu werden ..." (S. 56/57)

Wie zutreffend diese Argumentation ist, sieht man an den diversen Unruheherden dieser Erde, die mit Verdikten des Weltsicherheitsrates

---

[4] Viktor E. Frankl, Der Wille zum Sinn, Piper, München, Neuausgabe 1991, S. 117

[5] Hans Küng, Projekt Weltethos, Verlag Piper, München, 4. Aufl. 1992. Die nach den Zitaten angegebenen Seitenzahlen beziehen sich auf dieses Buch.

oder Waffenstillstandsabkommen am grünen Tisch nicht zu befrieden sind, und mit der Drohung eines militärischen Schlages zur gewaltsamen Konfliktbeilegung erst recht nicht.

Was ferner wenig nützt, um Unmenschlichkeit und Bestialität auf unserer Erde zu reduzieren, sind Ursachenanalysen. Der Blick in die Vergangenheit zur Aufdeckung kultureller und politischer Verzahnungen, die das gegenwärtige Elend heraufbeschworen haben, ist nicht automatisch elendsbehebend, was uns angesichts des Kriteriums, daß „die Wolke stets voraus ist", nicht zu verwundern braucht. Für konstruktive Veränderungen wesentlicher als jede Kenntnis der Ursachen des Negativen ist das (An-)Erkennen von *Gründen zum Positiven* – diese alte logotherapeutische Regel greift Hans Küng in seinen Überlegungen auf:

„Warum soll ein Verbrecher seine Geiseln nicht töten, ein Diktator sein Volk nicht vergewaltigen, eine Wirtschaftsgruppe ihr Land nicht ausbeuten, eine Nation einen Krieg nicht anfangen, ein Machtblock nicht notfalls gegen die andere Hälfte der Menschheit die Raketen steigen lassen, wenn das eben im ureigensten Interesse liegt ...?" (Seite 76)

Was also sind echte Gründe zum Positiven? Daß die Angst vor Strafe nicht ausreicht, ist längst klar geworden. Können es rein rationale Gründe sein, Überlebensstrategien, logische Deduktionen des „kategorischen Imperativs" (Kant)? Die allseits beobachtbare Diskrepanz zwischen der heutigen Intelligenz des Menschen und seinem sittlichen Handeln erweckt berechtigte Zweifel daran, weshalb Hans Küng auf eine „andere Ebene" verweist:

„Nein, das Kategorische des ethischen Anspruchs, die Unbedingtheit des Sollens, läßt sich nicht vom Menschen, vom vielfach bedingten Menschen her, sondern nur von einem *Unbedingten* her begründen: von einem Absoluten her, das einen übergreifenden Sinn zu vermitteln vermag und das den einzelnen Menschen, auch die Menschennatur, ja, die gesamte menschliche Gemeinschaft umfaßt und durchdringt. Das kann nur die letzte, höchste Wirklichkeit selbst sein, die zwar nicht rational bewiesen, aber in einem *vernünftigen Vertrauen* angenommen werden kann – wie immer sie in den verschiedenen Religionen genannt, verstanden und interpretiert wird." (Seite 77)

Ist dies nicht ein Verweis auf die Wolke in ihrer Andersartigkeit? Hans Küng gelangt zu dem Ergebnis, daß es kein wirklich menschliches Zusammenleben ohne ein Weltethos der Nationen, und keinen Frieden unter den Nationen ohne Frieden zwischen den Religionen geben kann und wird, weil einzig das in den verschiedenen Religionen *gemeinsam Erschaute* in seiner Verbindlichkeit die es Erschauenden miteinander verbinden könnte. Er hat recht. Erst dann, wenn nicht mehr gut ist für den einen, was schlecht ist für den zweiten, und umgekehrt, z.B. gut ist für eine Wirtschaftsgruppe, was schlecht ist für ihr Land, und schlecht ist für diese Wirtschaftsgruppe, was gut ist für ihr Land – erst dann, wenn sich ein Gutes und Sinnvolles abzeichnet, das *unbedingt gut* ist, worin beide Seiten übereinstimmen, erst dann ist menschliches Zusammenleben konsens- und friedensfähig. Ein solch *unbedingt Gutes* ist dann auch nicht mehr Verhandlungsgegenstand der Diplomatie, die widersprüchliche Anliegen unter einen Kompromißhut zu schlichten versuchen muß, sondern Gegenstand des *einen* Menschheitsanliegens schlechthin, das in der „Suche nach dem gelobten Land“ gipfelt. Es ist von unendlich anderer Art als alles, was in den von vielfältigen Faktoren bedingten Erlebnisräumen von uns Erdbewohnern als nützlich, vorteilhaft und gewinnbringend aufscheint. Für Frankl ist es die Stimme der Transzendenz, abhörbar im persönlichen Gewissen, für Küng das Weltethos, ablesbar in der sich überlappenden Grundsubstanz der Weltreligionen, und wir gehen gewiß nicht fehl, letzteres als kollektives Phänomen von ersterem zu bezeichnen.

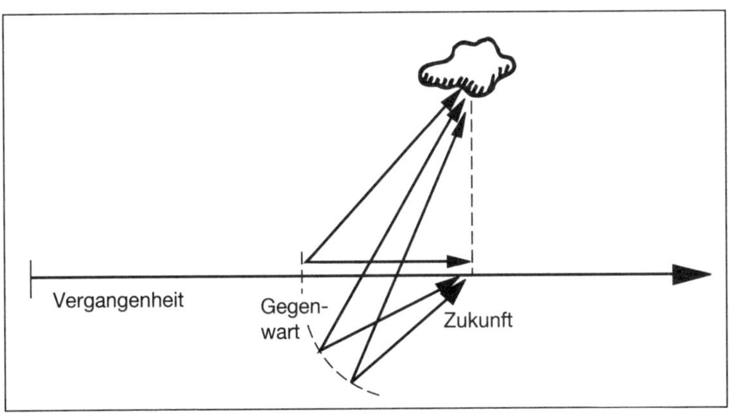

Es wäre ratsam, uns diesem „Denkmuster der Hoffnung“ anzuschließen, denn in der Wüste ist sonst keine Hoffnung. Aber warum soll nicht eines fernen Tages, wenn der Schmerz groß genug geworden ist, die Menschheit gemeinsam aufbrechen wie einst das Volk Israel, ausgehend von unterschiedlichen Standorten, geeint im gemeinsamen Blick auf eine „höhere“ Wirklichkeit?

3. Die Wolke ist unerreichbar

Wenden wir uns nun denjenigen Menschen zu, die sich in der Nachfolge der Wolke bereits auf den Weg gemacht haben. Was erfahren wir im biblischen Gleichnis über ihr Geschick? Ein doppeltes.

a) Keiner von ihnen kommt auf der Wolke an. Diese Aussage mag seltsam anmuten, doch lohnt es, ein wenig bei ihr zu verweilen. Offensichtlich ist es während der Wanderung durch unser Leben sinnvoll, Unerreichbares anzustreben, um Erreichbares zu erreichen. Oder anders ausgedrückt: das Optimale zu intendieren, um das innerhalb der eigenen Begrenztheit Maximale zu schaffen. Dem steht die in der Psychologie verbreitete Auffassung entgegen, man solle sich lieber kleine, moderate Nahziele stecken, die dem Kräftereservoir entsprechen, als hehre Pläne zu schmieden, die einen überfordern. Vorhaben, die zu hoch gegriffen sind, würden nur Enttäuschung und Versagensgefühle produzieren.

Was wie ein Widerspruch wirkt, ist indessen keiner. Denn niemand aus dem Volke Israel hat während jener 40jährigen Reise vorgehabt, auf der Wolke anzukommen. Das kleine, moderate Nahziel eines jeden war immer der nächste Fixpunkt im Sand und Gestein unterhalb der Wolke gewesen, da, wo ihr Schatten hinfiel. Nur hätten sich diese Fixpunkte nicht ausfindig machen lassen ohne Bezugsquelle am Himmel.

Verallgemeinernd fällt dazu auf, daß Personen, die von Enttäuschungen und Versagensgefühlen geplagt werden, oft Bezugsquelle und Fixpunkt miteinander vermengen. Für sie ist das Ziel beides, und die Zielerreichung glücksnotwendig – eine fatale Kombination!

Ein Beispiel: Eine Mutter will das Beste für ihr Kind. Sie nimmt sich Zeit, sie informiert sich über Erziehungsthemen, sie spielt und übt mit dem Kind. Doch die Schullaufbahn des Kindes läßt zu wünschen übrig. Der Junge bleibt im Gymnasium hängen, wechselt auf die Realschule, hat dort Umgang mit Freunden, die ihn zum Schulschwänzen verleiten, erhält ein schlechtes Abschlußzeugnis und bricht wenige Monate später eine halbherzig begonnene Friseurlehre ab. Aus ihm ist einer jener arbeitslosen Jugendlichen geworden, die sich auf den Straßen „herumtreiben" und von Gelegenheitsjobs ernähren. Seine Mutter ist verzweifelt und tief enttäuscht.

Was ist im Beispiel ihre Bezugsquelle, die unerreichbare Wolke? Die Liebe der Mutter wünscht das vollkommene Wohl des Kindes, den totalen Erfolg seines Lebens, und das ist legitim, denn die Liebe erschaut den geliebten Menschen in der Fülle seiner Werthaftigkeit, fast „wie Gott ihn gemeint hat"[6]. Aus dieser Bezugsquelle leiten sich alle Fixpunkte in Form kleiner, moderater Aufgaben ab, die die Mutter von Geburt des Kindes an als ihr „aufgegeben" entdeckt, z.B., das Kind zu stillen, beim Sauberkeitsprozeß zu unterstützen, in den Kindergarten einzugewöhnen, usw. Jeder nächste Fixpunkt ist ein Schritt in die richtige Richtung, den Kräften der Mutter gemäß und gangbar. Auch in der gegenwärtigen Situation der Arbeitslosigkeit ihres Sohnes zeichnet sich ein neuer Fixpunkt auf dem Weg der Mutter ab, mag er im Nichtabreißenlassen des Gesprächs, in einem zu leistenden Vertrauensvorschuß oder in konkreten Hilfen bestehen.

Würde die Mutter ihr Kind annehmen wie es ist, und gleichzeitig konstant auf ihrem eigenen Weg von Fixpunkt zu Fixpunkt bleiben, hätte sie eine gute Chance, im „gelobten Land" anzukommen, dort, wo Liebe stärker ist als Not und Tod. Möchte sie aber ihren Sohn anders haben als er ist, will sie sein Wohl fanatisch erzwingen, sucht sie krampfhaft nach Erklärungen seines „Scheiterns", glaubt sie am Ende, in der Erziehung alles falsch gemacht zu haben, kurzum, kann sie sich mit den steinigen Pfaden des Lebens nicht abfinden und verharrt sie in innerem Protest, dann ist Verzweiflung angesagt. Denn die Wolke, die ihr vorschwebt, ist unerreichbar.

[6] Viktor E. Frankl, Ärztliche Seelsorge, Deuticke, Wien, 10. Aufl. 1982, S. 146

b) Aus der biblischen Erzählung erfahren wir noch mehr. Wir erfahren, daß ein Großteil des aus Ägypten ausgewanderten Volkes Israel nicht einmal das „gelobten Land" erreicht hat, sondern daß es dessen Kinder und Kindeskinder waren, die schließlich am Ziel der Reise eintrafen. Demnach kann manches wichtig sein, gesät zu werden, obwohl erst spätere Generationen die Früchte ernten. Und manche Wegbahnung hat ihren Sinn darin, daß Mitmenschen ans Ziel gelangen.

Darüber hinaus wissen wir nicht, mit welchem metaphysischen Ernst die Geschichte zu interpretieren ist. Wäre nicht vorstellbar, daß diejenigen, die der Wolke treu gefolgt und in der Wüste gestorben sind, eher noch im „gelobten Land" eingetroffen sind als ihre sie überlebenden Kameraden? Ja, wäre nicht denkbar, daß das eigentliche „gelobte Land" jenseits von Raum und Zeit beginnt, und daß dort – was im Hier des Diesseits niemals möglich ist – ein Ankommen auf der Wolke nicht mehr utopisch, sondern wahrhaftiges Gnadengeschenk ist?

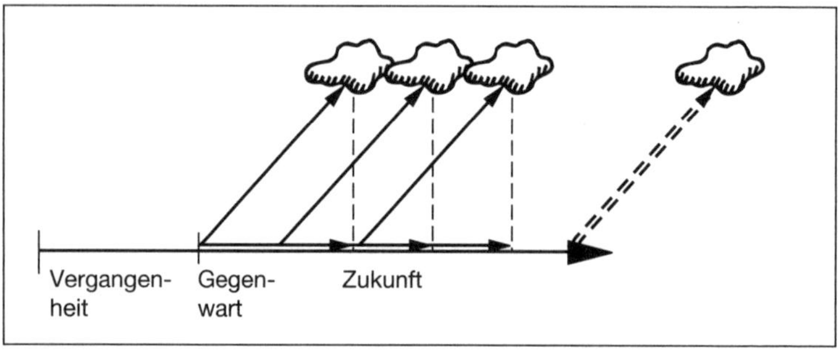

Jedenfalls besitzt das Land, in das das Volk Israel einst geführt wurde, bis heute so wenig das Attribut „gelobt", daß wir ruhig davon ausgehen dürfen, daß das Versprechen der Wolke in einer uns nicht mehr faßbaren oder in Worten zugänglichen Ebene seine Einlösung fand und findet.

Nachdem wir somit Kriterien besprochen haben, die auf die uralte Frage „Quo vadis?" eine auch für unsere Zeit noch relevante Antwort geben können, wollen wir im Kontrast dazu der (vermeintlich) „wolkenlosen Wüste" einen gedanklichen Besuch abstatten. Wie bereits angedeutet ist diese im Drama „Warten auf Godot" exzellent ausgeleuchtet worden. Darin gibt es kein Ideal mehr, das dem Ist-Zustand voraus wäre. Zwar wird jemand erwartet, Herr Godot, der sagen soll, wo es lang geht, doch entstammt der Erwartete der Kategorie „Mensch wie du und ich" – eine trügerische Erwartung. Und Unerreichbarem nachzustreben wird glattweg als sinnlos abgelehnt mit der Folge, daß Erreichbares entgleitet. In dieser Wüste kann nicht gelebt und nicht gestorben werden. Da unsere menschliche Gesellschaft derzeit mit dem Status „Warten auf Godot" gefährlich liebäugelt, soll Becketts Warnung kurz rekapituliert werden.

Das Drama beginnt mit der Darstellung des Ist-Zustandes der menschlichen Welt, repräsentiert durch zwei Gestalten: Wladimir und Estragon. Leid und Angst herrschen vor.

Wladimir: Nur du leidest, nur du! Ich zähle nicht ...
Estragon: Wem soll ich denn meine Angstträume erzählen, außer dir?

Woran leiden sie? An Orientierungslosigkeit, mangelnder Bereitschaft zu Eigeninitiativen, fehlendem Verantwortungsbewußtsein, Hoffnungslosigkeit. Am „existentiellen Vakuum" in Franklscher Diktion. Am gesenkten Blick im biblischen Gleichnis, dem sich nur verrinnender Sand, keine Wolke offenbart.

Wladimir: Warten wir ab, was er uns sagen wird.
Estragon: Wer?
Wladimir: Godot.
Estragon: Ach ja.
Wladimir: Warten wir ab, bis wir genau Bescheid wissen.

Wladimir: Man kann nichts dafür.
Estragon: Man kann machen, was man will.
Wladimir: Man bleibt, was man ist.
Estragon: Man kann sich winden, wie man will.
Wladimir: Im Grunde ändert sich nichts.

Doch die Sinnleere dieser Welt ist nur eine vermeintliche. Alsbald ertönt ein „Sinnanruf". Er tritt auf als Pozzo und Lucky, als Machthaber und Sklave, als Unterdrücker und Unterdrückter, als Ungerechtigkeit, die nach ihrer Überwindung schreit. Um Luckys Hals liegt ein Strick, mit dem ihn Pozzo dirigiert. Die beiden Repräsentanten der menschlichen Welt nehmen sehr genau wahr, was da geschieht, aber sie sind träge, steckengeblieben in Lethargie und Resignation.

Wladimir: Schau dir das an!
Estragon: Was?
Wladimir (zeigend): Den Hals.

Estragon: Tatsächlich.
Wladimir: Ganz wund.
Estragon: Das macht der Strick.
Wladimir: Das Reiben.
Estragon: Nichts zu machen.
Wladimir: Das macht der Knoten.
Estragon: Nichts zu ändern.

Plötzlich rührt sich, mitten in der Abstumpfung, ihr persönliches Gewissen, das den „Sinnanruf" abhört, und für wenige Augenblicke erkennen die beiden die Wolke, die ihnen den Weg weist.

Wladimir (laut aufschreiend): Es ist eine Schande!
Pozzo (zu Wladimir): Spielen Sie auf etwas Bestimmtes an?
Wladimir (entschlossen und stammelnd): Einen Menschen (er zeigt auf Lucky) so behandeln ... das finde ich ... ein menschliches Wesen ... nein ... das ist eine Schande!
Estragon (der ihm nicht nachstehen möchte): Ein Skandal!

Der Machthaber lenkt sie geschickt ab.

Pozzo: Überlegen Sie, bevor Sie eine Dummheit machen ... was würde dann aus Ihrer Verabredung mit diesem ... Godot?

Der Machthaber lullt sie mit Ausreden und Tatsachenverdrehungen ein.

Pozzo: ... anstatt ihn fortzujagen, wie ich gekonnt hätte, ich meine, anstatt ihn einfach mit Fußtritten vor die Tür zu setzen, bring ich ihn – so gut bin ich nun mal – zum Salvator-Markt, wo er mir noch etwas einbringen wird.

Das Weinen Luckys straft ihn Lügen, da greift der Machthaber zum Trick der Scheinheiligkeit.

Pozzo: *Trösten Sie ihn, da Sie ihn schon beklagen.*

Er weiß im vorhinein, wie ein zaghafter Versuch, die gequälte Kreatur zu trösten, ausgehen wird: Lucky schlägt in seinem Schmerz um sich, und die beiden Repräsentanten der menschlichen Welt sind von ihrem Mitleidsanflug „geheilt". Alle Verhöhnung und Verspottung Luckys, die daran anschließt, rührt ihre Herzen nicht mehr, und so verhallt der „Sinnanruf" unbeachtet in der Wüste. Wladimir und Estragon begreifen nicht, daß „Godot" sich ihnen im Nächsten gezeigt hat, sie warten auf einen Godot aus derselben Ebene, auf der sie stehen, sie lauschen dem falschen Propheten, der sie in Gestalt eines harmlos wirkenden Jungen besucht.

Junge: *Herr Godot hat mir gesagt, Ihnen zu sagen, daß er heute abend nicht kommt, aber sicher morgen.*

Woran hätten sie den falschen Propheten erkennen können? An einer Information über Herrn Godot.

Wladimir: *Ist er gut zu dir?*
Junge: *Ja.*
Wladimir: *Schlägt er dich nicht?*
Junge: *Nein, mich nicht.*
Wladimir: *Wen schlägt er denn?*
Junge: *Er schlägt meinen Bruder.*

Auf einen schlagenden Herrn Godot zu warten, ist lächerlich – das strafende Gottesbild führt sich selbst ad absurdum. Irgendwie fühlen es die beiden Repräsentanten der menschlichen Welt.

Wladimir: *Wir haben hier nichts mehr verloren.*

Estragon: *Also, wir gehen?*
Wladimir: *Gehen wir!*

Sie gehen jedoch nicht von der Stelle, und so setzt sich das Drama im 2. Akt fort, der mit einem austreibenden Baum eröffnet wird. Die Natur, das Leben bieten ihre Kräfte zur Erneuerung an. Nur sind Wladimir und Estragon dafür nicht empfänglich, weil sie sich zurück statt nach vorne orientieren.

Estragon: Ich bin mein Leben lang in der Sandwüste herumgezogen! Und da verlangst du, daß ich Unterschiede sehe! (Er blickt in die Runde.) Schau dir doch den Dreck an. Ich bin hier nie herausgekommen.

Gemäß der „noetischen Temporalität“ bei seelisch gestörten Menschen kreisen sie aber nicht nur um Vergangenes, sondern fallen auch einem „Luftschloß“ zum Opfer.

Wladimir: Das ist Godot! Endlich! ... Wir sind gerettet!

Estragon: Ich bin verflucht!
Wladimir: Warst du weit weg?
Estragon: Bis am Rand des Abhangs ... Ich hab den Kopf verloren.

Die beiden Repräsentanten der menschlichen Welt bemerken allmählich, daß sie am Rande des Abhangs, des Abgrundes stehen. Von Entsetzen gepackt richten Sie das suchende Auge zum Himmel.

Estragon: Glaubst du, daß Gott mich sieht?... Gott hab Erbarmen mit mir!
Wladimir (verärgert): Und ich?
Estragon: Mit mir! Mit mir! Erbarmen mit mir!

Das Erbarmen trifft unmittelbar ein, und zwar in Form einer wiedergewonnenen Chance zur Menschlichkeit und zu menschenwürdigem Dasein. In Form einer eindrücklichen Belehrung, und in Form des Rücksignals: Wenn du Erbarmen willst, übe Erbarmen aus! All dies komprimiert sich in Pozzo und Lucky, die als „Gesandte der Wolke“ erneut die Szene betreten. Aber diesmal nicht als Unterdrücker und Unterdrückter, sondern als die zweifache Möglichkeit, Barmherzigkeit auszuüben: Labung der Unschuldigen und Vergebung der Schuldigen.

Pozzo, der Mächtige, ist an seiner eigenen Grausamkeit erblindet und gefallen, auch Lucky ist unter seiner Last zusammengebrochen.

Pozzo: *Ich bin's! Ich bin's! Hebt mich auf!*
Wladimir: *Er kann nicht aufstehen ... Vielleicht hat er noch Knochen für dich.*
Estragon: *Knochen?*
Wladimir: *Hühnchen. Erinnerst du dich denn nicht?*

Estragon: *Wenn wir zuerst die Knochen verlangen würden? Wenn er sie dann nicht geben will, lassen wir ihn einfach liegen.*
Wladimir: *Du willst sagen, daß er uns auf Gnade und Barmherzigkeit ausgeliefert ist?*
Estragon: *Ja.*
Wladimir: *Und daß wir Bedingungen an unsere Hilfe knüpfen sollen?*
Estragon: *Ja.*
Wladimir: *Das klingt in der Tat intelligent ...*

An dieser Stelle geraten die Repräsentanten der menschlichen Welt ins Schleudern, beginnen sie im übertragenen Sinne, den Abhang hinunterzurutschen, auf den Abgrund zu.

Pozzo: *Hilfe, ich gebe euch Geld!*
Estragon: *Wieviel?*
Pozzo: *Eine Mark.*
Estragon: *Nicht genug.*

Pozzo: *Zwei Mark.*
Wladimir: *Wir warten. Wir langweilen uns ... wir langweilen uns zu Tode ...*

Pozzo: *Erbarmen! Erbarmen!*

Estragon: *Er soll die Schnauze halten. Gib ihm eins in die Fresse.*
Wladimir *(stößt Pozzo mehrmals): Bist du fertig? Willst du wohl still sein, du Mistvieh?*

Die Repräsentanten der menschlichen Welt verabschieden sich vom „Weltethos“.

Estragon: *Sieh mal da, die kleine Wolke.*
Wladimir *(schaut in die Höhe): Wo?*
Estragon: *Da, am Zenit.*
Wladimir: *Na, und?*
Estragon: *Laß uns zu etwas anderem übergehen, ja?*
Wladimir: *Ich wollte es dir gerade vorschlagen.*
Estragon: *Aber zu was?*

Das, wozu sie übergehen, ist, auch den unschuldigen Lucky hemmungslos zu treten, und damit scheidet die Chance zur Menschlichkeit endgültig aus ihrem Dasein. Pozzo und Lucky ziehen ab. Zurück bleibt das Warten auf Godot. Auf den vom Jungen angekündigten „Mann mit dem weißen Bart“, der bestimmen soll, was es zu tun gilt. Allein, Liebe kann nur freiwillig und bar aller Berechnung praktiziert werden; würde sie erkauft oder diktiert, würde sie ihrem Wesen entfremdet. Würde sie von oben herab verordnet, wäre das Befolgen dieser Verordnung keine Liebe mehr. Der Weg ins „gelobte Land“ muß, bevor er gegangen wird, *aus freien Stücken und lauteren Motiven gewählt werden.*

Estragon und Wladimir haben ihn nicht gewählt, und so stehen sie am Ende vor jenem Baum, der zu Beginn des 2. Aktes frische Blätter ausgetrieben hat, und überlegen, wie sie sich an dessen dürren Ästen aufhängen könnten.

Estragon: *Hast du kein Stück Kordel?*
Wladimir: *Nein.*

Estragon: *Wart mal, hier ist mein Gürtel.*
Wladimir: *Der ist zu kurz.*
Estragon: *Du ziehst dann an meinen Beinen.*
Wladimir: *Und wer zieht an meinen?*
Estragon: *Ach ja.*

In der (vermeintlich) „wolkenlosen Wüste“ gelingt Leben nicht, symbolisiert an den frischen Blättern des Baumes, und Sterben nicht, symbolisiert an seinen dürren Ästen. Mit dieser Kernaussage fällt der Vorhang über Becketts Schauspiel. Der Vorhang des Welttheaters, auf dessen Bühne „echte Menschheit“ gespielt wird, ist aber noch nicht geschlossen, und in Kürze beginnt der 3. Jahrtausendakt nach Christi. Werden wir Akteure rechtzeitig, und das heißt buchstäblich, bevor wir uns eine Kordel um den Hals legen, verstehen, daß „Godot“ (die Wolke, der Sinnanruf, die Liebe und Barmherzigkeit) *auf uns wartet*?

Viktor E. Frankl beendete sein 1947 erschienenes Buch „Existenzanalyse und die Probleme der Zeit“[7] in geradezu hellsichtiger Weise mit den Worten:

> Wenn es wahr ist, daß die Menschen im Leben so stehen wie die Schauspieler auf einer Bühne, dann erinnern wir uns doch daran, daß der Schauspieler – geblendet vom Rampenlicht – an Stelle des Zuschauerraums nichts sieht als ein großes schwarzes Loch. Er sieht nie, ‚vor wem‘ er spielt. Und geht es dem Menschen nicht ähnlich? Auch er – geblendet vom ‚Schein‘ der Alltäglichkeit – sieht nicht, ‚vor wem‘ er die Verantwortung seines Daseins ‚trägt‘ (wie der Schauspieler seine Rolle trägt): er sieht nicht, vor wem er agiert! Und doch gibt es immer wieder Menschen, die meinen: Genau dort, wo wir ‚nichts‘ sehen, genau dort sitzt der große Zuschauer und sieht uns zu, unverwandt. Diese Menschen sind es, die uns zurufen: Gebt acht – ihr steht vor offenem Vorhang!“

Betrachten wir sein Wort nicht bloß als *die* logotherapeutische Antwort auf Estragons Frage: „Glaubst du, daß Gott mich sieht?“, sondern insbesondere als *das* passende Motto zum Auftakt jenes 3. Aktes am Welttheater, in dem noch alles drin ist: Ankunft und Untergang.

---

7 Viktor E. Frankl, Der Wille zum Sinn, Piper, München, Neuausg. 1991, S. 107

Die Bedeutung der Sinnfindung als Therapieziel im Genesungsprozeß von Suchtkranken

Daß der Genesungsprozeß von Suchtkranken in Phasen verläuft, ist bekannt. Eine der übersichtlichsten Studien zum Phasenverlauf wurde im Herbst 1992 von den drei amerikanischen Forschern James Prochaska, Carlo DiClemente und John Norcross vorgelegt[8]. Diese ermittelten bei erfolgreich verlaufenen Suchttherapien ein charakteristisches Muster aus fünf aufeinanderfolgenden Phasen, welche sie betitelten:

1. Vor der Einsicht
2. Die Einsicht
3. Die Vorbereitung
4. Die Tat
5. Das Standhaftbleiben

In der Tabelle auf Seite 32 sind die fünf Phasen in der linken Spalte aufgezählt, jeweils mit Stichworten aus der Studie gekennzeichnet. Demnach wird das Abhängigkeitsproblem „vor der Einsicht" nicht zugegeben oder überhaupt nicht gesehen, obwohl es der engere mitmenschliche Kreis längst sieht und auch zu spüren bekommt. In der „Einsichts"-Phase wird das Problem dann zwar eingestanden, auch vor sich selbst, was ja am wichtigsten ist, aber dessen Bearbeitung wird noch hinausgeschoben. Erst mit dem Eintritt in die „Vorbereitungs"-Phase werden gute Vorsätze gefaßt und Ideen zum Loskommen vom Suchtmittel gedanklich durchgespielt. „Die Tat" setzt schließlich den Beginn der Neuordnung des Verhaltens fest, in die Zeit und Energie investiert werden. Danach kommt die lange Phase des Ringens um das „Standhaftbleiben", um die Konsolidierung der Abstinenz und das Aufrechterhalten des Erreichten.

Dieser an Hand von gelungenen Suchttherapien ermittelte Verlauf läßt jedoch in seiner Betrachtung eines vermissen: dasjenige, was einen Menschen *bewegt*, von Stufe zu Stufe zu schreiten. In den einzelnen Phasenbeschreibungen der Studie spiegelt sich nur ein steigender

[8] American Psychologist, Nr. 9/1992

Einsatz an Bemühung und Ernsthaftigkeit des Wollens bei den Patienten wider, aber keine Information darüber, was sie veranlaßt haben mag, die Überwindung ihrer oft jahrelangen Krankheit eben endlich zu wollen und sich darum zu bemühen. Darüber gibt eine andere Untersuchung Auskunft, die 1991 von der Forschungsabteilung der Schweizerischen Fachstelle für Alkoholprobleme unter der Leitung von Harald Klingemann durchgeführt worden ist.[9] Er und seine Mitarbeiter hatten einen genialen Einfall. Sie fahndeten in einer Schweizer Medienkampagne nach sogenannten „Selbstheilern", also ehemals Heroin- und Alkoholabhängigen, die den Absprung von der Droge ganz allein und ohne Therapie geschafft hatten. Bei den ca. 30 Personen, die sich daraufhin meldeten, analysierten sie das Phänomen der Autoremission, um daraus Schlüsse für eine noch effizientere Suchtkrankenhilfe zu ziehen.

Was sie entdeckten, war im Grunde derselbe Phasenverlauf, den das amerikanische Wissenschaftler-Team ein Jahr später bestätigen sollte, dazu aber interessante Einblicke ins Motivationsgeschehen. Die von den „Selbstheilern" berichteten Phasen erhielten die Überschriften:

1. Entschlußphase
2. Umsetzungsphase
3. Stabilisierungsphase,

wobei die Problemeinsicht bereits vorausgesetzt wurde, denn ohne eine solche konnte es natürlich zu keinem Entschluß zur Problemänderung gekommen sein. Aus Sicht der „Selbstheiler" war jedoch dieses Problembewußtsein bzw. der vielzitierte Leidensdruck *in keinem Fall* der wesentliche Auslösefaktor im Genesungsprozeß gewesen! Die ehemaligen Fixer und Alkoholiker sagten übereinstimmend aus, daß die Wiedererlangung ihrer Freiheit vom Suchtmittel mit der Entschlußphase begonnen hätte, und daß der Entschluß einzig mit einer *positiven Motivation*, nämlich mit neu aufgetauchten Lebensinhalten und Neuorientierungen als Folge kontinuierlicher oder plötzlicher Entwicklungen herangereift wäre. Als Beispiele für solch positive Motivationen, die die Wende eingeleitet hätten, nannten sie die Bekehrung zum Glauben oder die Geburt eines eigenen Kindes.

[9] Medical Tribune, Nr. 31/2.8.1991

Über die anschließende Umsetzungsphase gaben sie Unterschiedliches zu Protokoll, lauter Schilderungen individueller Methoden im Zuge bewußter Planung des Ausstiegs. In den Aufzählungen überwogen Selbstüberlistungs- und Substitutionsstrategien, ferner Distanzierungstechniken wie das Meiden alter Freunde oder gar die Isolierung auf einer Insel.

Noch weniger Gemeinsamkeiten wiesen ihre Beschreibungen der Stabilisierungsphase auf, mit Ausnahme von einer: in dieser Übergangsphase zum gesunden Leben wurde das von der Droge hinterlassene Loch bei allen „Selbstheilern" konkret und beharrlich mit neuen Inhalten und Sinngehalten aufgefüllt. Vielfach betonten sie auch, daß autonomes Handeln, Beruf und Familie für sie stetig an Bedeutung gewonnen hätten.

***James Prochaska, Carlo Di-Clemente, John Norcross über mittels Suchttherapien geheilte Patienten*:**	***Harald Klingemann, Forschungsabt. der Schweizerischen Fachstelle für Alkoholprobleme, über „Selbstheiler"*:**
Vor der Einsicht: Problem wird nicht zugegeben/gesehen, die Mitmenschen sehen es.	
Die Einsicht: Problem wird eingestanden, aber die Bearbeitung hinausgeschoben.	
Die Vorbereitung: Problem wird angegangen, gute Vorsätze werden gefaßt, Ideen durchgespielt.	***Entschlußphase***: Positive Motivation, Problem zu überwinden auf Grund von Neuorientierungen, neuen Lebensinhalten.
Die Tat: Neuordnung des Verhaltens, in die Zeit und Energie investiert werden.	***Umsetzungsphase***: Selbstüberlistung, Substitutionsstrategien, Distanzierungstechniken
Das Standhaftbleiben: Bemühungen um Konsolidierung der Abstinenz, Aufrechterhalten des Erreichten.	***Stabilisierungsphase***: Neue Inhalte/Sinngehalte füllen das vom Suchtmittel hinterlassene Loch, Beruf/Familie gewinnen an Bedeutung.

Sichtlich spielt bei denjenigen Personen, die das Allerschwierigste vollbracht haben, das man sich nur denken kann – nämlich nicht nur, dem Teufelskreis der Sucht zu entrinnen, sondern dies sogar ohne jegliche therapeutische Unterstützung –, das Durchlaufen aufeinander aufbauender Phasen eine sekundäre Rolle, wohingegen der „Motor", der zu Entschluß und Durchhalten „antreibt", den entscheidenden Part inne hat. Der „Motor", der als *positive Motivation* oder schlichtweg als *Sinnorientierung und Sinnfindung* umschrieben werden kann, wie aus der rechten Spalte der umseitigen Tabelle hervorgeht.

Wenn die Therapieszene aus den Erfahrungen der „Selbstheiler" tatsächlich profitieren will, was dem Grundanliegen des Schweizer Forscherteams um Harald Klingemann entspräche, müßte sie nun genau diesen „Motor" unter die Lupe nehmen, das *existentielle Motiv*, das einen Suchtkranken veranlaßt, von Stufe zu Stufe voranzuschreiten. Denn es gibt zwar gemäß den einzelnen Stufen einzelne Therapieziele bis hin zu den Minizielen, etwa den nächsten Tag suchtmittelfrei zu überstehen, doch ohne ein übergreifendes existentielles Motiv, „für etwas" neu und anders zu leben, wird auch das bescheidenste Therapieziel dem Abhängigen unerhört schwer und im Verhältnis geringfügig lohnend erscheinen. Bei der Auslotung jenes „Motors" kann auf die Ergebnisse einer Therapieschule zurückgegriffen werden, die sich seit mehr als einem halben Jahrhundert mit den Fragen der Sinnsuche und Sinnfindung beschäftigt, und das ist die *Logotherapie* von Viktor E. Frankl. Deshalb soll im folgenden versucht werden, die drei in der rechten Spalte der Tabelle dargestellten Phasen logotherapeutisch zu interpretieren und jeweils Schlüsse daraus für die Suchtkrankenhilfe zu ziehen.

Beginnen wir unsere Interpretation ausnahmsweise mit der zweiten, der Umsetzungsphase. Sie stellt den Kampf um die Selbstbeherrschung dar, herkömmlicherweise mit der Eroberung der Abstinenz gleichgesetzt. Selbstbeherrschung ist die Bedingung der Möglichkeit sinnerfüllten Lebens. Das heißt, ohne diese Bedingung ist sinnerfülltes Leben nicht möglich. Unter dieser Bedingung ist sinnerfülltes Leben aber auch nicht gewährleistet. Abstinenz ist kein Lebenssinn. Wer sich zu beherrschen vermag, muß deswegen allein nicht schon sein Leben zur Fülle leben, er kann sein Leben dennoch verfehlen. Selbstbeherrschung heißt nur, daß das Selbst eines Menschen nicht be-herrscht wird, wovon auch immer, sondern Herrscher ist im eigenen Hause.

Um dem Selbst diese Position zurückzuerlangen, setzen erfahrene Kenner des Problems wie die „Selbstheiler“ Selbstüberlistungsstrategien, Distanzierungstechniken etc. ein. Damit kommen wir zum Kernpunkt: Wer beherrscht, überlistet, kontrolliert dabei wen? Die logotherapeutische Antwort lautet: die *geistige Person*, die ein Mensch „ist“, beherrscht, überlistet, kontrolliert das *biologische Ich*, das dieser Mensch „hat“. Sein biologisches Ich in körperlich-psychischer Ausprägung ist fehlkonditioniert, vielleicht ein kleines Stück genetisch fehldeterminiert. Es ist schwach, frustrationsintolerant, für Verlockungen anfällig. Oder es reagiert nach falschen Skript-Anweisungen, unkritisch und selbstzerstörerisch.

Doch was sich auch alles in ursächlicher Vernetzung zusammenschließen mag, die geistige Person des Menschen in ihrer unabdingbaren Würde und Werthaftigkeit ist unendlich viel mehr als dieses biologische Ich. Sie ist ein mit dem Schöpfungsfunken ausgestattetes Wesen, der Eigenveränderung und Weiterentwicklung in Selbstverantwortung fähig. Von daher ist sie auch keine Maschine, die nach alteingepflanzten und eingeübten Programmen läuft. Sie kann intervenieren – bei sich selbst! Sie kann arbeiten – an sich selbst! Sie kann gestalten – sich selbst! Ja, damit nicht genug; der Schöpfungsfunke glimmt über den Eigenbedarf hinaus. Die geistige Person eines Menschen interveniert in die Umwelt hinein, arbeitet am Umfeld, gestaltet das im Umkreis Befindliche mit. Der Mensch ist Mitschöpfer von Welt, wenngleich leider nicht immer im Guten, er ist ausgerichtet auf sein Selbst transzendierende Inhalte, er ist ein Fragender nach sein Selbst transzendierenden Sinngehalten.

Wenn wir uns diesem logotherapeutischen Menschenbild anschließen, verstehen wir nicht nur, wer in der Umsetzungsphase darangeht, wen zu beherrschen und zu lenken, wir verstehen auch, wer imstande ist, wen zu retten: die geistige Person mit ihrem Schöpfungsfunken das biologische Ich mit seinen Schwächen ...

Schwenken wir damit um zur Interpretation der ersten, der Entschlußphase. Was hat die positive Motivation der „Selbstheiler“ der herkömmlichen Leidensdruck-These voraus? Drücken wir es so aus: Beim Leidensdruck, der, allmählich unerträglich geworden, einen Suchtkranken nötigt, etwas in Richtung Rehabilitation zu unternehmen, leidet das malträdierte biologische Ich, und die geistige Person entschließt sich, es zu retten. Bei einer positiven Motivation hingegen intendiert eine geistige Person einen Sinn in der Welt, den sie nur qua Rettung ihres nicht mehr funktionierenden biologischen Ichs erreichen kann. Sie entschließt sich also, die Bedingung einer Erreichungs- und Erfüllungsmöglichkeit zu schaffen.

Der Grund, warum letzteres aussichtsvoller als ersteres ist, ist schnell erklärt. Der Leidensdruck kann zwar einen Menschen motivieren, sein biologisches Ich zu retten, er kann ihn aber ebenso dazu motivieren, sein biologisches Ich zu *verwerfen*. Sich und seine Schwächen zu hassen, sich und seine Defizite zu verachten. Er kann in ihm den Wunsch wecken, sein biologisches Ich abzustoßen und in den sukzessiven Selbstmord einzuwilligen. Bei der positiven Motivation hingegen geht es um einen geachteten und geschätzten Wert. Um eine Über-Selbst-Wertsetzung, die von der eigenen Schwäche unberührt ist. Ihr zuliebe soll das biologische Ich wieder in Ordnung kommen, damit sich der ganze Mensch in den Dienst an dem geschätzten Wert stellen und den Wert zur Fülle leben kann. Hierbei ist das Gefahrenmoment potentieller Selbstverwerfung minimal.

Spannen wir jetzt den Bogen von der ersten zur dritten, zur Stabilisierungsphase, und diskutieren wir ein prinzipielles Problem. Muß man erst von etwas Sinnbehinderndem wegkommen, um zu etwas Sinnvollem hinzukommen, oder muß man erst zu etwas Sinnvollem hinkommen *wollen*, um von etwas Sinnbehinderndem wegzukommen? Wahrscheinlich sind beide Varianten möglich, und vieles spricht dafür, daß das Unterscheidungskriterium in der Differentialdiagnose „Realbehinderung oder nicht?" zu sehen ist.

Befindet sich jemand in einem reellen „Gefängnis" (äußerer Zwang, organische Krankheit, schicksalhafte Begrenzung), dann muß er freilich erst daraus ausbrechen, um irgendwo anders hinzugelangen. Ohne Öffnung des Tores bleiben die besten Ziele von außerhalb illusionär, und auch ihr Angedachtsein öffnet das Tor nicht. Befindet sich aber jemand in einem selbstproduzierten „Gefängnis", als das sich zahlreiche seelische Krankheiten – darunter die Suchtkrankheiten – deuten lassen, liegt der Schlüssel zum Tor in seiner eigenen Hand. Dennoch öffnet er nicht, was ja sein Dilemma ist und sein Gefängnis produziert. In diesem Fall muß er logischerweise erst dringend irgendwo hingelangen wollen, an einen Ort außerhalb seines Gefängnisses, um ein existentielles Motiv zu haben, sich vom Gefängnis loszustrampeln, indem er das Tor aufschließt. Das Angedachtsein und Gewahrwerden des Zielortes ist dann der Beweg*grund*, der die Hand, die den Schlüssel betätigen kann, bewegt.

Auf die Psychotherapie übertragen heißt dies, daß sie sich bei Realbehinderungen mit den Chancen zur Abtragung der Behinderungen, bei selbstproduzierten Behinderungen jedoch mit den Zielen jenseits dieser Behinderungen befassen sollte. Überlegen wir noch, mit welcher Art von Zielen? Was müssen die angedachten Ziele leisten? Nun, sie müssen in erster Linie die Krankheitsvorteile aufwiegen, und das ist das Erstaunliche an allen seelischen Krankheiten und selbstproduzierten „Gefängnissen“: so triste diese sind, ihre kurzfristigen Vorteile lassen die Hand mit dem Schlüssel immer wieder zögern. Krankheit ist Flucht vor unangenehmen Wahrheiten, ist Ersparnis unangenehmer Entscheidungen, ist Einlullung unangenehmer Gefühle und Abschieben unangenehmer Schuldeingeständnisse. Der Kranke ist wie der Gefangene „geschützt“ vor den Anfechtungen des Lebens, von ihm kann nicht erwartet werden, daß er voll für sich sorgt. Andere müssen für ihn sorgen bzw. sich um ihn sorgen. Das alles mit einer Schlüsselumdrehung aufgeben? Hinausgehen aus dem Tor ins Feindliche, Unbekannte, Orientierungslose? Wer schreckt nicht davor zurück? Auch die „Selbstheiler“, die das Tor heldenhaft durchschritten haben, erwähnen ein Loch, das Droge und Alkohol hinterlassen, sobald sie nicht mehr konsumiert werden, ein Loch an verlorenem Krankheitsgewinn.

Ziele, die solches aufwiegen, können nicht wieder in persönlichen Vorteilen zu suchen sein. Die Vorteile einer Gesundung wären enorm, aber die Vorteile der Krankheit stehen ihnen im Wege, denn die einen sind fern, und die anderen sind nah. Wer wollte es einem Kranken verübeln, wenn er die ihm hautnahen Krankheitsvorteile wählt und auf die ihm weit entfernten Gesundheitsvorteile verzichtet? Nein, Ziele, die zum Öffnen des Tores motivieren, sind in der Regel überpersönliche, sind welche, die im Menschen die Bereitschaft wecken, *notfalls Nachteile in Kauf zu nehmen* – das ist der springende Punkt! Kein Ziel kann existentiell motivieren außer einem, dessen Sinn evident ist, dessen Sinn Grund genug ist, sich über kurzfristige Annehmlichkeiten oder Ersparnis von Unannehmlichkeiten hinwegzusetzen, um diesen erkannten und bejahten Sinn zu verwirklichen. Der „Gefangene“, der wie aus einem schweren Traum aufwacht, vor seinen inneren Augen die Stätte, an der er ankommen muß, um eine bestimmte ihm vorschwebende Aufgabe zu erfüllen, wird alle Hebel in Bewegung setzen, um die Torschwelle zu überwinden. Er ist der eine, dem der Schlüssel in seiner Hand nützt, weil er ihn benützen wird.

Zur Anschauung des Gesagten möchte ich eine Fallgeschichte aus meiner eigenen Praxis nacherzählen.

Der Patient, der mich konsultierte, war Abteilungsleiter in einer großen Firma. Monatelang hatte unheimlicher Streß auf seinen Schultern gelastet, und diverse kleinliche Intrigen hatten ihn fix und fertig gemacht. Um sich über Wasser zu halten, hatte er zu dem denkbar ungünstigsten Mittel gegriffen, das es gibt, nämlich zum Alkohol, was ihn wiederum in einen peinlichen Verkehrsunfall mit Führerscheinentzug verwickelt hatte. Dazu kamen erhebliche häusliche Schwierigkeiten, die zu tätlichen Auseinandersetzungen mit den zwei ältesten Söhnen und zur Scheidungsklage der Ehefrau geführt hatten, und sogar zu einer unschönen nächtlichen Szene, bei der die Polizei geholt worden war, die den angetrunkenen, randalierenden Mann kurzerhand für einige Tage in einer Nervenklinik abgeliefert hatte. Er war mit dem Ratschlag entlassen worden, sich tunlichst in psychotherapeutische Behandlung zu begeben, da sonst seine Berufslaufbahn alsbald zu Ende sein würde. Neben all diesen psychischen Verwirrnissen rebellierte auch der Körper des Mannes, die Verdauung klappte nicht, Nierensteine stellten sich ein und Schweißausbrüche kennzeichneten seine schlaflosen Nächte.

Als wir unsere therapeutischen Gespräche aufnahmen, war der Patient für sechs Wochen krankgeschrieben. Wir hatten also sechs Wochen Zeit, um eine generelle Regeneration der körperlichen und seelischen Gesundheit dieses Mannes anzukurbeln: an sich eine ausreichend lange Zeit, aber nur, wenn ein Patient kooperiert. Dieser Mann jedoch war erschöpft, resigniert, zu allem und jedem in Opposition. Daher bat ich zuerst seine Frau zu einem ernsten und langen Gespräch, in welchem ich ihr darlegte, daß wir eine Phase der Besinnung für ihren Mann brauchten, und daß sie diese unterstützen könne durch ein ruhiges, neutrales Verhalten ohne Vorwürfe und ohne eheliche Debatten; die Scheidungsklage wäre im Moment nicht durchzufechten. Wir vereinbarten auch, daß sie keinen Alkohol zu Hause aufbewahren sollte und die Erziehung der Kinder vorläufig allein leisten müsse, da ihr Mann Schonung und Stille benötigte.

Daraufhin verordnete ich dem Patienten täglich vier bis fünf Stunden in einer einsamen Gegend spazieren zu gehen und seine Gedanken wandern zu lassen, wohin sie wollten, bloß dürfe er nicht über sich selbst und seine Probleme nachgrübeln. „Worüber soll ich denn nachdenken, wenn nicht über mich und meine Situation?“ fragte er mich, woran sein damaliges „Gefangensein“ in der eigenen Problematik deutlich zu erkennen war. „Suchen Sie sich etwas zum Nachdenken!“ riet ich ihm, „Etwas Interessantes, worüber Sie noch nie nachgedacht haben, und berichten Sie mir davon bei unserem nächsten Gespräch.“

Als er wiederkam, hatte er über die Technik und insbesondere über die Rolle des Autos nachgedacht. „Eigentlich ist Spazierengehen sehr schön“, sagte er, „und es hat tatsächlich seine Reize, wenn man keinen Führerschein besitzt.“ Auch das Schlafen sei besser geworden, seit er so viel spazieren gehe. Für das nächste Mal gab ich ihm ein kleines Büchlein mit, das er lesen und über das er nachdenken sollte. Es enthielt allerlei erfrischendes Gedankengut. Als er wiederkam, war er sehr überrascht über die anregende Wirkung geschriebener Worte, denn außer Fachzeitschriften hatte er in den letzten Jahren nie etwas gelesen. „Ich möchte, daß Sie jetzt selbst etwas schreiben“, sagte ich zu ihm, „und zwar drei Protokolle. Als erstes schreiben Sie einen Bericht, so als wären Sie eines Ihrer Kinder, das später einmal seine Kindheitserinnerungen beschreibt. Stellen Sie sich vor, Sie steckten in der Haut eines Ihrer Söhne oder einer Ihrer Töchter, die schon erwachsen seien, und Sie würden gefragt: ‚Woran erinnerst du dich, wenn du an dein Elternhaus denkst, an deine Jugendzeit daheim?‘ Schreiben Sie in der Ich-Form alles nieder, was Ihnen einfällt, und seien Sie ganz ehrlich!“

Der Mann fertigte das Protokoll recht ungern an, aber er brachte es mir. Als er es mir gab, standen ihm doch wahrhaftig Tränen in den Augen. Da stand zu lesen: „Ich hatte eine liebe Mutter, doch von meinem Vater habe ich kaum etwas gesehen. Wenn ich ihn sah, dann war er betrunken, oder er tobte, oder, wenn ich Glück hatte, dann war er bloß unansprechbar ...“

Das zweite Protokoll, das ich den Mann anzufertigen bat, war eines aus der Sicht seiner Frau. Er sollte gedanklich in ihre Gestalt schlüpfen und einen Aufsatz schreiben über das Thema: „Meine Jahre als Frau und Mutter“. Fast schon fürchtete ich, der Patient werde sich diesmal weigern, aber er war ehrlich wie zuvor, und in dem Protokoll stand das Bekenntnis einer großen Liebe, die nur wenig Gegenliebe gefunden hatte.

„Ich weiß, welches Protokoll ich als letztes schreiben soll“, sagte der Mann zu mir, „ich soll die Bilanz meines eigenen Lebens ziehen.“ „Ja“, antwortete ich, „jetzt schlüpfen Sie in Gedanken in die Haut von sich selbst als alter Mann. Sie halten Rückblick auf Ihr Leben und versuchen festzustellen, was die wichtigen und wertvollen Ereignisse und Erlebnisse Ihres Lebens waren, und was unwichtig und überflüssig gewesen ist. Überprüfen Sie die wahre Ernte Ihres Lebens, die Ideale, an deren Realisierung Sie mitgewirkt haben.“

Nach einer Woche war der Mann wieder bei mir. „Ich fange ein neues Leben an“, sagte er, „ich habe verstanden, was Sie mir zeigen wollten. Dieses Protokoll, es darf nie geschrieben werden. Es darf *von der Wirklichkeit* nicht so geschrieben werden, wie ich es jetzt schreiben müßte, wenn ich ehrlich sein wollte. Aber noch sind die Kinder nicht erwachsen, noch ist meine Frau nicht alt, noch neigt sich mein Leben nicht dem Ende zu. Gestern habe ich einen Ausflug mit meiner Familie gemacht. Mit der Bahn. Es war ein ganz normaler Ausflug, wie ihn zahlreiche Familien gemacht haben, aber für mich war er etwas Besonderes: die Kinder freuten sich, meine Frau beobachtete mich wohlwollend, ich habe mir Zeit genommen, ihnen zuzuhören, Zeit genommen, die Landschaft zu betrachten, zu Mittag Zeit genommen, ganz langsam ein Glas Apfelsaft zu trinken und den Fruchtgeschmack zu erspüren, es war ein wunderbarer Tag – ein Tag nach einer unendlichen Folge unglücklicher Tage im Protokoll der Wirklichkeit. Ich werde es doch schaffen ...?“

Dieser Patient hat es geschafft. Es ging nicht von heute auf morgen, doch sein Wille zu einem sinnvollen Leben war geweckt. Er hatte gleichsam die Stätte gefunden, an der er ankommen wollte – als alter Mann, und nun war er bereit, den Schlüssel zu drehen. Wir fanden Wege, wie er den Klauen des Alkohols entrinnen konnte, was nicht so schwierig war, weil es sich um keine Sucht in fortgeschrittenem Stadium gehandelt hatte, sondern eher um eine zeitweise Flucht aus dem Streß, was allerdings nicht minder schlecht hätte ausgehen können. Wir fanden auch Wege, die Ehe zu kitten und die Familie zusammenzuhalten. Als der Mann nach sechs Wochen an seinen Arbeitsplatz zurückkehrte, tat er dies mit dem festen Vorsatz, sich in keine Hektik mehr hineintreiben zu lassen, ja, sogar lieber den Arbeitsplatz zu wechseln, als neuerlich zu erkranken. Bei unserem letzten Kontrollgespräch hatte er auch wieder seinen Führerschein ausgehändigt bekommen, was für ihn ein Zeichen seiner Wiederherstellung war. Bis auf die Nierensteine, die noch ab und zu Beschwerden verursachten, hatte sich mittlerweile der Organismus des Patienten völlig regeneriert, zudem war für den darauffolgenden Sommer ein ausgiebiger Erholungsurlaub für die ganze Familie geplant. Von einem Rückfall des Patienten habe ich bis heute nichts gehört.

Ich glaube, daß es in diesem Fall gelungen ist, die Struktur von Selbstheilungen therapeutisch weitgehend zu kopieren. Zwar war am Anfang ein ziemlich starker Leidensdruck vorhanden gewesen wie Führerscheinentzug, Polizeieinsatz mit Einweisung in die Nervenklinik, drohende Scheidung usw., doch war dadurch der entscheidende motivationale Impuls beim Patienten noch nicht erfolgt. Eine sorgfältige Erhellung der Umstände, wie es zu seiner seelischen Erkrankung gekommen sei, oder eine akribische Deutung seiner Angstträume während der unruhigen Nächte jener Krisenzeit wären therapeutisch auch nicht sehr ergiebig gewesen. Nein, es fehlte die positive Motivation als Zündfunke zum Entschluß, das Leben zu verändern. Nur ein Wachrütteln in Hinblick auf innere Sammlung und geistige Be-sinnung im wahrsten Sinne des Wortes hatte eine Chance gehabt, an den Grundfesten seiner Motivation einzugreifen und von dort aus seine Mitarbeit zu gewinnen. Die meditativen Spaziergänge und das „verordnete" Loslassen vom Kreisen um sich selbst ebneten den Weg zu überpersönlichen Zielsetzungen, die in diesem Fall aus der Familienkonstellation herauswuchsen: Welche Jugendzeit verleben meine Kinder? Welche Antwort verdient die Liebe meiner Frau? Und schließlich: Welche Garben bleiben bestehen am Erntefeld meines eigenen Lebens?

Der Appell Frankls, der inzwischen in Anlehnung an Kant als „existenzanalytischer Imperativ" bekannt geworden ist:

> „Lebe so, als ob du zum zweiten Mal lebtest und
> das erste Mal alles so falsch gemacht hättest,
> wie du es zu machen – im Begriff bist!"[10]

drang indirekt durch die selbstverfaßten Protokolle des Patienten in dessen Ohren und in sein Herz und löste dort die Entschlußphase aus.

[10] Viktor E. Frankl, Ärztliche Seelsorge, Fischer, Frankfurt/Main, 4. Aufl. 1991, S. 109

Vieler Tricks in der Umsetzungsphase bedurfte es dann glücklicherweise nicht, von Streßverminderungstaktiken am Arbeitsplatz abgesehen, dafür aber gab es reichliche „Lochfüllung“ in der Stabilisierungsphase: nicht nur Sonntagsausflüge und Erholungsurlaube, sondern allgemein einen neuen Anfang in den gemeinsamen familiären Beziehungen.

Was resultiert aus alledem in bezug auf Therapieziele im Genesungsprozeß von Suchtkranken? Gewiß das eine: daß Abstinenz als Therapieziel nicht genug ist. Abstinenz stellt die Bedingung der Möglichkeit dar, daß Lebensziele angepeilt werden können, die des Menschen würdig sind. Aber auch ein zweites resultiert aus den vielfachen Überlegungen und Erfahrungen zur Sache. Die Vision von Lebenszielen, die des Menschen würdig sind, scheint die Bedingung der Bereitschaft zu sein, Abstinenz anzupeilen. Von daher sollte im therapeutischen Prozeß von Anbeginn an über Lebensziele verhandelt werden, die von so etwas wie Abstinenz, Mäßigung und Selbstkontrolle *bedingt*, wenn auch nicht bewirkt sind. *Bewirkt* sind sie von einer Größe anderer Art: von dem Schöpfungsfunken im Menschen, der da glimmt, selbst noch unter der Asche der Krankheit, und der hineinsprüht in die Welt, den Sinn einer menschlichen Existenz mit dem Sinn des Ganzen verbindend.

Offizielles Plakat der amerikanischen Gesundheitsbehörden

vulnere valescit virtus

Die Erneuerung

Logotherapeutische Leitlinien zur Rückgewinnung des Urvertrauens

Dieses Kapitel konzentriert sich auf zwei logotherapeutische Gesichtspunkte. Der erste betrifft die grundsätzliche Rückgewinnbarkeit von Urvertrauen. Nur ein Verlorengegangenes kann rückgewonnen werden, und jedes Verlorengegangene ist notwendigerweise ein Zuvor-Dagewesenes. Der erste logotherapeutische Gesichtspunkt rankt sich daher um die Ursprünglichkeit und Urtümlichkeit von so etwas wie Urvertrauen, um dessen Zugehörigkeit zur menscheigenen Seinsweise.

Der zweite Gesichtspunkt schwenkt vom „daß" zum „wie". Wie läßt sich verlorengegangenes Urvertrauen zurückgewinnen? Sicher nicht über eine ausgefeilte Therapiemethode, eine Psychotechnik. Doch gibt es Hilfen zur Einleitung einer intensiven geistigen Auseinandersetzung bei einem Menschen, um ihn mit dem unverfälschten Vorwissen seines Geistes – gleichsam mit der „Erinnerung" an sein ursprüngliches Urvertrauen – wieder in Verbindung zu bringen.

Beide Gesichtspunkte sollen an Hand von Texten (einem längeren wissenschaftlichen Text von Johannes Rosado und einer kurzen, aber prägnanten Patientenaussage) erörtert werden.

I. Zur Theorie der Rückgewinnbarkeit des Urvertrauens

Es entspricht der landläufigen Meinung, daß das Urvertrauen in der frühen Kindheit angelegt wird. Noch konkreter, daß es sich parallel zum Geborgensein oder Nichtgeborgensein eines Säuglings und Kleinkindes in seiner Familie formiert. Dieses Denkmuster teilt dem exogenen Faktor ein großes Gewicht zu: Ängstlich und damit „urvertrauensschwach" wird derjenige, dem schon früh Angst eingejagt worden ist, bzw. der Grund hatte, am Angenommensein seiner Person zu zweifeln. Hält man an dieser Position fest, muß man zu dem Schluß gelangen, daß das Urvertrauen von den Angehörigen eines Menschen erzeugt wird – oder eben in gewissen bedauerlichen Fällen nicht erzeugt wird. Die Bezugspersonen sind dann die „Produzenten" des Urvertrauens beim heranwachsenden Menschen, gute oder schlechte „Produzenten". Haben sie ein Kind von allem Anfang an zurückgewiesen, haben sie es diese Zurückweisung spüren lassen, so konnte sich bei ihm – in der Logik der o.g. Schlußfolgerung – kein Urvertrauen bilden, und das Kind geht auch als Erwachsener noch voll Urangst durchs Leben.

Demgegenüber erhebt sich die Frage, ob Urvertrauen wirklich auf das *Vertrauen zu Menschen* beschränkt ist. Ein Vertrauen, das nicht nur enttäuscht werden kann, sondern das da oder dort auch einfach nie aufgebaut worden sein kann. Ist Urvertrauen in solch engem Rahmen denkbar? Ist es nicht eher ein tiefgehendes Vertrauen zum Leben schlechthin, wie immer unsere Mitmenschen sein mögen? Ist es wirklich Spiegelbild guter oder schlechter mitmenschlicher Erfahrung, die wir einst gemacht haben, oder spiegelt sich in ihm nicht vielmehr eine *nicht* mitmenschliche Urerfahrung wider, nämlich die Erfahrung, zur Existenz gerufen worden zu sein, also teilhaben zu dürfen am Wunder der Menschwerdung und somit im metaphysischen Sinne urgewollt und urgeliebt zu sein?

In seinen „Zehn Thesen über die Person“[11] hat Viktor E. Frankl dazu Stellung genommen. Darin relativiert er sowohl die Bedeutung der Endogenese – in der 3. These, welche lautet: „Die Person ist ein absolutes Novum“, als auch die Bedeutung der Exogenese – in der 10. These, welche lautet: „Die Person begreift sich selbst nicht anders denn von der Transzendenz her“. In den übrigen Thesen beschreibt er die Attribute der Person als „spezifisch humane“, das heißt, in Exklusivität dem Menschen zukommende und sein Menschsein auszeichnende. Dazu zählen die geistige Freiheit (Selbstdistanzierungsfähigkeit) der Person und in einem damit ihre Verantwortlichkeit, die Wertfühligkeit (Gewissen) und Intentionalität im liebenden Über-sich-hinauslangen-Können (Fähigkeit zur Selbsttranzendenz) der Person, der „schöpferische Funke“ in ihr, der ihr erlaubt, diese Welt mitzugestalten (Welt zu „haben“, nicht bloß ein Teil von ihr zu „sein“), und schließlich der bewußte oder unbewußte Bezug der Person zu ihrem Schöpfer (durch die Person „personat“ eine außermenschliche Instanz). All diese Attribute erwirbt die Person weder durch das Erbgut, noch durch die Erziehungseinflüsse, sondern sie eignen ihr aus sich selbst heraus, zumindest potentiell; sie sind Attribute des menschli-

[11] Viktor E. Frankl, Der Wille zum Sinn, Piper, München, Neuausg. 1991, S. 108 ff.

chen Geistes. Erbgut und Erziehung stecken lediglich den Rahmen ab, innerhalb dem sie sich im Hier und Jetzt manifestieren können.

Urvertrauen gehört nun zum bewußten oder unbewußten Bezug der Person zu ihrem Schöpfer. Urvertrauen ist gleichsam ein Synonym für die eine Seite dieses Bezuges, für den Bezug seitens der Person. Damit aber ist Urvertrauen etwas *Ursprüngliches*, im Personsein Gelegenes, dem menschlichen Geist Eignendes, ein Attribut des Geistes, eben eine „Erinnerung" des Geistes an seinen Ursprung und seine Heimat, an das Woher und Wohin einer menschlichen Existenz. Urvertrauen ist ein intuitives Vorwissen von etwas, um das rational gar nicht gewußt werden kann, und das folglich auch nicht von Generation zu Generation weitergegeben werden kann. Gleichzeitig ist es ein sehnsuchtsvolles Spüren von etwas, das emotional nicht recht einzuordnen ist, weil es sich niemals deckt mit zwischenmenschlich erfahrbarer Nähe und Wärme und Güte. Als geistiger Bezug überschreitet es rationale und emotionale Limits, und kann auch rational und emotional nur beschränkt vermittelt werden.

Aus dem Gesagten geht hervor, daß Urvertrauen im logotherapeutischen Menschenbild *nicht* als ein im Laufe des Lebens erworbenes Vertrauen zu anderen Menschen definiert wird, dessen Vorhandensein und Stärke damit steht und fällt, wie vertrauenswürdig sich solche andere Menschen, denen jemand begegnet ist, von Anfang an erwiesen haben. Auch wird es nicht definiert als die Internalisierung dessen, was andere Menschen einem selbst von Anfang an zugetraut haben. Vielmehr ist es ein Vertrauen, das sich aus der Welt (und durch die mitmenschlichen Welt hindurch) in eine Überwelt hinein richtet, aus der her eine Person sich angenommen weiß und fühlt, und gäbe es keinen einzigen Menschen, dem sie Grund hat zu vertrauen, und gäbe es keinen einzigen Menschen, der ihr vertraut. Aus diesem Blickwinkel heraus reduziert sich die Bedeutung exogener Faktoren, die den Zugang zu ursprünglichen Bezügen verschüttet haben mögen, und es intensiviert sich die Bedeutung jener ursprünglichen Bezüge, die ein Leben lang latent vorhanden bleiben und in einem geistigen Ringen wieder reaktiviert werden können. Kurzum, dic Logotherapie geht von einem *stets rückgewinnbaren, weil niemals fehlenden könnenden, sondern höchstens verlorenen worden sein könnenden* Urvertrauen aus, was entsprechende Konsequenzen für die praktisch therapeutische Arbeit hat.

Zur philosophischen Untermauerung des dargelegten Blickwinkels der Logotherapie sei der angekündigte Textausschnitt von Johannes Rosado[12] herangezogen. Dieser Textausschnitt befaßt sich zwar nicht mit dem Phänomen des Urvertrauens, erläutert aber auf wissenschaftlich fundierte Weise, warum es spezifisch humane Phänomene gibt, die schon vor aller exogenen Fremdeinwirkung der Person eignen, sogar der Person eines Menschen im Embryonalstadium. Was hier über die Ursprünglichkeit spezifisch humaner Phänomene ausgesagt wird, kann ohne Einschränkung für das Phänomen des Urvertrauens gelten.

Textausschnitt

‚Potenz', ‚Potentialität' meint etwas mehr als die bloße faktische Macht eines Seienden. Unter ‚Potenz' (bzw. ‚Potentialität') wird ein tiefgreifendes Moment in der ontologischen Verfassung eines Seienden verstanden, das eigentlich nur im Zusammenhang der Verwirklichung dieser Potenz erkannt werden kann. (Die Potenz kann eine Zeit lang verborgen bleiben, auf verborgene Weise vorliegen, um erst dann im Zuge ihrer Realisierung erkannt zu werden: so zum Beispiel wenn ein Kind längere Zeit braucht, um ein Zeichen von seiner musikalischen Begabung zu geben.) Die Potenz ist der ermöglichende Grund aller Verwirklichungsmomente an einem Seienden. Wo es zur Verwirklichung oder Austragung eines Entwicklungsmomentes an einem Seienden kommt, dort muß eine Potenz (als ermöglichender Grund) angenommen werden[13].

Alle Eigenschaften eines Seienden gründen in der Seinsweise, welche dieses Seiende hat und durch die Zeit hindurch behält, sofern es seine Identität zu bewahren vermag. Die Seinsweise des Seienden ist primär, die einzelnen Eigenschaften – jede für sich genommen – demgegenüber sekundär[14]. Nach dem

[12] Johannes Rosado, Der Status des Embryo in den ersten Stunden und Tagen in IMABE-Quartalsblätter, Institut für medizinische Anthropologie und Bioethik, Wien, April 1993

[13] Zu der Lehre von den Potentialitäten des Seienden vgl.: Josef Stallmach, Dynamis und Energeia. Untersuchungen am Werk des Aristoteles zur Problemgeschichte von Möglichkeit und Wirklichkeit, Meisenheim Glan 1959

[14] Günther Pöltner, Was macht den Menschen zum Menschen? Zur Diskussion um den Beginn des Rechts auf Leben, in: Schriftenreihe der Juristen-Vereinigung Lebensrecht e.V. zu Köln, Nr. 8, Köln 1991, 7-24, S. 18; ders., Achtung der Würde und Schutz von Interessen, in: Johannes Bonelli (Hg.), Der Mensch als Mitte und Maßstab der Medizin, Wien 1992, 3-32, S. 17 f.

ontologischen Begründungszusammenhang, den wir in Erwägung gezogen haben, sind alle Potentialitäten des Embryos, auch die sich auf die von ihm entferntesten Möglichkeiten – wie etwa der Gebrauch vom Intellekt oder das Ergreifen der eigenen Freiheit – beziehen, in seiner Seinsweise enthalten.

Es gilt an dieser Stelle den Unterschied zwischen faktischer und prinzipieller Potentialität zu bedenken[15]. Der Embryo ist zu einem selbstverantwortlichen Daseinsvollzug faktisch nicht in der Lage, er hat aber die prinzipielle Möglichkeit dazu. Prinzipielle Potentialitäten sind jene Möglichkeiten des Embryos, die mit dem Menschsein selbst gegeben, mit ihm selbst eröffnet sind. Sie bilden die Grundlage für den Erwerb – im Laufe seiner Daseinsentwicklung – weiterer Möglichkeiten, für die Ausbildung faktischer Fähigkeiten, die den Embryo ontologisch bereichern bzw. die er eventuell wieder verlieren kann.

Eine solche prinzipielle Möglichkeit ist zum Beispiel die Freiheit. Freiheit ist keine erwerbbare oder gegebenenfalls verlierbare Fähigkeit[16]. Sie ist zwar ein Können, aber keine Fähigkeit neben anderen auch noch (wie etwa rechnen können oder basteln können). Sie ist jenes Können, welches den Erwerb menschlicher Fähigkeiten ermöglicht. Als Grund für die Ausbildung von Fähigkeiten ist sie selbst keine spezielle Fähigkeit, sondern eine mit dem Menschsein bereits gegebene Möglichkeit – die in der Ausbildung von Fähigkeiten ergriffen wird. Diese prinzipielle Möglichkeit erwerben Ungeborene nicht im Laufe ihrer Daseinsentwicklung, da sie bereits mit ihrem Dasein eröffnet ist. Diese prinzipielle Möglichkeit *ist* gewissermaßen ihr Dasein selber[17].

Alle Eigenschaften und Fähigkeiten des Seienden, haben wir gesagt, gründen in der Seinsweise, welche dieses hat. Dies hat Auswirkungen im Hinblick auf die Deutung der Seinsweise – und folglich auch der ontologischen Ausstattung – des jungen Embryos. Wir haben die ontologische Verfassung des Embryos so zu denken, daß dabei auf das Moment seiner Potentialitäten Rücksicht genommen wird, daß dabei Phänomene wie die Möglichkeit eines selbstverantwortlichen Daseinsvollzugs (Ergreifen der aktuell gegebenen Freiheit) gewahrt bleiben.

In diesem Licht erscheint die aktuell von der Befruchtung an gegebene ontologische Verfassung des Embryos bereits in den ersten Phasen seines Lebens als der ermöglichende Grund von freien Handlungen, zu denen der Embryo allerdings faktisch zu diesem Zeitpunkt noch nicht in der Lage ist. Durch seine ontologische Verfassung unterscheidet sich der Embryo von allen Lebe-

[15] Vgl. Günther Pöltner, Achtung der Würde und Schutz von Interessen, S. 21 f.

[16] Ebd., S. 21

[17] Vgl. Günther Pöltner, Was macht den Menschen zum Menschen?, S. 20.

wesen, die zu solchen faktischen Fähigkeiten keinen (ontologischen) Zugang haben. Wenn der Embryo später eine von diesen Fähigkeiten erwirbt – wenn er zu einem verantwortungsfähigen Menschen geworden ist -, dann ist offenbar geworden, was er von Anbeginn seiner Existenz verborgenerweise schon gewesen ist: ein menschliches Wesen, ein Freiheitssubjekt[18].

Fassen wir nun zusammen. Das aus der Befruchtung hervorgegangene menschliche Wesen ist als ein *Novum*, als ein radikal neues, selbständiges Wesen anzusehen.

Dieses Ergebnis erhielt durch Untersuchungen, die in den Jahren 1984 bis 1988 durchgeführt wurden, eine neue Bestätigung[19]. Aus den Untersuchungen geht hervor, daß die Zelldifferenzierung, die nach der Einnistung des Embryos im Uterus stattfindet, und durch welche es zur Ausbildung jener Fähigkeiten kommt, durch die sich der Mensch anderen Lebewesen gegenüber auszeichnet – daß diese also auf die spezifisch-menschliche Natur des Embryos hinweisende Zelldifferenzierung ausschließlich vom Embryo gesteuert wird, ausschließlich auf seine ontologische Verfassung zurückzuführen ist, auf jene Informationen, die vom Embryo selbst herrühren[20].

Dies bedeutet, daß der Embryo seine spezifisch-menschliche Entwicklung nicht erst durch die Einwirkung eines äußeren Faktors erhält (in Frage käme eine Steuerung der Entwicklung durch die Mutter[21]), sondern zu ihr eigentätig gelangt. Wenn nun aber die Informationen, aus denen heraus sich der Embryo als Mensch entwickelt, nicht von außen kommen, dann ist anzunehmen, daß dem Embryo von Anfang an – schon vor der Einnistung im Uterus! – die Seinsweise des Menschen eignet. Denn die Seinsweise eines Seienden wird nicht durch sein Wirken, durch seine Entwicklung erlangt, sondern umgekehrt gründet die Entwicklung und das Wirken auf das bereits selbständige Sein (auf die Seinsweise) des Dinges; nicht also erhält der Embryo durch sein Wirken die Seinsweise etwa des Menschen, sondern seine (spezifisch-menschliche) Seinsweise ermöglicht ihm, als ein Mensch zu wirken, als ein Mensch sich zu entfalten.

[18] „Denn ich selbst bin schon dagewesen, als ich zum selbständigen Daseinsvollzug noch nicht in der Lage gewesen bin, nicht aber hat ein mit weniger Eigenschaften ausgestattetes menschliches Individuum als Vorläufer meiner selbst existiert“. Vgl. Günther Pöltner, Achtung der Würde und Schutz von Interessen, S. 22

[19] Vgl. Antoine Suarez, La diffrenciation cellulaire, qui a lieu chez l'embryon apré son implantation dans la paroi utrine, n'est pas commandéd par des messages provenant de la ére. Un thorme biologique, in: Médcine et Hygiéne, Nr. 5/1993, S. 399-401

[20] Vgl. Antoine Suarez, La differenciation cellulaire ..., S. 401

[21] Vgl. Antoine Suarez, La differenciation cellulaire ..., S. 399-401

Die Parallelen des Textes von Johannes Rosado zu den „Zehn Thesen über die Person“ von Viktor E. Frankl weisen auf eine große Übereinstimmung des anthropologischen Denkansatzes hin. Demnach ließe sich in einer Synthese der Argumente beider Autoren behaupten, daß das „Sich-von-der-Transzendenz-her-Verstehen“ der Person, ihr Urvertrauen, in der ontologischen Verfassung des Menschen vom Augenblick des Beginns seines Lebens an, also auch des Embryos (und sogar der befruchteten Eizelle vor ihrer Einnistung in den Uterus!) begründet liegt, und nicht in späteren Vorbildern oder Handlungen von Bezugspersonen. Der Mensch ist nicht nur ein „Freiheitssubjekt“, er ist auch ein „Vertrauenssubjekt“. Deshalb ist Vertrauen etwas Primäres, das zwar sekundär verschüttet und verloren werden kann, das aber niemals nicht mitentstanden sein kann bei der Entstehung menschlichen Lebens. Für die angewandte Psychotherapie und insbesondere Logotherapie bedeutet dies, daß das Phänomen des Urvertrauens ein *rückgewinnbares* ist, hinsichtlich dem nur noch zur Diskussion steht, wie und mittels welcher Hilfen die Verstellung eines Primären durch sekundäre Geschehnisse wieder rückgängig gemacht werden kann.

II. Praktische Hilfen zur Rückgewinnung des Urvertrauens

Zur Erörterung der praktischen Handhabung des Vertrauensproblems sei zunächst ein Ausschnitt aus einer Patientenniederschrift gebracht, der insofern gut an das Vorhergehenden anschließt, als er ebenfalls die vorgeburtliche Zeit (der Patientin) miteinbegreift.

Textausschnitt

„Bei allem, bei dem etwas passieren könnte, habe ich Angst um mein Leben. Nach dem Motto: Wer sich in Gefahr begibt, kommt darin um. So sagte immer meine Großmutter. Vielleicht ist die Ursache auch darin gelegen, daß meine Mutter, getrieben von Zukunftsangst und Scham, versucht hat, mich abzutreiben. Mehrere Ärzte sollen es versucht haben, doch es gelang nicht. Wie ich hörte, soll ja schon der Embryo Abwehrbewegungen machen; die Urangst bleibt dann bestehen. Meine Mutter war Lehrerin und durfte laut Lehrerzölibat

(30er Jahre!) nur wieder einen Lehrer heiraten. Mein Vater war aber ein brotloser Berufsmusiker. Sie hätte ihren Arbeitsplatz aufgeben müssen, um ihn zu heiraten. Und die Schande eines ledigen Kindes hätte man keiner Lehrerin damals verziehen ... Sie hat dann doch, weil ich nicht wegzukriegen war, meinen Vater geheiratet und mich sehr geliebt. Durch die Not und die Entbehrungen bekam sie TBC und starb mit 35 Jahren, die Ärmste."

In dem Text deutet die Patientin an, daß sie unter starken Ängsten leidet, unter Lebensängsten. Offenbar merkt sie selbst, daß sie seelisch labil ist. Daraufhin setzt bei ihr ein, was normalerweise bei jedem einsetzt, der sich mit einem Problem konfrontiert findet: sie sucht nach den Ursachen ihres Problems. Sie entwickelt, was man in der Fachsprache eine „Laienätiologie" nennt, nämlich ein Interpretationskonzept zur Erklärung des Zustandekommens ihrer eigenen Ängstlichkeit. Beachtenswert ist nun, worauf sie ihre Aufmerksamkeit lenkt, welche Elemente sie zur ursächlichen Begründung von Problemen auswählt. Der Text informiert uns darüber, daß derartige Elemente für sie vorrangig exogene Faktoren in Form unerfreulicher mitmenschlicher Aktionen sind:

a) Die Großmutter hat ihr während der Kindheit ein angsteinflößendes Motto überliefert.
b) Die Mutter hat mit Hilfe mehrerer Ärzte verzweifelt versucht, sie abzutreiben.

Wie sehr das Interpretationskonzept der Patientin für sie Allgemeingültigkeit hat, also gleichsam zur ursächlichen Deutung auch sonstiger Probleme herangezogen wird, beweist die Übertragung ihrer „Laienätiologie" auf andere Personen, im Text auf ihre Mutter. Denn gemäß diesem Schema litt auch ihre Mutter primär an exogenen Faktoren in Form unerfreulicher mitmenschlicher Aktionen:

a) Die Gesetzeslage für Lehrer in den 30er Jahren brachte sie in diese unglückliche Situation.
b) Die Ärzte versagten bezüglich des Auftrages, sie von der Schwangerschaft zu befreien.
c) Die Eheschließung mit dem Mann machte sie krank und führte zu ihrem frühen Tod.

Dieses Interpretationskonzept der Patientin läßt sich auf folgenden einfachen Nenner zurückschrauben: Dem Menschen geht es so gut, wie es die äußeren Faktoren (im Gewand seiner Mitmenschen) zulassen. Oder ichhaft ausgedrückt: „Mein Glück und mein Wohlbefinden liegen in der Hand anderer, werden von anderen Menschen bestimmt." Es leuchtet unmittelbar ein, daß *dieses Selbstverständnis an und für sich ein ganz und gar angstproduzierendes ist!* Wer sich als hilfloses Opfer seiner Mitwelt fühlt, abhängig von deren Gunst, ausgeliefert an deren „Gnade" und in seinem Gesundheits- oder Krankheitszustand von ihr bewirkt und bedingt, muß ständig um sein Leben bangen. Ja, das Bangen um das eigene Leben wird noch dramatisiert durch die vermeintliche Ohnmacht, etwas zum Schutz oder zur Veränderung des eigenen Lebens tun zu können. Das heißt, es ist keine abwegige Idee, *fachätiologisch* die Hauptursache der Urangst dieser Patientin in ihrem deterministischen und auf exogene Faktoren festgelegten Selbstverständnis zu sehen, anstatt in den traurigen Umständen ihrer Embryonalphase.

Daß nicht die reellen Tatsachen allein, sondern unsere Auffassungen von den Tatsachen entscheidend sind, wußten schon die griechischen Philosophen des Altertums, allen voran Epiktet. Im Fall der zitierten Patientin hätte ein differentes Selbstverständnis zu einem unterschiedlichen Interpretationskonzept bezüglich ihrer vorliegenden Symptomatik geführt. Der springende Punkt ist jedoch, daß es möglicherweise *zu gar keiner Krankheitssymptomatik* bei ihr geführt hätte, sondern zu einer Deutung ihres Werdeganges im Positiven, ja, zu einem Gefühl metaphysischer Geborgenheit:

a) Nicht einmal medizinische Eingriffe an ihrer Mutter haben ihr den gesunden Weg ins Leben verwehrt.
b) Obwohl ihre Mutter in einer schwierigen Lage war, hat sie sie nach der Geburt sehr geliebt.
c) Auch der Vater ist zur Familie gestanden und hat sie als seine Tochter anerkannt.
d) Von den pädagogischen und musikalischen Fähigkeiten ihrer Eltern durfte sie profitieren.
e) Die oft ausgesprochenen Warnungen der Großmutter haben sie vor Leichtsinn bewahrt.

f) An der Erkrankung und dem frühen Tod ihrer Mutter ist sie seelisch gereift.

Ein derartiges Interpretationskonzept hätte, auf einfachen Nenner gebracht, ausgesagt: Das Leben ist trotz mancher Härten unwahrscheinlich gut. Oder ichhaft ausgedrückt: „Für mich und meinen Lebensweg ist gesorgt, selbst wenn mir Hindernisse in den Weg gelegt werden." Wiederum leuchtet ein, daß *dieses Selbstverständnis geradezu ein Gegengift gegen aufkeimende Ängste darstellt!* Wer davon ausgeht, daß er getragen, gehalten und bewahrt ist, und zwar gegebenen widrigen Umständen zum Trotz, fühlt sich alsbald motiviert, etwaige düstere Gedanken über jene Umständen zu verabschieden und sein Leben schwungvoll in die Hand zu nehmen. Er versteht sich nicht als hilfloses Opfer, der Gunst anderer ausgeliefert, sondern er lebt im Gegenteil aus einer Gunst heraus, die ihm keiner rauben kann, und die ihn befreit zur Übernahme von Eigenverantwortung. Mit anderen Worten, würde die Patientin ihr Selbstverständnis und in der Folge ihr Interpretationskonzept über ihr Sein und Willkommen-Sein in der Welt wechseln, würde sie aus der Urangst eintauchen ins Urvertrauen, und dies unabhängig von ihrer Vorgeschichte. Würde – in Umkehrung des Frankl-Ausspruches, daß der verdrängte Glaube leicht in Aberglauben ausartet[22] – ihr „Aberglaube" an die Macht äußerer Einflüsse und mitmenschlicher Destruktionskraft schrumpfen, würde sich ihr Glaube an die eigene ihr offenstehende und unbehindert zugängliche Entfaltungskraft wieder erholen.

Allgemein läßt sich festhalten: *Wer schlechte Erfahrungen gemacht hat, hat zugleich die gute Erfahrung gemacht, daß er trotz seiner schlechten Erfahrungen nicht untergegangen ist, sonst würde er ja nicht mehr existieren.* Wird ihm diese Einsicht bewußt, könnte ein weiteres Unbewußtes, nämlich das „Vorwissen" in ihm aufsteigen und zur Bewußtheit gelangen, daß es auch in der Zeit jener schlechten Erfahrungen etwas ihn Tragendes gegeben hat, einen Boden seiner Existenz, auf dem er unerschütterlich aufgeruht hat, mitten im Sturm rings um ihn, weil ihn das Leben noch „wollte" und brauchte. Weil er

[22] Viktor E. Frankl, Der unbewußte Gott, Kösel, München, 7. Aufl. 1988, S. 64

nach wie vor wichtig und bedeutsam ist für das Leben, das sich ihm unbeirrt als Fülle von Verwirklichungsmöglichkeiten anbietet. Es könnte ihm dämmern, daß er wider allem Anschein „erwünscht" und „bejaht" ist. Was wiegt eine schlechte Erfahrung gegen *diese* Erkenntnis?

Denken wir im Interesse der praktischen Anschaulichkeit ein weiteres Beispiel durch. Angenommen, Eltern haben einem Jugendlichen versprochen, ihn aus dem Internat heimzuholen. Danach haben sie ihr Versprechen nicht gehalten, und er mußte bis zu seinem Schulabschluß im Internat wohnen. Zweifellos war dies, wenn er sich dort ungern aufhielt, eine große Enttäuschung für ihn, eine schlechte Lebenserfahrung, die ihn mitmenschlichen Zusagen gegenüber mißtrauisch gemacht hat. Dennoch könnte die schmerzliche Erfahrung ihn ein Zusätzliches gelehrt haben. Man stirbt nicht am Internatsbesuch. Man geht nicht zugrunde am gebrochenen Wort der Eltern. Das Leben ist erstaunlich vielfältig und flexibel, es hört nie auf, Chancen in sich zu bergen. Das Internat hatte am Ende vielleicht sogar ein paar schöne Seiten, indem Freundschaften geschlossen wurden, Gemeinschaft erlebt wurde. Kontakte zu Lieblingslehrern blieben jahrelang bestehen. Irgendwie kann sich die schlechte Erfahrung mit dem nicht-eingehaltenen Versprechen der Eltern schließlich zu der guten Erfahrung gewandelt haben, daß das Leben auch außerhalb des Elternhauses weitergeht und bewältigbar ist.

Steht für den ehemals Jugendlichen im Erwachsenenalter die schlechte Erfahrung mit den Eltern im Vordergrund, wird ihm ein Stück Urvertrauen verlustig gehen. Steht im Unterschied dazu für ihn die gute Erfahrung, die er mit dem Leben gemacht hat, im Vordergrund, wird sich sein Urvertrauen noch festigen. Entweder wird er sich also bis in alle Zukunft an dem Erlebnis festkrallen, von nahen Menschen im Stich gelassen worden zu sein, mit der fatalen Auswirkung, daß sich sein Mißtrauenskontingent verschärft, oder aber er wird sich bis in alle Zukunft an der Erkenntnis orientieren, daß er noch als ein von Menschen in Stich Gelassener nicht kaputt geht, sofern seine Existenz aus tieferen Gründen (man könnte auch sagen: nach höheren Plänen) bewahrt bleiben soll, was sein Vertrauensvermögen erheblich stärkt.

In beiden Fällen, bei der ängstlichen Patientin und dem Mann, der als Jugendlicher gezwungenermaßen ein Internat besuchen mußte, sind tiefenpsychologisch gravierende Traumata rekonstruierbar. Auch lerntheoretisch sind in beiden Fällen erfolgte Fehlkonditionierungen nachweisbar. Denn überall ist einst *Unerwünschtheit* wie ein Messer in die Seele der betreffenden Person eingedrungen und hat sich ihr als schwer zu verheilende Wunde verdeutlicht. Dennoch gab es „selbst auf gleicher Ebene“ daneben überall Liebesbeweise. Die Eltern der Patientin haben sie als Baby akzeptiert und großgezogen. Und dies eine wesentlich längere Zeit lang, als sie sie als Ungeborenes abgelehnt haben! Die Erzieher des Internats wiederum haben sich um den Jugendlichen gekümmert, und auch dies für eine lange Zeit. Und seine Eltern haben regelmäßig dafür bezahlt. Natürlich waren es da wie dort keine idealen Verhältnisse, aber der Anspruch auf ideale Lebensverhältnisse ist wohl insgesamt zu hoch gegriffen.

Beziehen wir mehr als das häusliche Milieu der beiden Menschen in unsere Erwägungen mit ein, wie es dem logotherapeutischen Ansatz entspricht, entdecken wir im Zuge der Gesamteinschätzung beider Beispiele, daß *ein* „Versprechen“, eine „Zusprechung“ nirgends verletzt worden ist: der unbedingte Wert der Person und der unbedingte Sinn ihrer Existenz. Weder ein gelungener, noch ein mißlungener Tötungsversuch vermögen die Personenwürde eines Menschen zu beschädigen. Ein Leben im Internat besitzt nicht einen Hauch weniger Sinn als ein Leben außerhalb eines Internates. Werthaftigkeit der Person und Sinnhaftigkeit ihrer Existenz sind keine Güter, die irgendwer einem anderen mißgönnen oder gar wegnehmen könnte. Das Wissen darum ist – Urvertrauen.

Hier greift der tiefenpsychologische bzw. lerntheoretische Einwand an mit der Frage: Vermittelt nicht eine Mutter, die ihrer Tochter erzählt, wie gern sie sie abgetrieben hätte, dieser, daß sie in ihr keinerlei Wert gesehen hat, sondern eher einen Unwert, den es galt, aus der Welt zu schaffen? Signalisieren nicht Eltern, die ihren Sohn entgegen seinen Bitten und ihrem eigenen Vorhaben im Internat belassen, daß sie wenig Sinn in seiner lebendigen Anwesenheit, in seinem „Dasein“ sehen? Wie sollen solche Kinder später einmal an sich und ihre Existenzberechtigung glauben? Nun, die logotherapeutische Antwort lautet wie gehabt: Wir Menschen sind nicht das Echo der Signale unserer Eltern. Wir Menschen empfangen Signale aus unserer eigenen bewußten und unbewußten Geistigkeit. Mit Blick auf diese Signale sind wir, da es sich nicht um das Echo exogener Faktoren (und auch nicht um

Erbfaktoren), sondern um Attribute unserer ontologischen Verfassung handelt, „unbedingt". Dies befähigt uns, den unbedingten Wert unserer Person und den unbedingten Sinn unserer Existenz zu „erinnern".

Solch ein „Erinnerungsprozeß" kann therapeutisch in mehreren Stufen „angestoßen" werden:

1. Die partielle und oft sehr negative Einschätzung des eigenen Lebens durch den Patienten wird zu einer *Gesamteinschätzung* erweitert. Und zwar sowohl „auf gleicher Ebene", als auch „aus einer umfassenderen Perspektive heraus". Die Erklimmung dieser ersten Stufe ist bei den genannten Beispielen bereits angeklungen. Beide Personen haben seitens ihrer Mitmenschen einiges an Positivem erfahren, was es in ihr Interpretationskonzept einzubauen gilt. Beide durften ihr erlittenes Negativum überleben – immerhin! Leben ist die sich permanent bietende Gelegenheit, zu werden, wer man noch nicht ist, aber sein möchte, könnte und sollte. Leben ist die kontinuierliche Gelegenheit zur Ausschöpfung der eigenen Potentialität in einer Weise, wie sie das eigene Wissen und Gewissen gutheißt. Eine Gelegenheit, die keinem Patienten, der vor uns steht, abhanden gekommen ist, durch keine wie immer geartete Negativerfahrung! Das darf ihm auch gesagt werden.
   Eine hilfreiche Methode dabei ist, ihn nach Selbstverständlichkeiten in seinem bisherigen Werdegang suchen zu lassen. Er wird nichts finden, denn nichts ist selbstverständlich gewesen. Daß er das Licht der Welt erblickt hat, nicht, und daß er dieses Licht heute noch schaut, auch nicht. Man muß ihn desillusionieren: ein Anspruch auf etwas hat nie bestanden. Doch man kann ihm gleichzeitig die Metapher präsentieren, daß er selber „angesprochen", „angerufen" worden ist, als er zur Existenz kam, und daß er nicht aufgehört hat, ein „Angesprochener" zu sein. Aus diesen Bildern wird er seinen unbedingten Wert besser herauslesen, als aus Diskussionen über seine (ehemaligen) Bezugspersonen.

2. Als ein „Angesprochener" ist er auch ein zur Wirksamkeit Eingeladener. Einer, dem es gegeben ist, wirksam werden zu dürfen. Die geringe Einschätzung der *Selbstwirksamkeit*[23] durch viele unserer

[23] A. Bandura, in: Psychological Review, Nr. 84/1977, S. 191-215

Patienten muß im Gedankenaustausch allmählich aufgeweicht und korrigiert werden. Ein schönes Beispiel dazu bringt Reinhard Tausch aus seinem eigenen Leben[24]: „Ich war zwar ein schlechter Schüler, hatte viele Konflikte mit den Lehrern; aber meine Erfahrung war auch: Obwohl ich wenig Schularbeiten machte und in manchen Bereichen geringe Fähigkeiten hatte: irgendwie kam ich immer ‚gerade über die Runden'. So oft ging ich morgens mit bangen Gefühlen zur Schule, ob ich wohl in einer Pause – ungestört von der Aufsicht – meine Schularbeiten schaffen würde. Insgesamt machte ich die Erfahrung, daß ich in irgendeiner Weise die Schulsituationen bewältigte, wenn auch nicht in einer reibungslosen glatten Form."

Was Reinhard Tausch, heute einer der angesehensten Wissenschaftler und Psychologieprofessoren Deutschlands, in den obigen Zeilen beschreibt, gleicht der Erreichung einer weiteren Stufe auf dem Weg zur Rückgewinnung des Urvertrauens. Es handelt sich um die innere Gewißheit, daß unsere Fehler und Defizite, wie wir sie nun einmal mit uns herumschleppen, uns am Wesentlichen nicht zu hindern vermögen. Nicht an dem, auf das hin wir „angesprochen" sind. Wir haben genügend Wirkkraft, um ‚über die Runden zu kommen', wenn auch mitunter nicht reibungslos. Jeder unserer Patienten hat dies schon zahlreiche Male erfahren, und sollte es einer vergessen haben, könnte es hilfreich sein, sein Gedächtnis aufzufrischen.

In den ersten beiden Stufen wird also das Konzept von einer vorhandenen „Urwirksamkeit" im Leben des Patienten, die dieses grundsätzlich „trägt", sowie von einer vorhandenen „Selbstwirksamkeit" des Patienten, mit der dieser grundsätzlich ausgestattet ist, herausgearbeitet. Wobei kein Zweifel daran besteht, daß eine gute Meinung über die eigene Selbstwirksamkeit das Selbstvertrauen einer Person nachhaltig stärkt (vgl. dazu auch Studien von Reinhard Tausch), ebenso wie die tiefe Überzeugung von einer Urwirksamkeit im eigenen Leben das Urvertrauen einer Person fördert.

In Bezug auf die nächsten beiden Stufen hat der Therapeut mehr und mehr zurückzutreten und sich auf behutsame „Anstöße" zu beschränken.

[24] Reinhard Tausch, Lebensschritte, Rowohlt, Reinbek, 2. Aufl. 1993, S. 55f.

3. Als ein „metaphysisch Angesprochener“ soll sich der Patient direkt mit seinem „Ansprechpartner“ *auseinandersetzen.* Vier Gedanken von Viktor E. Frankl können im Rahmen einer therapeutischen Begleitung dabei richtungweisend sein:

   „Eigentlich kann man nicht von Gott, sondern nur zu Gott sprechen.“[25]

   „Alle Werte konvergieren zu einem einheitlichen Punkt hin, einer höchsten Wertperson.“[26]

   „Gott ist der Partner unserer intimsten Selbstgespräche.“[27]

   „Echte Religiosität hat nicht Triebcharakter, sondern Entscheidungscharakter.“[28]

   Da man eigentlich nicht *von* Gott sprechen kann (weil Gott dafür zu groß und unser Begreifen dafür zu klein ist... aber selbst diese Aussage entbehrt nicht eines gewissen Anthropomorphismus!) empfiehlt sich im therapeutischen Gespräch diesbezügliche Zurückhaltung. Doch wenn alle Werte zu einem höchsten Wert oder einer höchsten Wertperson hin konvergieren, dann ist jede Begegnung mit Werten, zu der wir einen Patienten stimulieren können, eine Begegnung zwischen ihm und Ihm.

   In diesem Zusammenhang ist es gerade für Patienten, deren Urvertrauen irgendwann im Laufe ihres Lebens verschüttet und von ängstlich oder aggressiv gefärbtem Mißtrauen gegenüber der Welt verdrängt wurde, heilsam, ihren „Werte-Horizont“ aufzustocken. Manchmal genügen zur Einleitung meditative Übungen und existentielle Imaginationen. Manchmal ist eine Beschäftigung mit kulturellen Werten besser als jedes therapeutische Gespräch. Wenn sie malen, dichten, singen, tanzen, lesen, wenn sie (konkret oder in ihrer Phantasie) Berge besteigen, Bauwerke besichtigen oder auf

[25] Viktor E. Frankl, Der Wille zum Sinn, Piper, München, Neuausg. 1991, S. 67

[26] Ebd., S. 68

[27] Viktor E. Frankl, Der unbewußte Gott, Kösel, München, 7. Aufl. 1988, S. 114

[28] Ebd., S. 58f.

Seen hinaussegeln, spüren sie wieder zaghaft den „Puls der Schöpfung", ahnen sie wieder den unbedingten Sinn ihrer Existenz. Haben sie das Glück, in solch einem kostbaren Moment allein mit sich zu sein, unabgelenkt in der Stille ihres Herzens, kommt es vielleicht zu jenem intimen Selbstgespräch, das den Stellenwert eines Gebetes hat. Und vermögen sie wieder zu beten, in tiefster Ehrlichkeit und Einsamkeit, hat sich ihr Bezug zur Transzendenz erneuert.

4. Das alles kann Psychotherapie einleiten und fördern. Nur eines kann sie nicht: dem Patienten die *Entscheidung* abnehmen. Denn das Urvertrauen ist im bewußten Leben nur per Grundentscheidung wiederzugewinnen. Es ist uns mitgegeben von Anfang an, es durchwebt die unbewußten Träume in der Wiege unseres Menschseins und es durchzieht unser ganzes Leben wie ein roter Faden zwischen zwei Unendlichkeiten – doch wenn der Faden gerissen ist, verlangt es einen Entscheidungsakt, ihn wieder zu knüpfen. Zum Glauben wird man nicht getrieben, von niemandem, und schon gar nicht von einem Therapeuten. Vielleicht ist es der letzte Dienst des logotherapeutischen Begleiters, seinen Patienten darauf aufmerksam zu machen, daß da eine vierte Stufe ist, die dieser ersteigen kann, wenn er will. Wenn er sich durchringt, ein für allemal abzustreifen, was ihm an Vertrauensbrüchen von Menschen angetan worden ist, um selber einen Vertrauensvorschuß zu leisten auf absolut Vertrauenswürdiges hin. Zur 4. Stufe muß sich der Patient aus Eigenem entschließen. Doch oben wartet das Verlorene auf ihn.

Die sinnzentrierte Familientherapie
Eine logotherapeutische Innovation

Dieses Kapitel konzentriert sich nach kurzen Vorbemerkungen über die Prinzipien der „sinnzentrierten Familientherapie" auf zwei der häufigsten Beziehungsstörungen.

Die „pathologische Anklage" ist quasi ein Lebensmuster, fast ein „Lebenstheater" von Menschen, deren Charakterdisposition als „hysterisch" zu diagnostizieren ist. Solche Menschen neigen dazu, sich in einer Weise zu verhalten, die ihnen selbst schadet, um über geschickte Verdrehungen und Verzerrungen von Sachverhalten ihren Mitmenschen die Schuld daran aufzubürden. Je „neurotischer" jene darauf reagieren, umso mehr genießen sie das selbstinszenierte Theater, ungeachtet der fortschreitenden Zunahme ihrer Selbstschädigung.

Bei der „vorbelasteten Kommunikation" liegt die Störung an der ständigen Einbeziehung einer gemeinsamen belasteten Vergangenheit ins Gespräch. Kann diese Einbeziehung eine Zeit lang unterbleiben, erneuert sich die Beziehung der Kommunikationspartner in der Gegenwart, was sie in die Lage versetzt, mit ihrer gemeinsamen Vergangenheit endlich fertig zu werden.

Der Umgang mit beiden Beziehungsstörungen wird an Hand von Texten (einer „Fabel" nach Arthur Schopenhauer und einem echten bzw. fiktiven Gesprächsprotokoll) erörtert.

I. Hysterie – die pathologische Anklage

Daß ein kluger Kopf wie Sigmund Freud zu der Überzeugung gelangt ist, die Traumata aus der frühen Kindheit seien die Ursache praktisch aller seelischen Fehlentwicklungen, hat einen guten Grund. Dieser liegt im besonderen Patientengut, das er behandelte, und welches in erster Linie aus hysterischen Frauen bestand. „Hysterisch" ist hier im vollen klinischen Ernst gemeint und nicht etwa im abfälligen Ton des Volksmundes. Denn die Hysterie ist eine seelische Charakterabart mit vielen Nuancen und durchaus mit Krankheitswert. Noch dazu eine, die auch die Angehörigen (oder engsten Mitarbeiter) des Betreffenden allzu leicht krank macht, wenn diese sich nicht vorsehen. Denn eines der symptomatischen Kennzeichen dieser Charakterabart ist eine pathologische Anklagetendenz; ein Anklagen, das stets indirekt und oft über Selbstschädigung gegen die Mitmenschen gerichtet wird, um diesen schwerste Schuldgefühle aufzudrücken. Sie sollen sich schuld daran fühlen, daß es dem Betreffenden schlecht geht – und nur in dieser Konstellation geht es dem Betreffenden „heimlich gut", denn sein heimliches Vergnügen besteht genau darin, mitanzusehen, wie sich seine Lieben (oder Kollegen) unter der Last vermeintlicher Schuld krümmen.

Neben dieser anklagenden Form der Hysterie gibt es Formen mit anderen Schwerpunkten: die zuwendungs- und aufmerksamkeitsheischende Form der Hypochondrie, die intrigante Form, bei der das „heimliche Vergnügen" darin besteht, Menschen wie Puppen nach eigener Regie tanzen zu lassen, oder die querulatorische Form, bei der nicht selten die Behörden jahrelang mit unstillbarer Rechthaberei beschäftigt werden. Doch für den Bestand einer Familie ist die anklagende Form die gefährlichste. Sukzessive geraten alle Familienmitglieder in Verteidigungspositionen, aus denen heraus sie „absurd" handeln, was ihre (im allgemeinen inadäquaten) Gewissensqualen noch um ein adäquates Maß anheizt.

Über die Hintergründe der Hysterie ist viel spekuliert worden, doch da die Kranken die (angebliche) Entstehung ihrer Krankheit vielfach als Mittel zum Zweck (der Anklage) gebrauchen und entsprechend „retroinszenieren", blieben alle reellen Versuche der Ursachenerforschung wenig ergiebig. Man kann allerdings davon ausgehen, daß drei geistige Grundhaltungen ineinanderfließen, wenn sich jemand zu hysterischen Attacken hinreißen läßt:

1. *Menschen sind ihm gleichgültig* – inklusive seiner eigenen Person. Deshalb macht es ihm nichts aus, sich – direkt – und anderen – indirekt – Leid zuzufügen. Die Frage, ob sich diese seine Gleichgültigkeit zu regelrechtem Haß verdichtet, z.B. wenn er sich selbst verletzt, ist eher zu verneinen. So starker und vor allem *echter* Gefühle wie Liebe oder Haß scheint er gar nicht fähig zu sein. Es spielt für ihn bloß keine Rolle, was mit einem geschieht, auch nicht, ob einer lebt oder stirbt. Daß sich seine Brutalität selten offen kundtut, er z.B. kaum andere Menschen direkt angreift, hat mehr mit einer gewissen Feigheit seines Charakters zu tun, als mit

ethischen Bedenken. Er bevorzugt den Hinterhalt, in dem er (scheinbar) unschuldig verborgen bleibt.

2. *Freiheit und Verantwortung sind ihm ungeläufige Begriffe.* Überall wittert er Zusammenhänge und legt solche auch seiner Mitwelt nahe. Er ist der perfekte „Konstrukteur" der Wirklichkeit. Einer unheimlichen Wirklichkeit, die jener Mitwelt ständig Zweifel an sich selbst und Angst vor schockierenden Überraschungen einjagt. So wird er krank, *weil* jemand vergessen hat, ihn anzurufen und zu einer Party einzuladen. Oder es geht sein gesamter Erholungsgewinn nach einem Urlaub verloren, *weil* jemand etwas Bestimmtes in seiner Abwesenheit nicht erledigt hat. Oder er bewirbt sich nicht um eine günstige Stelle, *weil* sein Vorgesetzter ihn dazu nicht ermutigt hat. Und natürlich vergißt er nicht, all diese Leute mit Trauermiene wissen zu lassen, wie sehr er an ihren „Schandtaten" leidet.
3. *Negatives vergißt er nie.* Es brennt sich tief in seine Seele ein und glüht dort ein Leben lang. Er kennt alle Details, was ... wer ... wann ... falsch gemacht hat, und kann sie nach 20 Jahren noch aufzählen. Ja, er deutet insbesondere zwischenmenschliche und intrafamiliäre Vorkommnisse mit Vorliebe „schwärzer", als sie waren. Dadurch hat er seine Mitmenschen immer irgendwie in der Hand. Sein Leben ist ein einziges Elend, und sie sind daran schuld – *das* will er unablässig beweisen, demonstrieren, vor Augen führen. Deshalb gönnt er auch niemandem ein kleines Stück Glück und Freude, sondern setzt jeder fremden Freude, deren er ansichtig wird, sofort (zur Strafe) einen Dämpfer auf.

Man kann sich gut vorstellen, welche Folgen eine solche Einstellungskonfiguration zeitigt. Der hysterische Patient ist, so sehr er fälschlicherweise für verdrehte Wirklichkeiten bedauert werden möchte, in Wahrheit zu bedauern. Er hat kein gutes Leben. Er will kein gutes Leben haben. Ein gutes Leben würde seinem Lebendige-Anklage-Sein alle Rechtfertigung entziehen. Nur ein schlechtes Leben ermöglicht ihm das grausame Spiel, das er treibt. Jeder, der ihm helfen will zu einem besseren Leben, bekommt dies sogleich zu spüren. Warum ist die Hilfe nicht früher gekommen? Jetzt ist es für sie zu spät! Warum kommt die Hilfe auf diese Art? So ist sie unannehmbar! Und überhaupt, will der Hilfsbereite nicht bloß sein schlechtes Gewissen beruhigen? Das kann er sich sparen! Wer helfen will, wird schnell belehrt, daß er auf dem Holzweg ist. Ein gutes Leben ist nicht im Sinne des Hysterikers.

Ein Beispiel: Eine Magersüchtige kommt in die psychotherapeutische Praxis. Sie eröffnet das Gespräch mit der Feststellung, daß sie genau wisse, wo ihre Magersucht herrühre. Aus ihrer Erziehung, wie könnte es anders sein? Befragt, wieviele Kinder sie im Elternhaus gewesen seien, antwortet sie, sie habe noch drei Schwestern. Befragt, wieviele ihrer Schwestern ebenfalls magersüchtig geworden seien, antwortet sie: keine. Also, wird ihr gesagt, stimmt ihre Hypothese mit der „magersuchtbewirkenden Erziehung" höchstens zu 25%. Dieses Argument wischt die Patientin mit einer Handbewegung vom Tisch. Ihre Schwestern hätten eben andersartige Schäden davongetragen. Befragt danach, welche, moniert die Patientin, daß sie schließlich gekommen sei, um über ihre eigenen Probleme zu sprechen. Doch sobald im folgenden auf das Thema „eigene Probleme" eingeschwenkt wird, dreht sich wieder alles um ihre Eltern. Der Vater nimmt sie nicht für voll, die Mutter versteht sie nicht ... das Lamentieren nimmt kein Ende. Gibt es nicht auch eine *Verantwortlichkeit der Kinder*, zumal der erwachsenen Kinder? Davon will die Patientin nichts hören.

Eine Rücksprache mit den Eltern ergibt, daß diese tief beunruhigt sind. Seit Jahren sorgen sie sich wegen dem gestörten Eßverhalten ihrer Tochter. Seit Jahren haben sie Angst um deren Leben. Der Vater schüttelt in Hilflosigkeit den Kopf und flüchtet in seine Arbeit. Die Mutter kocht sämtliche Leckerbissen, die ihr nur einfallen, um regelmäßig Abfuhren seitens ihrer Tochter einzukassieren. Sie hätte früher mehr Liebe austeilen müssen und nicht heute irgendwelche Leckerbissen, wird ihr erklärt. Da die Mutter heute nicht mehr nachliefern kann, was sie früher versäumt haben soll, sich aber auch nicht entschuldigen kann, etwa damit, daß sie vier Töchter großzuziehen und einen Sechspersonenhaushalt zu versorgen gehabt hat, weil ihr dann sofort fehlendes Verstehen vorgeworfen wird, garniert mit der Drohung, die Tochter könne überhaupt nichts Eßbares mehr hinunterbringen, sieht sie keinen Ausweg aus dem Dilemma. So kocht sie weiterhin Leckerbissen, die ihr niemand dankt, während ihr Mann weiterhin Überstunden macht, die er nicht braucht, bloß um der gedrückten häuslichen Atmosphäre zu entrinnen. Ein wahrhaft ideales Klima für hysterische Beziehungs“blüten“, die für lange Zeit ein gutes Leben für mindestens drei Menschen unterbinden.

Was hat die „sinnzentrierte Familientherapie“ nun dazu anzubieten? Eines der hervorragendsten Prinzipien der „sinnzentrierten Familientherapie“ ist die gemeinsame Entdeckung einer „finalen Vorleistung“, wie sie jedem einzelnen Familienmitglied in der gegebenen Situation abverlangt ist, um die Situation für alle Beteiligten erträglicher zu gestalten; quasi die Entschlüsselung jenes Eigenbeitrages, der Hoffnung vermehrt – Hoffnung für die Familie. Im Fall der beschriebenen pathologischen Anklagetendenzen auf Grund einer hysterischen Charakterausprägung bei einem Familienmitglied haben wir es aber mit einer „Seite“ zu tun, die nichts weniger wünscht, als Hoffnung zu vermehren. Wir werden ihr keine „finale Vorleistung“ abringen können, oder präziser ausgedrückt: *sie* wird sich keine abringen, jedenfalls keine in Richtung „atmosphärischer Aufhellung“. Deswegen ist es eine ganz bestimmte „Vorleistung“, die der anderen „Seite“ abverlangt ist, um die „Verfangenheit in Düsternis“ zu beenden, und das ist eine *Distanzierung im Guten*.

Um das Beispiel der Magersüchtigen noch einmal aufzugreifen: auch hier werden Eltern und Tochter mit fortschreitendem Zusammenleben keine Lösung ihrer Probleme finden. Denn was immer die Eltern tun mögen, es wird ihnen als Schuld angelastet werden. Und was immer die Tochter sonst tun mag, sie wird nicht aufhören, lebendiger Vorwurf für ihre Eltern zu sein. Es steht zu befürchten, daß sich der unglückselige Zirkel mit der Zeit eher steigert als reduziert. Von daher ist ein Auseinanderrücken von Eltern und Tochter unumgänglich, und auch durch therapeutische Interventionen nicht zu ersetzen. Die Therapie kann lediglich beide Seiten getrennt voneinander unterstützen und sie durch die „Loslösephase“ begleiten. Vor allem aber kann sie vermitteln, daß ein Distanzierungsprozeß nicht notwendigerweise mit innerer Verbitterung und gegenseitigem Groll verbunden sein muß, sondern daß, im Gegenteil, ein Abschied im Guten das einzige Mittel ist, das eine Wiederfindung in einer späteren Lebensphase ermöglichen würde und insofern *doch* – Hoffnung vermehrt.

Eine kleine Fabel nach Arthur Schopenhauer soll zum besseren Verständnis dienen:

Fabel

Als ein unerwartet strenger Winter ins Land gezogen war und die meisten Tiere sich zum Winterschlaf zurückzogen, suchte sich auch eine Gesellschaft von Stachelschweinen eine wärmende Höhle. Sie verschlossen den Eingang und drängten sich dicht aneinander, um sich gegen die Kälte zu schützen.

Doch nach einiger Zeit machten sie eine ärgerliche Feststellung: In der Enge der Behausung verletzten sie sich gegenseitig mit ihren Stacheln und mußten die angenehme Temperatur mit Schmerzen bezahlen. Auf den Rat der Ältesten hin suchten sie eine größere Höhle. Diese bot genügend Platz, um die Stacheln auszubreiten, hatte aber den Nachteil, daß die einzelnen Tiere jetzt die nachbarliche Wärme entbehren mußten. Sie froren ganz erbärmlich.

Man war gezwungen, eine neuerliche Versammlung abzuhalten, in der folgendes beschlossen wurde: Jedes Mitglied der Stachelschweingesellschaft solle so weit von seinem Nachbarn entfernt sein, daß es den anderen nicht verletze, aber doch wiederum gerade so nahe, daß es auch in den Genuß der Wärmeausstrahlung seines Artgenossen komme. Dieses Übereinkommen funktionierte, und der soziale Friede war wiederhergestellt.

(Ende der Fabel)

Um den sozialen Frieden in einer Familie herzustellen, welcher ein hysterisches Familienmitglied oder gar mehrere angehören, muß, wie gesagt, die – räumliche und emotionale – Entfernung zwischen den Familienmitgliedern vergrößert werden, damit sie sich mit ihren „Stacheln" nicht mehr verletzen. Hysterische Personen vertragen Nähe nicht, so sehr sie sich vielleicht in ihrem innersten Herzen danach sehnen. Sie münzen Nähe in Anklage um. Deshalb halten die übrigen Personen die Nähe zu ihnen auch nicht aus. Denn diese Nähe wird in Schuldgefühle umgemünzt.

Als Folge muß in Kauf genommen werden, daß es durch die größere Distanz, die eingerichtet wird, ein wenig „kälter" wird für alle Beteiligten. Dafür jedoch wird es insgesamt friedlicher. Freilich, der Akt des Auf-Distanz-Gehens der nicht-hysterischen Familienmitglieder wird mit hoher Wahrscheinlichkeit zunächst wiederum hysterisch „bestraft" werden", doch aus der Distanz heraus ist eine solche „Strafe" schon leichter zu ertragen, zumindest mit „therapeutischer Rückendeckung". Zudem besteht eine gewisse Chance, daß die hysterischen Attacken mit der Zeit nachlassen, wenn sie ihren Primäreffekt verlieren.

Der (auf das Selbst zurückgebogene) Sekundäreffekt bleibt leider oft bestehen, nämlich die Tatsache, daß der Hysteriker ein „Nachtragender" ist, auch wenn er es distanzbedingt weniger zeigt. Wer nachträgt, trägt schwer. Er trägt ein Leben lang an Fehlern, die nicht die seinen sind, und das ist sein eigener schlimmster Fehler. Kein Wunder, daß Sigmund Freud aus den zahlreichen Patientengesprächen so viel über die Fehler der Eltern gelernt hat. So viel, daß er dabei fast den schlimmsten Fehler seiner Patienten übersah ...

Trotz alledem gewährt die *ein*seitige Distanzierung im Guten eine *beid*seitige Chance, also auch eine für die anklagende Seite. Hysterische Personen, die sich in der Ferne abgewöhnt haben, ihre „Stacheln" wegen jeder Kleinigkeit einzusetzen, und angewöhnt haben, Verantwortung in Freiheit zu übernehmen, können in die „Wärme" der mitmenschlichen Nähe zurückintegriert werden, um dort endlich zu erleben, was sie sich bisher stets verbaut hatten: ein gütliches Miteinander. Ein gutes Leben.

II. Die Entstörung der vorbelasteten Kommunikation

Wenden wir uns jetzt Beziehungskrisen zu, die nicht auf eine hysterische Charakterabart eines oder mehrerer Familienmitglieder zurückgehen, sondern auf die üblichen kleinen Reibereien und Sticheleien, die wie der stete Tropfen den Stein eines Familiengewölbes aushöhlen. Häufig haben auch sie etwas mit dem *Nachtragen* zu tun, dennoch braucht nicht gleich zum drastischen Mittel der Distanzierung im Guten gegriffen werden. Das Zusammenleben kann erhalten bleiben, wenn die folgenden Überlegungen Beachtung finden.

Sobald die Beziehung zwischen Menschen gestört ist, spiegelt sich dies in der gestörten sprachlichen Kommunikation zwischen ihnen wider. Sie sprechen nicht mehr „normal" miteinander, was nicht heißen muß, daß sie sich gegenseitig anschreien oder Schimpfworte an den Kopf werfen. Es kann genauso gut sein, daß sie verstummen, sich also „sprachlos" verhalten. Die häufigste Variante jedoch ist die, daß sie weiterhin sprachlich miteinander kommunizieren – meistens aus äußeren Notwendigkeiten heraus –, jedoch in einer Form, die die Störung „zementiert". Sie geben einander nämlich *vorbelastete Antworten.*

Nichts wird mehr harmlos und naiv verstanden bzw. hingenommen, wie es gesagt worden ist. Nichts darf mehr im Raum stehen bleiben, wie es hineingestellt worden ist. Nein, die sprachlichen Äußerungen des anderen sind stets Anlaß für weitergehende und weitreichende gedankliche Verknüpfungen mit negativen Erfahrungen, die man mit dem anderen gemacht hat. Menschen im vorbelasteten Gespräch gewähren ihrem Gegenüber keine Chance zur Renormalisierung des Dialogs, und doch wäre ein „normaler“ Dialog die beste Brücke zur Erneuerung und Harmonisierung der gestörten Beziehung.

Dies sei an einem einfachen Beispiel dargestellt. Hier ein normaler Dialog:

A: „Kann ich dir beim Umzug helfen?“
B: „Vielen Dank, sehr freundlich von dir. Aber ich komme gut zurecht.“

Im Vergleich dazu ein Dialog mit einer *vorbelasteten Antwort*:

A: „Kann ich dir beim Umzug helfen?“

(B denkt sich: „Du scheinheilige Schlange! Wo warst du früher, wenn ich dich gebraucht hätte? Wann hast du mir schon wirklich geholfen? Jetzt auf einmal willst du dich wichtig machen? Darauf pfeif‘ ich ...“)

B: „Laß mich in Ruhe, ich brauche dich nicht!“

Die vorbelastete Antwort von B ist aus dem von B Gedachten her erklärbar, aber A weiß nicht, was B gedacht hat. Weshalb sie für A allein aus dem von ihm Gefragten her unerklärlich unhöflich erscheinen muß. Sollte A nun gereizt oder ebenfalls unhöflich reagieren, wäre dies die spontane Reaktion auf eine für ihn unverständliche Antwort, die er erhalten hat, doch für B – der ja nicht von einer unverständlichen Antwort seinerseits ausgeht, weil er das von ihm Gedachte kennt, woraus sich seine Antwort erklärt – bestätigt die Reaktion von A nur, wie sehr dieser in der Tat eine „scheinheilige Schlange“ ist, indem er zuerst Hilfe anbietet, und dann sein „wahres“ (= ablehnendes) Gesicht zeigt. Dadurch kommen beide Gesprächspartner von der Vorstellung nicht los, ihre ablehnend/unhöflichen Reaktionen seien gerechtfertigt und folglich beizubehalten.

Was sich in der Minieinheit einer einzelnen Antwort auswirkt, wirkt sich erst recht in einem längeren Dialog aus, bis hin zur totalen Eskalation der gestörten Kommunikation. Hier ein echtes Gesprächsprotokoll, wie es während einer therapeutischen Sitzung rekonstruiert worden ist, als Demonstrationsbeispiel:

Echtes Gesprächsprotokoll

A: „Es wird Zeit, daß wir aufbrechen, um Peter von der Bahn abzuholen."

(B denkt sich: „Na, wenn es darum ginge, bloß mich abzuholen, hättest du es nicht so eilig!")

B: „Wenn Peter ein paar Minuten warten muß, bricht die Welt nicht gleich zusammen."

(A denkt sich: „B ändert sich nie! Er ist stinkfaul wie immer. Sogar sich zu bewegen, ist er zu faul.")

A: „Wenn du nicht mitkommen willst, fahre ich allein."

(B denkt sich: „Ja, das würdest du gerne: mich loswerden. Ich bin sowieso nur ein lästiges Anhängsel für dich!")

B: „Damit du mich bei Peter anschwarzen kannst! Nein, die Freude mache ich dir nicht!"

(A denkt sich: „Spinnen tut er auch wieder. Mein Gott, bin ich mit B geschlagen!")

A: „Ach halt die Klappe, du versaust mir den ganzen Abend. Laß uns endlich gehen."

(B denkt sich: „Was ich auch sage, ist Blödsinn. Immer sollte ich bloß den Mund halten. Aber diesmal, lieber A, hast du dich verrechnet!")

B: „Leck mich am Arsch! Ich gehe, wohin ich will."

B knallt die Türe hinter sich zu. A zuckt resigniert die Achseln und fährt allein zum Bahnhof.

(Ende des echten Gesprächsprotokolls)

Schauen wir genau hin: was ist vorgefallen? Eigentlich gar nichts. Zwei Personen haben vor, eine dritte Person vom Bahnhof abzuholen. Wohlgemerkt, beide wollen dies und wissen auch, daß sie bald aufbrechen müssen. Dem entspricht der harmlose Initialsatz von A. Hätten A und B keine gemeinsame Vergangenheit miteinander, würde B analog harmlos antworten, etwa so: „Du hast recht, gehen wir." Aber A und B sind vorbelastet mit einer gemeinsamen Vergangenheit, in der unschöne Dinge passiert sind. Diese transferieren sie ins gegenwärtige Gespräch.

Welche unschönen Dinge es sind, die zwischen beiden stehen, können wir ungefähr erraten. B leidet unter einem Minderwertigkeitsgefühl. Insbesondere fühlt er sich von A nicht angenommen. Denkinhalte wie: „Wenn es darum ginge, bloß mich abzuholen ...", „Ich bin sowieso nur ein lästiges Anhängsel ...", oder „Was ich auch sage, ist Blödsinn ..." sprechen eine eindeutige Sprache. All das heißt übersetzt: „Für A bin ich nicht wichtig, er schätzt mich nicht" und „Peter schätzt er mehr". A wiederum leidet unter einem lang aufgestauten Ärger über B, eine Frustration, die er nicht recht unterdrücken kann. Denkinhalte wie: „B ändert sich nie ..." oder „Spinnen tut er auch wieder ..." weisen eindeutig in diese Richtung. Übersetzt heißen sie: „B ist eine wahre Plage, eine ständige Last für mich".

Ob sowohl das Minderwertigkeitsgefühl von B als auch der Ärger von A durch die jeweils andere Person *verursacht* worden ist, wie beide felsenfest glauben, wissen wir nicht. Es ist im Grunde zu bezweifeln. Denn Minderwertigkeitsgefühle haben mehr mit der Selbsteinschätzung des Eigenwertes einer Person zu tun (im weitesten Sinne mehr mit ihrem Urvertrauen), als mit jeglicher Fremdeinschätzung. Und die Neigung, sich schnell und ausgiebig zu ärgern, hängt auch mehr mit persönlichen Charaktereigenheiten zusammen, als mit Anlässen, die von außen geliefert werden. Zwischen A und B aus dem Gesprächsprotokoll ist statt einer Verursachung viel eher eine *gegenseitige Förderung vorhandener Schwächen* beobachtbar, was das Ganze in einen circulus vitiosus einmünden läßt. Je übersensibler B, durch sein Minderwertigkeitsgefühl bedingt, reagiert, desto heftiger ärgert sich A. Und je ärgerlicher A reagiert, umso sensibler wird B. Oder in noch anderer Variation: Je gekränkter B sich äußert, desto heftiger lehnt A ihn ab; und je heftiger A ihn ablehnt, desto stärker kränkt sich B.

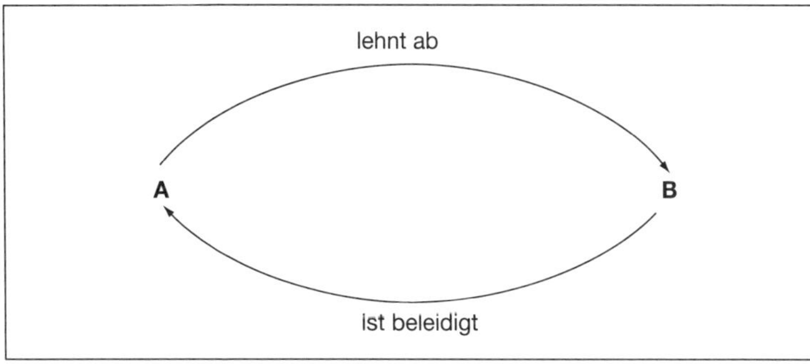

Beide können aus dem circulus vitiosus, in den sie sich verstrickt haben, logischerweise nur aussteigen, indem sie – als „finale Vorleistung" – ihr eigenes Verhalten korrigieren. A müßte, wollte er aussteigen, mehr geduldige Zuwendung zu B aufbringen. Und B müßte, wollte er aussteigen, sich um stabilere Gelassenheit in seinem Wesen bemühen. Soweit ist die Zielrichtung klar, auch die Zielrichtung einer therapeutischen Intervention, sollten beide Gesprächspartner sich entschließen, fachliche Hilfe in Anspruch zu nehmen.

Doch kommen wir auf den Aspekt der sprachlichen Kommunikation zurück. Wenn beide Seiten einen neuen Anfang miteinander wagen wollen, tun sie gut daran, nicht nur ihre innere Einstellung zu sich und zueinander zu korrigieren, sondern auch im Dialog äußerste Vorsicht zu üben. Denn eine gestörte Beziehung ist nicht entstörbar ohne Renormalisierung des gemeinsamen Dialogs. Normalisieren kann sich ein Gespräch aber nur über den *Verzicht auf vorbelastete Antworten.* Das heißt, jeder muß lernen und sich in dieser Hinsicht ernsthaft in die Pflicht nehmen, Antworten *auf das vom anderen Gesagte zu geben und nicht auf das von ihm selbst Gedachte.*

Jeder muß als heilsame Sofortmaßnahme beginnen, dem Gesprächspartner so zu begegnen, als wäre da keine gemeinsame Vergangenheit mitsamt jenen unschönen Dingen gewesen, die einen in der Gegenwart noch behelligen. Einzig dann nämlich werden beide mit der Zeit zu einem Gesprächsstil zurückkehren, der es ihnen erlauben würde, in einer friedlichen Stunde sogar auch jene unschönen Dinge miteinander auszuräumen, die zwischen ihnen stehen mögen, bzw. Verständnis dafür zu gewinnen, welche psychischen Schwächen beim anderen eben ein Stück weit anzunehmen und auszuhalten sind.

Auf eine Kurzformel gebracht, heißt das für gestörte zwischenmenschliche Beziehungen: erst den Dialog normalisieren (= Vorbelastungen ignorieren), was die Beziehung „automatisch“ verbessert, und dann die verbesserte Beziehung normalisieren (= Vorbelastungen bereinigen), was den Dialog wieder „automatisch“ normal ablaufen läßt. Der „nicht-automatische“ Anteil daran, der auf eine bewußte Regelung und willentliche Steuerung angewiesen ist, ist also am Anfang der Verzicht darauf, Vorbelastungen indirekt ständig neuen Raum zu geben, und am Ende die Zustimmung dazu, Vorbelastungen direkt zu bearbeiten, um sie endgültig aus der Welt zu schaffen.

Stellen wir uns das oben protokollierte Gespräch vor, wie es unter Beachtung dieser Kurzformel anders und besser hätte ablaufen können:

Fiktives Gesprächsprotokoll

A: „Es wird Zeit, daß wir aufbrechen, um Peter von der Bahn abzuholen.“

(B denkt sich: „Na, wenn es darum ginge, bloß mich abzuholen, hättest du es nicht so eilig!“ Dann fällt B ein, daß er auf das Gesagte antworten soll, als gäbe es keine Vorgeschichte.)

B: „Du hast recht, gehen wir.“

(A denkt sich: „Das ist schon viel für B, daß er sich bewegt. Gewöhnlich ist er stinkfaul, und man muß ihn drängen und schieben. Dann fällt A ein, daß er auf das Gesagte antworten soll, als gäbe es keine Vorgeschichte.)

A: „Peter wird sich sicher freuen, wenn er uns entdeckt.“

(B denkt sich: „Und besonders freut er sich, wenn du dich wieder über mich beschwerst, und ihr miteinander tuscheln könnt.“ Dann fällt B ein, daß er auf das Gesagte antworten soll, als gäbe es keine Vorgeschichte.)

B: „Wir können ihn ja noch kurz auf eine Tasse Kaffee einladen, um alle Neuigkeiten mit ihm zu besprechen, bevor wir ihn heimbringen.“

(A denkt sich: „Typisch spinnige Idee von B, Peter nach einer so langen, ermüdenden Reise noch ins ‚Kreuzverhör' nehmen zu wollen!" Dann fällt A ein, daß er auf das Gesagte antworten soll, als gäbe es keine Vorgeschichte.)

A: „Ich fürchte, dazu wird Peter zu müde sein. Schließlich hat er eine lange Reise hinter sich."

(B denkt sich: „Klar, was ich vorschlage, ist stets Blödsinn. Aber ich bin nicht mehr bereit, dauernd klein beizugeben." Dann fällt B ein, daß er auf das Gesagte antworten soll, als gäbe es keine Vorgeschichte.)

B: „Nun, die Züge sind heutzutage recht bequem. Ich schlage vor, wir fragen ihn, wie müde er ist."

(A denkt sich: „Hoffentlich versaut uns B mit seinen Schnapsideen nicht den Abend!" Dann fällt A ein, daß er auf das Gesagte antworten soll, als gäbe es keine Vorgeschichte.)

A: „Einverstanden, er soll selbst entscheiden. Wenn es heute Abend zu keinem ‚Kaffeeplausch' mehr kommt, holen wir das in den nächsten Tagen nach."

(B denkt sich: „Sieh an, manchmal nimmst du mich doch ernst!")

B: „Ist gut."

(A denkt sich: „Manchmal kann man doch ganz vernünftig mit B reden.")

A nickt B freundlich zu und konzentriert sich auf die Autofahrt zum Bahnhof.

(Ende des fiktiven Gesprächsprotokolls)

Wir sehen, ein Dialog, in dem konsequent auf vorbelastete Antworten verzichtet wird, führt zunächst dazu, daß alte Wunden zwar bleiben – solche verschwinden nicht einfach, durch keinerlei Methode! – doch gleichsam aufhören, virulent zu sein. Als würde Schicht um Schicht ein Verband darum gelegt, träufeln Worte natürlicher Höflichkeit und sachlicher Inhalte ohne Anzüglichkeiten oder versteckte Spitzfindigkeiten darauf. Jede Seite beginnt, aufzuatmen; man kann wieder miteinander reden, ohne unbedingt derselben Meinung zu sein. Man kann wieder etwas miteinander ausmachen, ohne Kritik, Anklage,

Spott etc. gegenwärtigen zu müssen. Man darf sich wieder äußern in einer entfeindeten Atmosphäre. Noch schwingt die Vergangenheit schmerzlich in den Köpfen mit, aber Mund und Ohren sind nicht mehr ihr Sprachrohr und Widerhall, das Gesagte und Gehörte *sind schon gut geworden.* Das Gedachte und Gefühlte werden nachziehen.

Wenn A und B aus unserem Beispiel weiterhin auf vorbelastete Antworten und Dialoge verzichten, wird der Tag kommen, an dem es ihnen möglich ist, ihre alten Animositäten offen anzusprechen und zu begraben. Vielleicht so oder ähnlich:

Fiktives Gesprächsprotokoll, Fortsetzung

A: „Mir ist aufgefallen, daß du in letzter Zeit erstaunlich mehr Initiative zeigst als früher. Wie kommt das bloß?"

B: „Weißt du, ich glaube, du hast nie viel von mir gehalten. Das hat mich von vornherein entmutigt und auch widerborstig gemacht. Aber inzwischen will mir scheinen, daß ich mir das eine oder andere nur eingebildet habe, denn ich merke immer mehr, daß du mich wie einen gleichwertigen Partner behandelst."

A: „Um ehrlich zu sein, du hast dir nicht alles eingebildet. Deine rasche Entmutigung und deine Widerborstigkeit haben mich früher oft zur Weißglut gebracht. Es stimmt schon, daß ich dann viel zu schnell verächtlich von dir gedacht habe. Du hast kein inneres Rückgrat, dachte ich oft, und das hat mir große Sorgen bereitet. Aber ich habe mich getäuscht, du *hast* Rückgrat!"

B: „Das tut gut zu hören. Ich muß unabhängiger davon werden, wie andere Menschen mich einschätzen. Was du als Rückgrat bezeichnest, darf ruhig noch ein wenig bei mir wachsen. Hie und da überkommt mich auch heute die alte Unsicherheit, aber wenn ich weiß, daß du zu mir hältst, fällt es mir leichter, sie zu übertauchen."

A: „Zu dir würde ich immer halten, daran brauchst du nicht zu zweifeln. Du hast viele liebenswerte Eigenschaften, und außerdem mag ich dich, wie du bist. Es ist mein verflixtes Temperament und so ein komischer Dünkel, der mich schroff und überheblich scheinen läßt. Das muß ich noch abbauen. Also entschuldige, wenn ich dich irgendwann beleidigt habe."

B: „Ist längst verziehen. Und wenn ich wieder einmal zu zögerlich, faul oder empfindlich bin, mach' mich halt aufmerksam darauf. Ganz kann ich nicht aus meiner Haut schlüpfen!"

A: „Um Himmels Willen, bleib' lieber drin! Ohne deine Haut wärst du kein hübscher Anblick!"

Beide lachen und sind wieder gut Freund. Ihre alten Wunden schließen sich, ihre Beziehung ist ent-stört.

(Ende des fiktiven Gesprächsprotokolls, Fortsetzung)

Abschließend ein paar Kommentare zum typisch logotherapeutischen Hintergrund des „Verzichts auf vorbelastete Antworten", wie er in der sinnzentrierten Familientherapie u.a. vorgeschlagen und eingeübt wird.

Der logotherapeutische Tenor dieses Ansatzes ist unverkennbar. Verzicht ist ein selbsttranszendenter Akt, insbesondere dann, wenn er „einem Du zuliebe" geleistet wird. Den Parameter „zuliebe" von allem Anfang an in die intrafamiliären Aktionen einzuführen, heißt, vom Anlaufen der therapeutischen Intervention an die Fähigkeit zur Selbsttranszendenz bei den Beteiligten zu stärken und ihre Liebesfähigkeit aufzustocken.

Daß es Vorbelastungen sind, denen per Verzicht unterbunden wird, in unheilvoller Perpetuation ihrerselbst gegenwärtiges Leben weiterzubelasten, ist auch kein Zufall. Die menschliche Fähigkeit zur Selbstdistanzierung ermöglicht ein inneres Abrücken vom Gewesenen. In gesunder Dereflexion wird die Aufmerksamkeit der Kommunikationspartner auf den momentanen Augenblick gelenkt. Auf das momentan empfangene Wort im sorgfältigen Hinhören auf den anderen. Und auf die Antwort, die im Moment nottut. Der „Sinn des Augenblicks" wird über die alte Leier, über die „Flüche von gestern" gestellt.

Jede Psychotherapiemethode basiert auf einer Idee. Der Therapeut, der sich von ihr „beseelen" läßt, baut, worauf die Methode baut. Die

Logotherapie baut nun auf ein geistiges Wachstum ihrer Patienten durch Sinnerfüllung. Auf die beschriebene Weise hilft sie Familienmitgliedern, solange relativ unbelastet zu wachsen, bis sie imstande sind, einander aufrichtigen Herzens zu vergeben, was gestern war.

... et erit in die illa lux magna

Die Klärung

Daseinserhellung

Szenen aus der „Narrativen Logotherapie"

Die „Narrative Logotherapie"[29] wird nicht nur gerne von Schülern Viktor E. Frankls wie Wolfram Kurz und Elisabeth Lukas praktiziert, sondern ist vom Begründer der Logotherapie selbst erprobt und gutgeheißen worden. Dazu schreibt Viktor E. Frankl unter anderem:

„Wenn vom Buch als Therapeutikum gesprochen wird, so geschieht dies durchaus im klinischen Ernst. Nimmt doch die sogenannte Bibliotherapie bereits seit Jahrzehnten im Rahmen der Neurosenbehandlung einen legitimen Platz ein. Dem Patienten wird jeweils die Lektüre bestimmter Bücher – und zwar keineswegs nur die von Sachbüchern – empfohlen. Dieser Einsatz des Buches ist selbstverständlich ein gezielter und richtet sich nach dem jeweiligen Fall.

In Hinblick darauf, daß sich die Psychologie wesentlich auf eine Partnerschaft zwischen Arzt und Kranken gründet, kann natürlich davon keine Rede sein, daß jemals das Buch den Arzt und die Bibliotherapie eine Psychotherapie zu ersetzen vermöchte. Und doch darf in dieser Hinsicht das Buch nicht unterschätzt werden. Ich besitze Dokumente, aus denen eindeutig hervorgeht, daß Menschen, die jahrzehntelang an schweren Neurosen gelitten hatten und ohne Erfolg jahrelang in fachärztlicher Behandlung gestanden waren, einzig und allein auf Grund der Lektüre eines Buches eine bestimmte Methode und Technik der Psychotherapie selber und selbständig auf den eigenen Fall anwenden und sich dann auch endlich von ihrer Neurose befreien konnten."[30]

Die folgenden zehn Geschichten sind unter dem von Viktor E. Frankl gebrauchten Stichwort „*Neurosenbefreiung*" ausgewählt worden. Es sind keine Bücher, sondern Kurztexte, die einem einzigen Buch entstammen, und zwar dem Buch: „Lautlos schreien, unbewegt tanzen" von Marietta Till[31].

Diese zehn Kurztexte repräsentieren die zehn häufigsten Neurosear-

[29] Wolfram Kurz, Suche nach Sinn, Stephans-Buchhandlung Wolfgang Mittelstädt, Würzburg 1991, S. 85-99

[30] Peter Raab (Hg.), Heilkraft des Lesens, Herder, Freiburg 1988, S. 41

[31] Marietta Till, Lautlos schreien, unbewegt tanzen, Drei Eichen Verlag, Ergolding 1992

ten auf eine auch für Laien phantastisch einsichtige Weise, wodurch sie denen die Augen zu öffnen vermögen, die am jeweils von ihnen repräsentierten Krankheitsbild leiden. Ja, sie vermögen über das Vermitteln diagnostischer Erkenntnisse hinaus noch mehr: sie vermögen, wie nachstehend gezeigt werden soll, wahrhaft Therapeutikum zu sein. Insofern tragen sie zur Daseinserhellung bei, weil sich menschliches Dasein unter neurotischer Verkrampfung und Erstarrung verdüstert, während es sich in heilender Entspannung und Auferweckung wieder lichtet.

Psychosomatische Krankheit

Ein wohlhabender Schweizer Fabrikant – Futura Maschinen Habluetzl & Co. – hatte sich zum Zeitvertreib einen Affen zugelegt. Es war ein possierliches Tierchen, voller Einfälle und, wie sein Herr mit Recht meinte, immerhin etwas Ausgefalleneres als die Pudel, Boxer, Siamkatzen und Wellensittiche der gewöhnlichen Bürger.

Der Affe war folgsam und gut zu haben, solange sein Dasein normal verlief, er zur rechten Zeit sein Futter bekam und seine festgelegte Zeit im umzäunten Garten nach Herzenslust herumturnen durfte. Doch konnte sich sein Sinn total verdrehen, wenn Herr Habluetzl folgendes Stückchen mit ihm aufführte: Er gab ihm eine Rübe, die der Affe sofort ins Maul steckte, dann eine zweite, die in die linke Greifhand und eine dritte, die in die rechte Hand kam. Eine vierte Rübe nahm der Affe in den linken, eine fünfte in den rechten Greiffuß. – Dann aber hielt ihm Herr Habluetzl noch ein paar Rüben hin, die der Affe schlechterdings nicht mehr unterbringen konnte. Das machte den Affen rasend, er wurde zu einem zitternden, schreienden, tobenden Ungeheuer. Nicht der Mangel, nein, der Überfluß brachte ihn um seinen Affenverstand. Der Fabrikant lachte sich jedesmal halbtot über den kleinen Affenteufel.

Eines Morgens saß Herr Habluetzl an seinem Schreibtisch. Er war sehr beschäftigt. Drei Telefone liefen heiß. Johannesburg brachte einen Anschlußauftrag – die Bank empfahl Anlage einiger Vermögenswerte in kanadischen Papieren – ein Lieferant bat um einen Termin – die Sekretärin benötigte eine Unterschrift – der Computer war ausgefallen ...

Habluetzl griff sich plötzlich stöhnend an die Brust ... Zu viert mußten sie ihn hinaustragen, denn er war sehr schwer.

In der Geschichte hat der Affe Spiegelfunktion. Er demonstriert seinem Herrn, wie „Ausrasten", „Überschnappen", also exzessive Aufregung passieren kann. Sie passiert hier nicht auf dem Wege des Mangels, sondern auf dem Wege des Überflusses. Allerdings sind es bei genauerem Hinschauen keineswegs die überflüssigen Rüben, die den Affen „verrückt" machen. Es ist der gierige Wunsch des Affen, alle erreichbaren Rüben zu besitzen. In dem Augenblick, da es ihm unmöglich wird, die vorhandenen Rüben, das heißt, alles, was das Leben ihm bietet, gleichzeitig zu ergreifen, verwandelt er sich „zu einem tobenden Ungeheuer".

Wir dürfen annehmen, daß dann auch körperliche Reaktionen seine psychische Entgleisung begleiten, wie Blutdrucksteigerung, Herzrasen etc. Toben kann man schlecht ohne vegetative Beteiligung. Doch der Affe ist körperlich gesund genug, um seine „Tobsuchtsanfälle" unbeschadet zu überstehen.

Wenden wir uns jetzt dem Fabrikanten zu, dem „homo faber", der Repräsentationsfigur in der Geschichte. Er beobachtet die Geschehnisse um den Affen wohl, aber er versteht deren Botschaft nicht. Was verblendet ihn dermaßen? Nun, sein Zynismus, mit dem er sich über die Qual des Tieres amüsiert. Wer andere in eine Falle lockt, kann leicht die eigene Falle übersehen, wie das Sprichwort vom „Grube graben und selbst hineinfallen" zu berichten weiß. Und so passiert dem Fabrikanten eines Tages dasselbe wie seinem Affen: der Überfluß bringt ihn um den Verstand. Der Wunsch, alles gleichzeitig zu erledigen, „unter Dach und Fach zu haben", putscht ihn auf und preßt letzte Ressourcen aus ihm heraus, was auch bei ihm nicht ohne körperliche Parallelerscheinungen abgeht. Bloß ist er nicht so kerngesund wie sein Affe. Offenbar liegt bereits eine gewisse Herzschwäche bei ihm vor, wenig bedeutsam und daher kaum aufgefallen. Es braucht nichts Gravierendes an körperlicher Vorschädigung zu sein, was sich unter dem Einfluß einer psychischen Aufregung zum psychosomatischen Zusammenbruch von großem Ernst verdichtet ...

Fazit der Geschichte: Ein rechtzeitiger Abbau von Zynismus, Raffsucht und Gier erhellt menschliches Dasein, indem er psychosomatischen Krankheiten vorbeugt.

Zwangsneurose

Ein chinesischer Bauer hatte seine Reispflänzchen zur rechten Zeit in den Boden eingebracht und versäumte keinen Morgen, zum Feld zu gehen, um nach dem Gedeihen der noch zarten Halme zu schauen. Die Voraussetzungen dazu waren gut: Er hatte gedüngt, fleißig gewässert und auch die Pflanzen sicher und fest im Boden eingedrückt. Die Sonne schien und die Luft war lau und mild. Zwei Wochen gingen ins Land – unser Bäuerchen wurde ungeduldig. Die Pflanzen schienen ihm nur wenig größer geworden zu sein. Er sann auf ein Mittel, den Trieb zu beschleunigen. Es kam ihm nichts Besseres in den Sinn, als an den Halmen täglich ein bißchen zu ziehen. Als er aber am siebten Tag aufs Feld kam, was mußte er sehen? Die Pflanzen lagen welk und entwurzelt im Wasser und er mußte mit seiner Arbeit von vorne beginnen.

Der chinesische Bauer in der Geschichte steht für den perfektionistischen Menschen, der alles übersorgsam und hundertprozentig richtig machen möchte, und die Tendenz hat, sich ständig kontrollierend rückzuversichern, ob die Dinge auch sind, wie er sie haben möchte.

Eine solche Veranlagung hat ihr Gutes, weil zwanghafte Menschen im allgemeinen ordnungsliebende, pünktliche und fleißige Arbeiter sind, auf die Verlaß ist. Auch der Bauer hat zeitgerecht gesät, fleißig gedüngt und gewässert, und versäumt keinen Morgen, zum Felde zu gehen.

Aber eine solche Veranlagung hat auch ihre Gefahr. Denn oft wird dann des Guten zuviel getan, zuviel gegrübelt, zuviel kontrolliert, ob ja nichts schief geht, kurz zuviel Vorsorge getrieben. Nach dem Verlassen des Hause z.B. wird noch zweimal zurückgegangen und nachgeschaut, ob die Haustüre wohl versperrt ist. Nach dem Händewaschen wird noch ein zweites, drittes und fünftes Mal Waschen angeschlossen, damit ganz sicher keine Schmutzpartikel oder Bakterien in den Hautfalten übrig geblieben sind. Nach dem Gespräch mit der Schwiegermutter wird noch eine Stunde lang gedanklich rekonstruiert, ob nicht irrtümlich ein kränkendes Wort gefallen ist.

Warum kann der Betreffende es nicht „gut sein lassen“? Nun, in der

Fachsprache spricht man von einer *Insuffizienz des Evidenzgefühls*[32] beim zwanghaften Menschen, für den auch das Augenscheinlichste nicht überzeugend ist. Er lebt in permanenter Unsicherheit, ob das, was er tat und tut, auch richtig sei, bis hin zur Horrorvorstellung, er könnte kraft eigenen Versagens ein schlimmes Unglück verursachen. Genau dies aber ist sein Unglück: nicht in Ruhe abwarten zu wollen, was die Dinge zeitigen, in der Gelassenheit dessen, der sein Bestmögliches eingebracht hat und es damit genug sein läßt.

In der Geschichte ist es das langsame Wachstum der Reispflänzchen, das den Bauern verunsichert und aus der Ungeduld seines Herzens heraus den Zwangsimpuls in ihm wachruft, sich „nachhelfend" rückzuversichern, daß die Pflanzen gedeihen. Doch wer Zwangsimpulsen nachgibt, dessen Leben welkt alsbald entwurzelt dahin, wie es mit der Saat des Bauern geschah.

Fazit der Geschichte: Die Bereitschaft, das Gesäte aufgehen und das Getane gut sein zu lassen, erhellt menschliches Dasein, weil es zwangsneurotischen Strukturen entgegenwirkt.

Sexualneurose

Zwei Forscher gerieten im Hochgebirge von Tibet in einen Schneesturm. Da sahen sie plötzlich einen Mann, der im Schnee den Abhang hinuntergestürzt war und hilflos an einem Felsvorsprung hing. Der eine Forscher wollte sofort hinuntersteigen und dem Verunglückten helfen. Der andere weigerte sich mitzugehen. „Niemand kann von mir verlangen, daß ich mich um jemand bemühe, während ich selbst in Gefahr bin, umzukommen", sagte er. „Immerhin", meinte der erste, „wenn wir schon sterben müssen, ist es gut, wir sterben, indem wir anderen helfen." Der zweite wandte sich ab und ging seines Wegs, er änderte seine Meinung nicht.

Der Hilfsbereite stieg zu dem Verunglückten hinunter, hob ihn unter großer Gefahr mühsam auf seine Schultern und trug ihn bergan.

[32] Viktor E. Frankl, Ärztliche Seelsorge, Deuticke, Wien, 10. Aufl. 1982, S. 176

Durch diese Anstrengung wurde ihm warm, und seine Wärme übertrug sich auch auf den schon ganz steifen Verunglückten.

Unterwegs traf der Retter auf seinen früheren Begleiter. Müde, wie der war, hatte er sich niedergelegt und war im tiefen Schnee erfroren.

Der Helfer aber hatte nicht nur einen Mitmenschen, sondern auch sich selbst vor dem Tode des Erfrierens gerettet.

Die Geschichte hat nichts mit „Sexualität" zu tun, aber alles mit „Liebe". Und da psychogene Sexualstörungen auf das engste mit dem Thema „Liebe" verflochten sind, kann uns die Geschichte auch dafür Wissenswertes verraten.

Sie bringt zwei Gegenpole zur Darstellung. Beide Forscher befinden sich in absolut vergleichbarer Lage. Sie haben nicht nur denselben Beruf, ziehen durch dasselbe Hochgebirge und sind in Gestalt des Verunglückten am Felsvorsprung mit derselben Herausforderung konfrontiert. Sie haben nicht einmal unterschiedliche Namen ... Aber sie nehmen in kristallener Konzentration Unterschiedliches wahr: das Ich oder das Du. Auf den Punkt gebracht: die Rettung des Ichs oder die Rettung des Dus. Hoch droben im Schneesturm der tibetanischen Gipfel führt kein Weg an einer klaren Entscheidung zu Gunsten des Selbst oder zu Gunsten des anderen vorbei.

Unterbrechen wir an dieser Stelle die Auslegung der Geschichte und wechseln wir zur Intimsituation von Mann und Frau. Nackt, wie sie sind, vereinen sie sich in vergleichbarer Lage, konfrontiert mit derselben Herausforderung, ein geistiges Band möge sich im zärtlich vollzogenen Akt inkarnieren. Und auch sie nehmen in kristallener Konzentration eines von zweien wahr: das Ich oder das Du. Auf den Punkt gebracht: die Lust des Ichs oder die Lust des Dus. Tief drinnen in der Wärme des gemeinsamen Lagers führt kein Weg an einer klaren Entscheidung zu Gunsten des Selbst oder zu Gunsten des Partners vorbei.

Wie geht nun die Geschichte aus? Wie sie seit Jahrtausenden ausgeht zwischen dem Menschen und seinem Nächsten. Wer zu Gunsten des anderen auf sich selbst verzichtet, rettet sich selbst, findet sich selbst, beglückt sich selbst – in allen Variationen des Lebens. Wer sich hingegen selbst retten, finden, beglücken will, verliert sich selbst. Kein sinnloses Märtyrertum ist damit beschrieben, sondern das „Hohelied der Liebe", die „Bergpredigt", die spezifisch humane Fähigkeit zur Selbsttranszendenz im Franklschen Sinne.

Das gilt auch für die menschliche Sexualität, die immer schon mehr ist als bloße Sexualität, und die, wenn sie es *nicht* ist, wenn an der Personenwürde des Partners vorbeiagiert wird, wie es der eine Forscher mit dem Verletzten getan hat, im Schnee der Frigidität bzw. der Impotenz erfriert. Angst vor der Blamage, Kampf um die eigene Lust, Erzwingenwollen der eigenen Befriedigung lassen sie sterben. Denn: „Das Ich wird Ich erst am Du" (Frankl).

Fazit der Geschichte: Nur die selbstüberschreitende Hingabe an den Partner ermöglicht eine Sexualität, die menschliches Dasein erhellt, weil sie frei ist von sexualneurotischer Egozentrik.

Iatrogene Neurose

Das Auge hatte einen herrlichen hohen Berg erblickt. An seinem Fuß wuchsen Tannenwälder, in der Mitte sah es grüne Weiden und Matten, dann kamen die Felsen und zu guter Letzt der ewige Schnee wie eine luftige Schlagrahmhaube. Das Auge wollte gleich das Ohr darauf aufmerksam machen. „Ich kann nichts hören", sagte das Ohr. „Aber du, Nase, kannst doch den Berg nicht leugnen!" Die Nase meinte: „Ich rieche nichts, aber auch gar nichts." Da wendete sich das Auge an den Mund, aber der behauptete: „Ich schmecke nichts, gar nichts."

Also blieben dem Auge nur noch die Hand und die Fingerspitzen. „Fühlst du ihn, den Großen, Herrlichen?" – „Ich fühle nichts", sagte die Hand.

Ohr, Nase, Mund und Hand tuschelten miteinander, natürlich hinter dem Rücken des Auges. „Mit dem Auge kann etwas nicht stimmen", einigten sie sich, „es muß in die Therapie".

Diese Geschichte von Kahlil Gibran ist eine meisterhafte Persiflage auf ein trauriges Kapitel in der Psychotherapie: die iatrogene, das heißt, durch den Psychotherapeuten hervorgerufene Schädigung. Dabei handelt es sich nicht um jene kriminellen Delikte, bei denen das Vertrauen seelisch labiler Patientinnen von männlichen Therapeuten ausgenutzt und mißbraucht wird. Vielmehr geht es um negativistische Weltdeutungen und Menschenbilder, die den Patienten existentiell verunsichern und sein Wertsystem demontieren. In der Folge kommt es zur Pathologisierung normaler Phänomene durch Fehlinterpretationen, die dem Aufflammen neurotischer Überreaktionen reichlich Nahrung geben.

In der Geschichte wird das Auge durch eine prachtvolle Landschaft beeindruckt. Seine Faszination ist positiv, seine Erquickung an der malerischen Szenerie ein normales Phänomen. Allein, seine Schwesterorgane können das Erlebnis des Auges nicht teilen, weil sie „anderen Sinnes“ sind. Jeder hat eben seinen unaustauschbaren Zugang zur Welt.

Statt nun zu respektieren, was dem Auge lieb und teuer ist, auch wenn es sich dem eigenen Horizont nicht erschließt, beurteilen die Schwesterorgane das ihnen Fremde als krankhaft. Damit *ver*urteilen sie es gleichzeitig, indem sie es z.B. zur Halluzination abstempeln. Mehr noch: sie deklarieren das Auge als therapiebedürftig. Wie leicht könnte es daraufhin geschehen, daß das Auge verschämt den Blick senkt und ihm die prachtvolle Landschaft entschwindet? Wie leicht könnte es auch geschehen, daß dem Auge wohlmeinend aber schlechttuend Medizin eingeträufelt wird, bis es tatsächlich erblindet?

Hat nicht schon so mancher Patient in der psychotherapeutischen Behandlung ebenfalls verschämt den Blick gesenkt, als ihm die annehmbare Kindheit, die er verlebt zu haben glaubte, als bloße Fiktion ausgeredet worden, oder seine Gottesbeziehung als bloße Projektion einer Sehnsucht nach dem Vater, den er nie gehabt hat, „entlarvt“ worden ist? Ist nicht mancher an einer Psychoanalyse geistig erblindet?

Es gilt, vorsichtig und zurückhaltend zu sein bei aller Beurteilung und Kommentierung der Äußerungen unserer Mitmenschen oder gar Patienten. Entwertet ist schnell, aber tragende Werte aufzubauen, dazu bedarf es einer langen Zeit.

Fazit der Geschichte: Die Achtung dessen, was für den anderen wertvoll ist, auch wenn man selber wenig Verständnis dafür hat, erhellt menschliches Dasein, weil es iatrogene Neurosen verhindert.

Noogene Neurose

Ein Fohlen lebte mit seiner Mutter auf einer saftigen Weide nahe dem großen Fluß. Das Junge trank bei der Stute, sooft es Lust hatte, ließ sich den frischen Sommerwind um die Nase wehen und war zufrieden. Allmählich wurde sein Hals länger, sein Appetit wuchs, und es lernte, das zarte Gras zu seinen Füßen zu rupfen und die besten Kräuter von den weniger guten zu unterscheiden. Der Tisch war sozusagen jeden Morgen reichlich gedeckt. Aber unser Fohlen war keines von den gewöhnlichen Pferdekindern. Es war mit einer besonders feinen Zunge auf die Welt gekommen und fand plötzlich, daß das saftige Grün nicht saftig, sondern dürr, die Kräuter nicht aromatisch, sondern fade, und das Wasser nicht klar und frisch, sondern labbrig und ekelhaft schmeckte. „Gibt es nicht irgendwo etwas Besseres zu fressen?", fragte es die Mutter. „Doch, es gibt", antwortete diese, „aber du mußt sehr weit laufen. Ich werde dich heute abend auf eine bessere Weide führen."

Stute und Fohlen liefen und liefen – stundenlang – durch die Nacht. Ein Gewitter kam, der Regen prasselte, Schlamm bedeckte die Wege und Pfade. Unser Fohlen brach vor Müdigkeit und Hunger fast zusammen. Endlich erreichten sie die versprochene saftige Wiese. Der Morgen graute schon. Noch nie war dem kleinen Pferd Gras so zart, so saftig und so aromatisch erschienen. Es labte sich an den Blättchen und Gräsern und an dem köstlichen Wasser. Als die Sonne aufging, sah es, daß es wieder auf seiner alten Weide stand.

Wen würde die Geschichte nicht an die verwöhnten Wohlstandskinder der späten 60er bis frühen 90er Jahre erinnern, deren Tisch sozusagen jeden Morgen reichlich gedeckt war? Auch sie fanden vieles fad und dürr, labbrig und ekelhaft. „Gibt es nicht irgendwo etwas Besseres ...?" fragten sie permanent und warfen das Althergebrachte über Bord. Schule und Ausbildung? Langweilig! Theater und Konzerte? Uninteressant! Tugenden und Pflichten? Lächerlich! Treue und Enthaltsamkeit? Absurd! Sie wollten „aussteigen", suchten das „new age" und verfingen sich im Traum von der Selbsterlösung. Zünftig gesprochen, in einer noogenen Neurose, wie sie gekennzeichnet ist durch das „Leiden am sinnlosen Leben"[33] und die Flucht aus diesem Leiden in alles,

[33] Viktor E. Frankl, Das Leiden am sinnlosen Leben, Herder, Freiburg, Neuausg. 1991

was einen künstlichen Glücksrausch bewirkt, inklusive Drogen, Perversionen und Nervenkitzel.

„Doch, es gibt“, antwortete Mutter Natur, „aber ihr müßt sehr weit laufen ...“ Ja, der Weg aus der noogenen Neurose ist weit. Er führt durch die Nacht schmerzlicher Erfahrungen, durch die Gewitter bitterer Läuterungen und durch den Schlamm mühseliger Plage. Sind sie heute schon so weit, die Wohlstandskinder? Haben Rezession, Müllberge, Wohnungsmangel und Überschuldung sie angemahnt, Ansprüche hinunter- und Dankbarkeit hinaufzuschrauben? Haben weltweite politische und wirtschaftliche Veränderungen sie gelehrt, daß Narzißmus und Hedonismus eher ein „no age“ als ein „new age“ einleiten?

In der Geschichte „brach das Fohlen vor Müdigkeit und Hunger fast zusammen“. Nein, so weit sind unsere Wohlstandskinder noch nicht, und man würde ihnen von Herzen wünschen, daß ihnen dieser Teil der Geschichte erspart bliebe. Aber vielleicht ist ohne ihn die „saftige Wiese“ nicht zu erreichen, die endgültige Umkehr aus der noogenen Krise. Die Wiederentdeckung von Sinn. Dem alten, dem neuen, dem zeitlosen Sinn, der darin besteht, die Schöpfung zu bewahren, das Leben zu schätzen, den Besitz zu teilen und sich insgesamt in Ehrfurcht zu verneigen vor dem, der größer ist als jede denkbare Größe.

Die Geschichte gibt Grund zur Hoffnung, daß eines Tages die Sonne aufgehen und sich eine Generation auf unserer ausgebeuteten und krisengeschüttelten Erde wiederfinden wird, die sie für beschützenswert und „köstlich“ hält.

Fazit der Geschichte: Bequeme Umstände lassen den Glücksbedarf hochschnellen, wohingegen widrige Umstände das menschliche Dasein mit Sinnerkenntnis erhellen und somit zur Abheilung noogener Neurosen beitragen.

Hysterie

Ein Bauernmädchen war auf dem Weg zu seinem Geliebten. Es kam an einem Mulla vorüber, der betete. In seiner Unwissenheit schritt es einfach an ihm vorbei, ohne ihm seine Ehrerbietung zu erweisen. Der Mulla war darüber sehr zornig, und als das Mädchen zurückkehrte, schalt er es für sein Vergehen. „Mädchen, was hast du für eine Sünde begangen, als du, ohne mich zu beachten, an mir vorübergingst, während ich betete." Sie antwortete: „Was ist das – Beten?" Er erwiderte: „Ich dachte an Allah, den Herrn des Himmels und der Erde, und hielt Zwiesprache mit ihm."

Da sagte die Gescholtene: „Es tut mir leid. Ich weiß kaum etwas von Allah und vom Beten. Ich war auf dem Weg zu meinem Geliebten und war ganz von dem Gedanken an ihn erfüllt. Da war kein Platz für etwas anderes. Ich sah also nicht, daß du gebetet hast. Aber wie konntest du *mich sehen, wenn du nur an Allah dachtest?"*

Auf delikate Art vermittelt diese ägyptische Geschichte das Wesen einer der tragischesten seelischen Krankheiten, nämlich der Hysterie. Tragisch deshalb, weil hysterische Personen sich selbst langfristig in die Einsamkeit katapultieren – wer kann, meidet sie. Auch dem Mulla in der Geschichte blüht ein ähnliches Schicksal. Das gescholtene Bauernmädchen jedenfalls wird sich das nächste Mal einen anderen Weg zu seinem Geliebten suchen. Was stößt es am Mulla ab?

Nun, er ist *unecht*, sein Beten ist unglaubwürdig. Denn während er betet, beobachtet er scharf seine Mitmenschen, ob sie ihm wohl die entsprechende Ehrerbietung erweisen. Eventuell ist der gesamte Akt seines Betens eine *berechnende* „Show", die exakt diese Wirkung erzielen soll: die Vorübergehenden zur Erweisung ihrer Ehrerbietung zu veranlassen. Wenn dies stimmt, zeugt es von einem *krankhaften Egoismus* des Mullas, welcher unbedingt im Mittelpunkt der Aufmerksamkeit seiner Mitwelt stehen will, und dem jedes Mittel dazu recht ist. Auch das Mittel des Betens. Bei vielen Patienten aus der psychotherapeutischen Praxis auch das Mittel des Krankwerdens, simuliert oder realiter, und der Selbstschädigung. Doch das Mittel, mit dem Zuwendung geheischt und Aufmerksamkeit erpreßt wird, ist egal; vorrangig ist das stets berechnende (Theater-)Spiel des verbogenen, unechten Charakters, das dem Zwecke gemütskalter, eigensüchtiger Manipulation anderer Menschen dient.

In der Geschichte liefert das Bauernmädchen den gesunden Kontrast dazu. Es ist unwissend und von schlichter Herkunft, aber ganz es selbst. Insofern, als es innerlich ganz bei seinem Geliebten ist, ist es ganz bei sich. Das „Bei-den-Objekten-der-Welt-Sein", mit denen es seelisch zutiefst verbunden ist, füllt es so aus, daß kein Platz mehr bleibt für störende Nebengedanken, etwa des Inhalts, was andere von ihm denken mögen, was andere von ihm erwarten könnten, ob andere es genügend bemerken und seine Verdienste hinreichend loben ... Das alles gleitet unwichtig geworden von den Schultern des Mädchens ab, nur das Objekt seines „Bei-Seins“ zählt. Das Mädchen ist authentisch und echt.

Wollte der Mulla ihm gleichkommen, müßte er im Gebet bei Allah sein, und nirgends als bei Allah. Würde er es tun, würde ihm wiederholt und unaufgefordert Ehrerbietung erwiesen werden.

Fazit der Geschichte: Der Verzicht auf Zuwendung, Aufmerksamkeit und Anerkennung erhellt menschliches Dasein, weil er Authentizität fördert und hysterische Impulse dämpft.

Angstneurose

Ein japanischer Ingenieur war bei Freunden eingeladen. Zur Reistafel mit rohem Fisch gab es warmen Reiswein in kleinen Glasschalen. Der Gast trank und aß mit viel Vergnügen, bis er plötzlich in seinem Glas einen kleinen Wurm bemerkte, der sich hin und her schlängelte. In Japan ist Höflichkeit oberstes Gesetz. Der Gast darf sich nichts anmerken lassen, wenn ihm etwas gegen den Strich geht. Irgendein triftiger Grund fiel unserem Ingenieur ein, um vor Beendigung der Party gehen zu können. Das Glas mit dem Rest des Reisweins ließ er stehen.

Kurz darauf erkrankte er an einer Krankheit der Eingeweide, deren Diagnose keinem Arzt gelang. Er konnte kaum mehr etwas zu sich nehmen, wurde weniger und weniger und schob die Ursache seines Leidens dem Wurm im Reiswein zu, der möglicherweise das Getränk vergiftet hatte.

Der Freund, bei dem er damals eingeladen war, besuchte ihn, und es ergab sich, daß der Kranke schließlich von dem Wurm im Reiswein erzählte.

Am nächsten Tag lud der Freund ihn dringend in sein Haus ein. Trotz seiner Schwäche müsse er unbedingt zu ihm kommen. Er ließ den Kranken an derselben Stelle Platz nehmen, wo er bei der Einladung gesessen hatte. Eine Schale Reiswein stand auch schon da. Dann zeigte er dem Patienten ein Ornament an der Decke des Speisezimmers, das im Wein die täuschende Spiegelung eines Wurmes verursacht hatte.

Tags darauf war der Schwerkranke schon fast wieder gesund.

Angstneurosen verdanken sowohl ihre Entstehung, als auch ihre Chronifizierung einer sogenannten „selffulfilling prophecy". Dabei ist der ursprüngliche Richtigkeitsgehalt jener Prophezeiung völlig irrelevant, denn die Erwartung von etwas Schrecklichem oder Peinlichem allein lockt solches schon herbei, wodurch sich die Prophezeiung dann prompt erfüllt hat. Ihre Erfüllung jedoch bestätigt die Erwartung rückwirkend als eine richtige, und mag sie noch so irrtumsbehaftet gewesen sein.

Die Geschichte vom japanischen Ingenieur ist die Geschichte einer solchen „selffulfilling prophecy" schlechthin. Zufällig spiegelt sich ein Deckenornament in seinem Weinglas und wird von ihm in einer optischen Täuschung als Wurm angesehen. Logischerweise hört er auf, aus dem Glas zu trinken.

Bis hierher ist es die Geschichte einer vorzeitig beendeten Party, und nicht mehr. Das könnte sie im Leben des Ingenieurs auch bleiben, verfiele er nicht der Macht einer selbstgeschneiderten Prophezeiung, nämlich, daß der Wurm im Reiswein sein Getränk vergiftet habe, und er, der Ingenieur, daran erkranken werde. Nun arbeitet – nicht das Wurmgift, sondern – die *Erwartungsangst*[34] in ihm und sorgt dafür, daß die Prophezeiung hält, was sie verspricht: er wird krank.

Seine Erkrankung ist eine rein *psychogene*, also keine somatogene oder psychosomatische mit körperlichen Anteilen, da ihre Symptome ausschließlich auf einer psychischen Irritation beruhen. Die Geschichte verdeutlicht diese Einsicht an Hand von zwei Informationen. Zum einen daran, daß keinem Arzt eine Diagnose gelingt, und zum anderen daran, daß der Schwerkranke nach Aufdeckung seines Irrtums – und dem damit verbundenen Wegfall seiner Erwartungsangst – fast unmittelbar wieder gesundet. Es scheint, daß sie den Leser ermutigen will, zu überlegen, ob nicht auch er so manchen Wurm in einem der Weingläser seines Lebens vermutet, der in Form einer „selffulfilling

[34] Viktor E. Frankl, Die Psychotherapie in der Praxis, Piper, München, 2. Aufl. 1991, S. 104f.

prophecy" bereits Macht über ihn gewonnen hat und nur auszutreiben ist, indem man sich der angstbesetzten Situation stellt, Auge in Auge mit dem Wurm, und prüft, was von diesem tatsächlich vorhanden ist.

Fazit der Geschichte: Der Mut, Tatsachen gegenüberzutreten, statt ihre etwaig schlimmen Folgen bangend zu erwarten, erhellt menschliches Dasein und entschärft angstneurotische Irritationen.

Sucht

Ein Mann kam täglich zur Theke einer kleinen Bar um die Ecke. Er hatte tieftraurige Augen und war wenig gesprächig. Die Bewohner des kleinen spanischen Dorfes nannten ihn den „Schlürfer", nicht nur wegen seiner merkwürdigen Gehweise, sondern auch wegen seines großen Durstes.

Er bestellte sich an der Theke zunächst ein Gläschen Jerez, dann einen roten Landwein und schließlich einen ganzen Krug Sangria. Wenn er diesen bis auf den Grund geleert hatte, pflegte er zu bezahlen und ebenso tieftraurig, wie er gekommen war, wieder zum Perlvorhang hinauszuschlürfen, die Knie tief eingebogen.

Ein Gast, der ihn nun schon seit Tagen beobachtete, fragte ihn: „Wie kommt es, daß Ihr nie lustig werdet? Andere, die soviel wie Ihr trinken, werden fröhlich, ausgelassen, tanzen wohl auch ein bißchen, wenn sie zur Tür hinaus das Weite suchen. Ihr aber kommt ebenso herein wie heraus. Warum trinkt Ihr eigentlich?" Die Antwort kam zögernd: „Ich trinke, weil ich traurig bin!" – „Aber dann müßtet Ihr doch heiter werden, wenn Ihr getrunken habt?" – „Nein, denn dann bin ich traurig, weil ich trinke!"

Gründe zum übermäßigen Alkoholkonsum gibt es Millionen und keinen. Millionen, weil jeder Tag und jeder Lebensabschnitt Frustrationen und Belastungen mit sich bringt, die zum Anlaß für ein Sich-Betäuben und Seinen-Kummer-Hinwegschwemmen genommen werden können. Und keinen, weil dadurch nicht eine einzige Frustration aus der Welt geschafft wird, und nicht eine einzige Belastung wirklich an Gewicht verliert.

Auch der Mann in der Geschichte hat einen sogenannten Grund für sein exzessives Trinken: eine Trauer. Wir erfahren nicht, worüber er traurig ist, weil es darauf nicht ankommt. Es kommt auf seinen *Umgang mit der Trauer* an. Es kommt darauf an, was er aus seiner Trauer macht, bzw. was er die Trauer mit seinem Selbst machen läßt. In der Geschichte erlaubt er der Trauer, ihn zum „Schlürfer" zu machen. Und darüber stellt sich eine zweite Trauer bei ihm ein. Eine Trauer, die mit seinem uns unbekannten Leide, das er in der ersten Trauer betrauert, nichts gemein hat. Denn die erste Trauer hängt gewiß mit seinem Schicksal zusammen, das nicht verlaufen ist, wie er es sich gewünscht hätte. Doch die zweite Trauer ist kein Kind des Schicksals, sie ist ein Kind aus seiner ureigensten Zeugung. Er hat die Potenzierung seiner ersten Trauer durch eine zweite selbst ins Leben gerufen, und mit jedem Gläschen Jerez und jedem Krug Sangria jagt er sie in höhere Potenzen.

So wird am Ende des spiralförmigen Zyklus zwischen erster und zweiter Trauer die Zweite bei weitem überwiegen, die Trauer über ein selbstverschuldeterweise verfehltes Leben, in dem die erste Trauer anderenfalls die Metamorphose zu einem neuen, erfüllenden Lebensabschnitt hätte sein können.

Kein Wunder, daß dem „Schlürfer" die Knie weich werden und nachzugeben drohen. Nicht das Leid hat sie ihm eingeknickt – die Lebensverfehlnisse sind es, in denen er stagnierend einsinkt und sich kaum mehr weiterentwickelt. Der Alkohol schwemmt niemals den Kummer hinweg, sondern immer nur die Chance, wahrhaftig ein Mensch zu werden.

Fazit der Geschichte: Das Aushalten von Trauer im kreativen Umgang mit ihr erhellt menschliches Dasein, weil es Leid in Leistung und nicht in Krankheit wie z.B. Sucht verwandelt.

Schlafstörungen

Molla hatte einen langen Bart, auf den er sehr stolz war. Mit Würde trug er ihn jeden Tag zur Schau.

Eines Tages fragte ihn ein Freund: „Molla, wie ist das eigentlich beim Schlafen – legst du deinen Bart über die Decke oder unter die Decke?"

„Dumme Frage", meinte Molla, „ich habe mir das noch nie überlegt. Aber trotzdem, morgen werde ich dir die Frage beantworten."

Am nächsten Morgen kam der Freund zu Nasreddin und wartete gespannt auf die Antwort. „Verschwinde", entgegnete ihm der Bärtige verärgert, „seit 40 Jahren schlafe ich ruhig und unbeschwert wie ein kleines Kind. Heute aber konnte ich kein Auge zutun, weil ich ständig daran denken mußte, ob ich meinen Bart über oder unter der Decke habe!"

Molla Nasreddin aus der Geschichte konnte 40 Jahre lang ruhig und unbeschwert schlafen wie ein kleines Kind. Übersetzen wir die Umschreibung „wie ein kleines Kind" in die biologische Essenz. Ein kleines Kind denkt nicht darüber nach, ob und wie und wie bald es schlafen wird, sondern es überläßt sich ganz unbefangen und unreflektiert seiner Müdigkeit, die es sanft und unbemerkt in den Schlaf hinübergeleitet. Der Organismus steuert und überwacht das Wechselspiel zwischen der Tagesbewußtheit und den mehr oder weniger unbewußten Traumlandschaften der Nacht selbsttätig und vollautomatisch und am besten *ungestört*.

Aber man kann dessen Automatismus auch stören. Stören durch eine Bewußtheit am falschen Platz, die in der Fachsprache „Hyperreflexion" genannt wird[35]. Das heißt, man denkt zuviel über etwas nach, das eher sanft und unbemerkt eintreten soll wie z.B. der Schlaf. Die Fabel vom Tausendfüßler, der perfekt laufen konnte, solange er sich nicht dafür interessierte, in welchem Muster er eigentlich seine Beinchen beim Laufen vor- und zurückbewegte, und der nicht mehr von der Stelle kam, als er begann, die Fortbewegung seiner Beinchen zu studieren, paßt hier gut ins Bild. Molla Nasreddin ist genau diesem „Tausendfüßler-Effekt" zum Opfer gefallen, als er begann, die Lage seines Bartes während der Nacht zu hyperreflektieren.

Insbesondere die Nacht ist eine Zeit des Loslassens und des Sich-Anvertrauens, wovon der Text des alten Wiegenliedes: „... schlupf unter die Deck'; morgen früh, wenn Gott will, wirst du wieder geweckt ..." lieblich kündet. Wer dies nicht kann oder will, und die Nacht dazu benützt, seine Sorgen „wiederzukäuen", oder gar den Einschlafvor-

[35] Viktor E. Frankl, Psychotherapie in der Praxis, Piper, München, 2. Aufl. 1991, S. 52

gang ungeduldig urgiert, vielleicht noch garniert mit vielerlei Bedenken, was ihm nach einer durchwachten Nacht am nächsten Tag alles mißlingen werde, der raubt sich selbst den Schlaf. Denn der greift ein in eine Domäne seines Organismus, die naturgewollt nicht unter seiner bewußten Befehlsgewalt liegen soll, sondern in der unbewußten Weisheit der Rhythmen alles Lebendigen.

Fazit der Geschichte: Das Vertrauen zur „Weisheit des Organismus" und das Loslassenkönnen erhellen menschliches Dasein, indem sie eine Unbefangenheit gewähren, die Schlafstörungen gegenläufig ist.

Noogene Depression

Kumara aus Burma, ein wahrheitssuchender junger Mensch, hatte von einem Ort in der Bergeinsamkeit des Dreiländerecks gehört, an dem der Eingang zum Berg der Erkenntnis zu finden sei. Er begab sich auf die Pilgerreise dorthin auf mühsamen Wegen.

Bis er sein Ziel erreichte, waren seine Schuhsohlen durchgelaufen. Barfuß kam er endlich vor ein großes Tor, das von einem grimmigen Wächter gehütet wurde.

„Ist das der Eingang zum Berg der Erkenntnis?", fragte Kumara. „Ja, aber du kannst jetzt nicht hinein, du mußt warten", so der Wächter. Also setzte sich der Pilger in der Nähe des Eingangs auf einen Stein und wartete. Er vertrieb sich die Zeit mit Nahrungssuche im Wald, mit Gebet und Plänen für die Zukunft, wenn ihm erst einmal Erkenntnis zuteil geworden sei. Doch als der Wächter gar keine Anstalten machte, ihn einzulassen, begab er sich wieder zu ihm und meinte, es sei jetzt wohl Zeit. Der aber verneinte wieder und wies ihn ab. Nochmals verlegte er sich aufs Warten. Und schritt dann wieder zum Tor, entschlossen, jetzt einzutreten, koste es, was es wolle. Doch abermals versperrte der Wächter ihm den Weg.

„Ich warne dich", sagte er, als er sah, daß der Anwärter unter seinen Schultern durchzukommen suchte, „da drinnen sind viele Räume, und vor jedem steht ein Wächter, aber noch viel schärfer und strenger als ich. Meinetwegen probier's – aber ich habe dich gewarnt."

Den Pilger verließ der Mut, er kehrte an seinen Warteplatz zurück und übte sich weiter in Geduld. Über dem vergingen Wochen, Monate,

Jahre – er wurde alt und grau, ein mißmutiger Greis. Schließlich vergaß er in oft wiederkehrenden Anfällen dumpfer Schwermut, weshalb er eigentlich da saß. Sein Augenlicht wurde schwach und die Gelenke starr. In einem lichten Moment sah er noch einmal in schwachen Umrissen das Tor und den Glanz, der daraus hervorkam. Er rief den Torhüter zu sich. „Was willst du denn jetzt noch?" fragte der und mußte sich tief hinunterbeugen, um den alten Mann zu verstehen. „Sag mir", fragte der, „warum hat sich in all der Zeit bis jetzt kein einziger außer mir blicken lassen, der in den Berg der Erkenntnis gelangen wollte?"

Da ertönte die Stimme des Wächters wie die Posaune des Jüngsten Gerichts in den Ohren des Pilgers Kumara: „Dieser Eingang war nur für dich bestimmt. Kein anderer konnte hier eintreten. Jetzt wird er geschlossen."

Diese Geschichte, die in ihrem Originaltext auf Franz Kafka zurückgeht, zeichnet den Weg des Menschen nach, der den Sinn seines Lebens versäumt. In der Figur des Kumara pilgert er voller Idealismus und hehrer Intentionen zum Berg der Erkenntnis. Doch dort, wo es konkret wird im Hier und Jetzt, dort, wo Hürden auftauchen und Prüfungen bestanden werden müssen, verläßt ihn der Mut. Es ist einfacher, sich die Zeit mit angenehmen Beschäftigungen zu vertreiben und erbauliche Pläne zu schmieden, wie schön es sein wird, wenn einem die Erkenntnis erst einmal zuteil geworden ist, als (mit dem Wächter) nach eben dieser Erkenntnis zu ringen.

Schließlich nimmt Kumara erneut Anlauf, und der Wächter zeigt sich sogar eine Spur weniger grimmig als zuvor. Er malt ihm zwar die Schwierigkeiten aus, die eine unbeirrte Sinnsuche und Sinnerfüllung notwendig mit sich bringt, lädt ihn aber gleichzeitig indirekt dazu ein: „Meinetwegen probier's ..."

Doch Kumara probiert es nicht. So wird er alt, grau, gerät in die Schwermut einer noogenen Depression, und büßt mit der Zeit all seine Fähigkeiten und Stärken ein, mit denen er ausgerüstet gewesen wäre, eine sinnvolle Existenz ihrer Vollendung zuzuführen. Kurz vor seinem Tod zieht er Bilanz, aber wie triste sieht diese aus! Sein Leben hat aus Warten bestanden. Warten worauf?

In einem lichten Moment vergegenwärtigt sich Kumara noch einmal das Tor und den Glanz, der daraus hervorkam, und ahnt das ungeheure

Versäumnis, das nie mehr Nachholbare. Erstaunt blickt er um sich, will sich an seinen Mitmenschen orientieren. Die anderen haben doch auch nicht sein Tor durchschritten? Da verhilft ihm der Wächter wenigstens zu einer letzten Erkenntnis: „Dieser Eingang war nur für dich bestimmt ..." Jeder Mensch ist einmalig und einzigartig, weshalb für jeden ein einmaliger und einzigartiger Weg zum Sinn seines Lebens führt[36]. Wenn er diesen Weg nicht geht, kann kein anderer ihn für ihn gehen, und wenn er seinen Sinn nicht erfüllt, bleibt dieser Sinn der Welt vorenthalten für immer. Sobald das Tor geschlossen wird, zählt nur noch das de facto Gewirkte und Verwirklichte, das hineingeflossen ist in das ewige Sein. Alles andere verfällt dem Nichts.

Fazit der Geschichte: Sinnerfüllung durch unerschrockenes richtiges Handeln zur rechten Zeit erhellt menschliches Dasein und schützt vor noogenen Depressionen.

[36] Viktor E. Frankl, Ärztliche Seelsorge, Deuticke, Wien, 10. Aufl. 1982, S. 55 ff.

Lebensklärung

Analyse eines logotherapeutischen „Lehrfalles“

Einleitende Betrachtungen zum Begriff der Lebensklärung

Der „höhenpsychologische“ Begriff der *Lebensklärung* unterscheidet sich vom tiefenpsychologischen Begriff der *Aufarbeitung von Lebensgeschichte*. Dennoch ist beiden Begriffen eines gemeinsam: sie meinen Unvollendetes. Denn niemals kann die Gesamtheit der in der Vergangenheit eines Menschen durchlebten und durchlittenen Geschehnisse vollkommen aufgearbeitet, das heißt, angemessen erinnert werden, um – nunmehr bewußt – verstanden und damit ein für allemal „ausgestanden“ zu sein. Immer bleibt Nicht-Erinnertes, Falsch-Erinnertes, Richtig-Erinnertes, das falsch verstanden wird, und schließlich jener unvergeßliche Schmerz, der nicht erinnert zu werden braucht, weil er sowieso immer präsent, dafür aber nie ganz ausgestanden ist. In wessen Leben gäbe es nicht die zarte Trauer über etwas ganz Bestimmtes, die einen still und einfach begleitet und auch psychotherapeutisch nicht behebbar ist?

In der Logotherapie Viktor E. Frankls wird von vornherein auf den Versuch einer solchen „Trauerbehebung“ verzichtet. Und doch strebt auch sie Erinnerung, Bewußtheit und Verständnis auf die ihr eigene Weise an. Erinnerung nämlich an verschüttete Wertstrukturen, Bewußtheit von (geistig) noch unbewußten persönlichen Vorhaben, und Verständnis für die gegenwärtige Aufgabe, die sich an überpersönlichen Zielsetzungen bemißt.

Letzteres ist ein besonderes Charakteristikum der Logotherapie, das sie auch von der verhaltenstherapeutischen „Selbstmanagement-Therapie“[37] unterscheidet, in welcher es darum geht, Klienten zu helfen, ihre individuellen Ziele mit ihrem realen Handeln in Einklang zu bringen. Wobei individuelle Ziele als „willkürliche Festlegungen seitens der Klienten“ (Schmelzer) definiert werden, deren Stattfindung therapeutisch initiiert und stimuliert werden soll. Daran jedoch, daß

[37] F. H. Kanfer, H. Reinecker & D. Schmelzer, Selbstmanagement-Therapie. Ein Lehrbuch für die klinische Praxis, Springer, Berlin 1990, insb. S. 442-469

willkürliche Festlegungen von Zielen und Werten stattfinden, ist die Logotherapie nicht interessiert. Sie wünscht vielmehr, ihre Klienten aus der Willkür herauszuholen und deren reales Handeln mit demjenigen in Einklang zu bringen, das ethisch vertretbar, aus dem Gewissen heraus begründbar und der Welt vonnöten ist, kurz, was sinnvoll ist.

Wir können nicht die Augen vor der Tatsache verschließen, daß gerade *subjektive Wertsysteme* Konflikte erzeugen. Selbstverständlich ist ein gewisser Pluralismus der Weltanschauungen, Werte und Lebensziele zu begrüßen. Doch kann dieser Pluralismus leicht ausarten in die Herrschaft des Beliebigen und in die Welle der Gewalt, die meist dann anrollt, wenn die Ziele des einen mit den Zielen des anderen kollidieren. Oder wenn die Werte des einen von den Füßen des anderen getreten werden, weil sie für den anderen eben keine Werte darstellen. Oder wenn das subjektiv Begehrens-Werte von zweien begehrt wird, aber nur einem zufallen kann, usw.

Ohne die Frage nach einer *transsubjektiven Wertehierarchie* zu stellen, die zwar in Relation zur jeweiligen Person und jeweiligen Lebenssituation, aber in Absolutheit zum Ausmaß der von dieser Person in dieser Lebenssituation zu tragenden Verantwortung steht, läßt sich nichts „klären", und schon gar nicht ein therapeutisches Orientierungsleitsystem für neues und verbessertes Handeln erstellen. Alle Verbesserung bliebe in der Fragwürdigkeit des „für wen?" stecken. Für den Klienten? Nun ja, nun gut. Und für den Rest der Welt? Darf Therapie des einen auf Kosten eines anderen erfolgen? Wenn nein, muß die *Lebensklärung* des einen das Wohl der anderen miteinschließen, und das bedeutet nichts Geringeres als daß zwischen die Diskussion über subjektive Wertsysteme und die Diskussion über Orientierungsleitsysteme für neues, verbessertes Handeln etwas dazwischengeschoben werden muß: die gemeinsame Suche nach Sinn. Das gemeinsame Hinhören auf den Sinn. Die Klärung der Kompatibilität des subjektiven Wertsystems mit dem objektiven Logos. Nur so kann wirklich Klarheit in ein Leben kommen – Klarheit, was am Ende des Auswegs aus der Krise, am Ende des therapeutischen Prozesses stehen soll, ja, mehr noch, was schlußendlich die Essenz der eigenen Existenz ausmachen könnte.

Klärung des persönlichen Wertsystems

Höhepunkte in der Vergangenheit | Konzentrationspunkte in der Gegenwart | Zielpunkte in der Zukunft

Klärung der Kompatibilität mit überpersönlichen Werten

Sinnüberprüfung | Sinnanreicherung

Orientierungsleitsystem für neues, verbessertes Handeln

- konkrete Planung / Vorbereitung
- Zerlegung in kleine Schritte
- aktuelles Tun / Trägheitsüberwindung

Viktor E. Frankl schreibt über den Konfliktcharakter der Werte – was ausweitbar ist auf den Konfliktcharakter rein subjektiver Wertsysteme – folgendes:

„Daß der Konfliktcharakter den Werten innewohnt, ist bei alledem nicht einmal so gesichert; denn die möglichen Überschneidungen zwischen den Geltungsbereichen von Werten (erweitert: zwischen den Geltungsbereichen subjektiver Wertsysteme verschiedener Personen, Anm. d. Verf.) könnten ja auch bloß scheinbare sein, indem sie durch eine Projektion, also durch einen Dimensionsverlust, zustande kommen. Erst dann nämlich, wenn wir die hierarchische Höhendifferenz zweier Werte ausklammern, scheinen sie sich zu überschneiden und im Bereich dieser Überschneidungen miteinander zu kollidieren – wie zwei Kugeln, die aus dem dreidimensionalen Raum in die zweidimensionale Ebene hineinprojiziert werden, nur scheinbar einander durchdringen."[38]

Demgemäß ließe sich gleichnishaft sagen, daß die in der Logotherapie angepeilte *Lebensklärung* die Hineinhebung von Lebensereignissen und Lebensvorhaben eines Menschen in den „höherdimensionalen Raum" versucht, dorthin, wo sie sich in bezug auf die ihnen innewohnende Werthaftigkeit deutlicher zeigen. Oder kürzer ausgedrückt: *die Überhöhung des Gewesenen und des Kommenden mit dem Sinnvollen.* Insofern die Logotherapie solches praktiziert, trägt die zurecht den Namen einer „Höhenpsychologie".

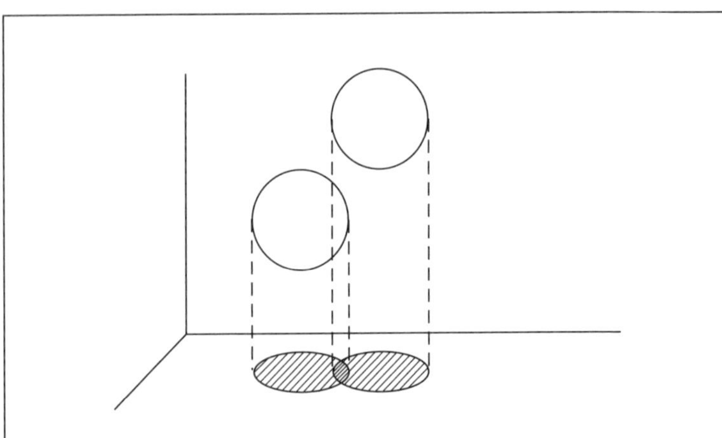

[38] Viktor E. Frankl, Der unbewußte Gott, Kösel, München, 7. Aufl. 1988, S. 85

Logotherapeutische Behandlung von Herrn X

(Bei der Fallbeschreibung wurden zur Wahrung der Anonymität einige für den Therapieverlauf unwesentliche Details zur Person verändert.)

1. Besprechung

Herr X, ein kräftiger, sonnengebräunter, sportlich aussehender Mann Mitte vierzig, kam in sehr schlechter gesundheitlicher Verfassung zu mir. Er war verkrampft, rang zeitweise nach Atem und bekam Anfälle von Schütteltremor. Er fühlte sich so elend, daß er „eigentlich zum Sterben hergeflogen sei", wie er sagte, nämlich zu seiner einzigen Verwandten, einer Schwester, die in der Nähe unseres Instituts wohnte und ihn an mich verwiesen hatte. „Von wo hergeflogen?" „Von Irland". Ob er dort zu Hause wäre? Nein, er sei Deutscher, aber nirgends mehr zu Hause. Der Mann verbarg seinen Kopf in seinen zittrigen Händen, und mein spontaner Eindruck, daß körperliche Krankheitsfaktoren mit im Spiel waren, verstärkte sich. Ich ließ ihm Zeit, sich zu fassen, und brachte allmählich die nachstehende Geschichte aus ihm heraus.

Er war Ingenieur, sprach mehrere Sprachen fließend, und hatte 20 Jahre lang einen Büromaschinenhandel in Afrika betrieben. Offenbar hatte das Geschäft unter seinem intensiven Einsatz floriert, insbesondere da er auch einheimisches Personal für eine gut funktionierende Reparaturwerkstätte am Ort eingeschult hatte. Doch war die politische Lage des Landes auf Grund diverser Aufstände und kleiner Revolutionen in den letzten Jahren derart instabil geworden, daß er schon seit längerem geplant hatte, Afrika wieder den Rücken zu kehren. Seine Konten auf einer Schweizer Bank waren in den 20 Jahren genügend angewachsen, um ihm ein sorgenfreies Leben ohne Arbeit zu ermöglichen. Der endgültige Entschluß, Afrika zu verlassen, war ihm jedoch im vergangenen Herbst – unsere 1. Besprechung fand im Januar statt – dadurch abgenommen worden, daß unbekannte Täter eine Bombe in sein Warenlager geworfen und dabei die meisten seiner Maschinen zerstört hatten. Herr X hatte daraufhin das Geschäft geschlossen bzw. seinen Angestellten zur Auflösung übergeben und war nach Irland geflogen.

Nun zum privaten Teil. Fast zehn Jahre zuvor hatte er eine Schweizerin geheiratet und mit nach Afrika genommen. Bald war ein Sohn geboren worden, worüber er sehr glücklich war. In der Hoffnung, seiner Familie später einmal zum Ausgleich für die harten Jahre in Afrika ein angenehmes Leben bieten zu können, hatte Herr X damals täglich 12 – 14 Stunden „geschuftet“, was aus seiner heutigen Sicht ein Fehler war, wie er zugab. Denn seine Frau hatte das Klima nicht vertragen, kaum Anschluß unter der schwarzen Bevölkerung gefunden, und sich noch dazu von ihrem Mann vernachlässigt gefühlt. Nach knapp vierjähriger Ehe war sie mit dem Sohn in die Schweiz zurückgekehrt und hatte von dort aus die Scheidung eingereicht. Herr X hatte eingewilligt und sie und das Kind seither nicht mehr gesehen, gleichwohl er finanziell für beide sorgte.

Während der kurzen Zeit des Zusammenlebens der Familie in Afrika hatte Herr X ein großes, schönes Grundstück mit Haus und Golfplatz in Irland erworben. Er, dessen einziges Hobby der Sport war. z.B. die Großwildjagd im afrikanischen Busch, hatte davon geträumt, daß dies das Urlaubsparadies seiner Familie werden würde, wo er mit Frau und Kindern mehrere Wochen pro Jahr reiten, Golf und Tennis spielen, sowie sich in der frischen kühlen Luft von der tropischen Hitze erholen würde. Nach seiner Scheidung war dieser Traum zerronnen, und er hatte den irischen Besitz, der von einem Haushälterehepaar gepflegt wurde, als Wertanlage behalten.

Dorthin hatte er sich im vergangenen Herbst nach der abrupten Geschäftsschließung zurückgezogen. Wohin hätte er auch sonst gehen sollen? Das „Paradies“ hatte sich jedoch von seiner tristesten Seite gezeigt. Herr X war allein in dem kühlen, leeren Haus gesessen, ohne Freunde und Bekannte, ohne Aufgabe und Lebensinhalt, ohne die geringste Ahnung, was er mit seinem restlichen Leben anfangen sollte. Vor den Fenstern hatte ein Dauerregen herabgerieselt und seine Reit- und Golfambitionen im Keim erstickt. Da war er nun wie nach einem langen Lauf plötzlich zum Stillstand gekommen, und all sein Geld, sein Wissen und die Fitness seines durchtrainierten Körpers waren ihm nutzlos erschienen. Das Gefühl hatte von ihm Besitz ergriffen, er wäre an einer Endstation angelangt, von der aus keine Perspektive mehr weiterführte. So hatte er begonnen, bis Mittag liegen zu bleiben, danach ohne Appetit zu essen, und nachmittags einsame Spaziergänge zu machen, von denen er fröstelnd und niedergeschlagen heimkehrte, um sich durch langweilige Abende hindurch zu quälen, kurzum, er war in eine tiefe Depression gefallen.

Hilfesuchend hatte er sich an einen irischen Psychiater gewandt, der ihm eine – für mich verblüffend – hohe Dosis Antidepressiva verschrieben und ihm eingeschärft hatte, diese regelmäßig zu nehmen. Das für mich Verblüffende, als ich die Medikation von Herrn X überprüfte, war, daß eine Dosierung solchen Ausmaßes in Deutschland gewöhnlich nur an stationäre Patienten verabreicht wird, die unter ständiger ärztlicher Kontrolle stehen, wohingegen sie ambulant als ein zu großes Risiko angesehen wird. Auf meine irritierte Frage, wie zeitaufwendig die Untersuchung durch den irischen Psychiater denn gewesen wäre, antwortete Herr X: 30 Minuten. Der Psychiater hätte ihn gefragt, ob er frühmorgens schwer aus dem Bett käme und dem neuen Tag mit Unentschlossenheit und Grauen entgegenblicke, was er, Herr X, bejaht hätte. Daraufhin wäre das Rezept ausgestellt worden.

Wie dem auch sei, Herr X hatte jedenfalls die Anweisung des Psychiaters einige Wochen lang gehorsam befolgt, während sich sein Allgemeinzustand kontinuierlich verschlechtert hatte. Schließlich war die panikartige Vorstellung bei ihm ausgebrochen, daß er sterben müsse, weshalb er das nächste Flugzeug genommen und sich zu seiner Schwester geflüchtet hatte. So war er bei mir „gelandet“. Meine Frage, ob diese Schwester oder sonst jemand in seiner Familie auch schon einmal an Depressionen gelitten habe, verneinte er, fügte aber hinzu, daß es sich genaugenommen um eine Adoptivschwester von ihm handle. Seine leibliche Mutter habe ihn als Neugeborenen vor einer Polizeiwache ausgesetzt, wodurch er bei Adoptiveltern aufgewachsen sei. Über seine leibliche Herkunft wisse er nichts.

Diagnostische Reflexionen

In Kenntnis dieser Vorgeschichte gibt es mehrere Möglichkeiten, den Fall zu beurteilen.

a) Endogene Depression?

Der Verschreibung von Antidepressiva durch den irischen Psychiater ist zu entnehmen, daß dieser auf eine endogene Depression getippt hat. Seine Frage nach dem für endogene Depressionen typischen

„Morgentief" zielt in dieselbe Richtung. Denn oft ist es ein Charakteristikum der eingeschränkten Neurotransmitterproduktion an den Synapsen der Nervenzellen, also eben der biochemischen Endogenität, daß die Patienten Tagesschwankungen in ihrem Befinden erleben: extrem schlechte Verfassung am Vormittag und milde Besserung am Spätnachmittag/Abend.[39]

Allerdings ist es gefährlich, sich auf Grund eines solchen Einzeldetails bereits auf die schwerwiegende Diagnose „endogene Depression" festzulegen. Zumal wenn die entscheidende Frage nicht gelautet hat: „Fühlen Sie sich morgens schlechter als abends?", sondern nur auf das Wohlbefinden am Morgen abgezielt hat. Jeder, der an irgendwelchen depressiven Verstimmungen leidet, wird Fragen nach dem Wohlbefinden – gleich, wann – prinzipiell negativ beantworten.

Dazu kommt die besondere Lage des Patienten in diesem Fall. Er hatte tagsüber nichts zu tun, nichts wartete auf ihn in Irland. Welcher Anreiz sollte ihn aus dem Bett locken? Ein menschenleeres Haus und ein regnerischer Novembertag laden nicht gerade zum Aufstehen ein. Aber das Herumdösen im warmen Bett befriedigt auch nicht... hierin könnte das ganze Geheimnis des diagnostizierten „Morgentiefs" gelegen haben.

Zuletzt ist nicht zu übersehen, daß die Antidepressiva beim Patienten keinerlei günstige Wirkung erbracht haben, was den Verdacht erhärtet, daß sie fehl am Platz gewesen sein könnten, weil die sie rechtfertigende Diagnose nicht gestimmt hat.

b) Reaktive Depression?

Das Drama um die Bombe, die im afrikanischen Warenlager des Patienten explodiert ist und ihn zur Berufsaufgabe gezwungen hat, ließe sich als ausreichend kummervolle Ursache einer reaktiven (exogenen) Depression interpretieren. Immerhin ist praktisch sein ganzes Lebenswerk innerhalb weniger Minuten „in die Luft geblasen worden".

Dennoch ist auch hier von vorschnellen Schlußfolgerungen abzuraten. Der Patient hat ausgesagt, daß er sich längst mit dem Gedanken getragen hatte, Afrika zu verlassen. Das paßt zu dem „Gesamtplan", den sein jahrelanges Verhalten in großen Zügen enthüllt: eine Spanne

[39] Vgl. dazu die Ausführungen von Elisabeth Lukas, Spannendes Leben, Quintessenz, München, 2. Aufl. 1993, S. 119 ff.

Zeit intensiv arbeiten, um einen materiellen Fundus zu erwirtschaften, der eine spätere Zeitspanne größerer Annehmlichkeit und andersartiger Beschäftigung ermöglicht. All seine Träume hatten in diese Richtung tendiert, und nun war eben der „Zeitspannen-Wechsel“ – mit etwas militanter „Nachhilfe“ – zustande gekommen.

Außerdem ziehen reaktive Depressionen die gesamte kognitive und emotionale Konzentration eines Menschen magnetisch auf das erlittene Leid; nichts anderes ringsum findet Beachtung. Der Mensch versteinert sozusagen in seinem Leid. Der Patient dieses Falles erwähnte jedoch mit keinem Wort, daß er in Irland an sein verlorenes Geschäft in Afrika gedacht, oder überhaupt seiner Arbeit nachgetrauert hätte. Pikanterweise klagte er über den irischen Regen mehr als über die afrikanische Bombe.

c) Neurotische Depression?

Formen neurotischer Depression sind in ihrem Kern Neurosen und keine Depressionen. Es sind entweder hysterische Formen, bei denen ein Patient depressive Symptome „produziert“, um seiner Mitwelt Aufmerksamkeit und Zuwendung abzuzwingen, also sich einen sogenannten Krankheitsgewinn davon verspricht, oder komplexe angstbesetzte Formen, die ungelöste Konflikte, unbewältigbare Abhängigkeiten und uneingestandene Selbstwertdefizite ausdrücken.

Für den Patienten in unserem Fall trifft kaum etwas davon zu. Sein „Krankheitsgewinn“ war praktisch null, und weit und breit gab es niemanden, den er mit Hilfe einer Depression vorteilhaft beeindrucken konnte. Auch für eine tief in ihm eingenistete Angst spricht wenig. Das Auswandern in einen anderen Kontinent, die zahlreich geknüpften Handelsverbindungen und die Safari-Abenteuer erzählen eher von überdurchschnittlicher Courage. Gewiß, seine Ehe ging schief, doch ist dieser Sachverhalt mit Vorsicht zu deuten. Wahrscheinlich wären nur wenige Frauen den außerordentlichen Strapazen jener Umstände gewachsen gewesen. Außerdem gibt es keinen vernünftigen Grund, warum der Patient nach seiner Scheidung sechs Jahre lang gut weiterleben und dann plötzlich depressiv zusammenbrechen sollte, wenn der Ehekonflikt für die Depression maßgeblich gewesen wäre.

Freilich ist da noch etwas: seine Mutter hat ihn einst weggegeben. Psychologen werden bei solchen Informationen hellhörig. Aber wer sagt uns, daß die Kindheit des Patienten deswegen belastet gewesen sein muß? Konnte er nicht von der Adoptivfamilie liebevoll aufgenommen worden sein? Konnte es nicht, provokativ gedacht, das reinste Glück für ihn gewesen sein, daß die eigene Mutter ihn nicht behalten hat? Und selbst wenn er unter einer Ablehnung gelitten hätte, selbst wenn die Arbeitsplatzwahl „Afrika" ursprünglich eine Flucht des jungen Mannes aus der Adoptivfamilie gewesen sein sollte, bliebe immer noch die Frage offen: warum die Depression *jetzt*?

Immerhin ist zu registrieren, daß der Patient einerseits eine gute Schulbildung genossen, und andererseits in seiner Not seine Adoptivschwester aufgesucht hat, was beides Fakten sind, die gegen das große Kindheitstrauma sprechen.

d) Noogene Depression?

Das Kennzeichen einer noogenen Depression ist ihrem Entdecker Viktor E. Frankl zufolge das „existentielle Vakuum". Die Sinnleere, die sich in einem Menschenleben ausbreitet und alle Attraktivität aus ihm herausschwemmt. Dies geschieht, wenn die „noodynamische Spannung"[40] zwischen den Fähigkeiten und Eignungen, die ein Mensch besitzt, und den Aufgaben in der Welt, die exakt jener Fähigkeiten und Eignungen bedürfen, um gelöst zu werden, nachläßt wie ein gerissenes Gummiband, das ein Ganzes in Form gehalten hat. Dann gerät das Lebensganze „außer" Form. Entweder kommt es zu einem Art „Hexensabbat", einer hektischen, betäubenden und exzessiven Jagd nach lustvollen Erlebnissen, kulinarischen oder sexuellen Schwelgereien, perversen Mutproben und sonstigen jammervollen Versuchen, Lebensqualität künstlich zu entfachen, wo sie am Erlöschen ist – die *noogene Neurose*. Oder es kommt zu Langeweile, Passivität, allumfassendem Desinteresse, Abstumpfung, dumpfem Mißmut und unüberwindlicher Freudlosigkeit – der *noogenen Depression.*

Wenn wir den Patienten in unserem Fall betrachten, können wir eindeutige Kennzeichen einer noogenen Depression bei ihm festzustellen. Die reduzierte noodynamische Spannung in seinem Leben ist fast greifbar: er hat nichts zu tun, er hat nichts vor, er fühlt sich von keiner Aufgabe angefordert, er spürt keinen Sinn mehr in seinem Dasein. Ihm ist, als müßte er sterben ... Übersetzt könnte das auch heißen: er

[40] Viktor E. Frankl, Ärztliche Seelsorge, Fischer, Frankfurt/Main, 4. Aufl. 1991, Kap.: Das homöostatische Prinzip und die existentielle Dynamik

weiß nicht, wozu er noch weiterleben soll. Von seiner Existenz hängt scheinbar nichts mehr ab, auf sie kommt es nicht mehr an; so, wie *er* gleichgültig für die Welt geworden ist, entbehrlich, nicht nur als Vater und Ehemann, sondern jetzt auch im Kontext seines Geschäftes und seiner dortigen Belegschaft, so ist *ihm* die Welt gleichgültig geworden. Nicht der bedauerliche Abschluß des alten Lebensabschnittes macht ihm zu schaffen, nein, der fehlende Beginn eines neuen Lebensabschnittes, welcher mit irgendeiner Vision gefüllt wäre, die ihn zu faszinieren vermöchte, ist es, was ihm seelisch zu schaffen macht. Die unausgefüllten Tage in Irland haben ihn frustriert, und das Entsetzen ist in ihm hochgekrochen, diese Frustration könnte sich bis ans Ende seines Lebens fortsetzen.

Nun ist das Phänomen der „existentiellen Frustration", wie Viktor E. Frankl es beschrieben hat, an sich noch nicht pathologisch. Es weist auf die Mündigkeit eines Menschen hin, der sich im „aufgabenfreien Zustand" ähnlich unwohl fühlt wie im schwerelosen Zustand: die Herausforderung zum sinnvollen Wirken fehlt ihm wie die Schwerkraft des Bodens. Die nützliche und Welt in konstruktiver Weise verändernde Aufgabe ist gleichsam die Schwerkraft für den menschlichen Geist, die ihn an den Boden seiner irdischen Existenz ankoppelt. Ihr Fehlen läßt ihn „in der Leere schweben".

Tritt jedoch, wie Viktor E. Frankl und seine Schüler in zahlreichen wissenschaftlichen Untersuchungen nachgewiesen haben, zur „existentiellen Frustration" eine „somatopsychische Affektion" irgendwelcher Art hinzu, wird die „existentielle Frustration" pathogen und verfestigt sich zum Krankheitsbild einer noogenen Neurose oder Depression. Dies bedeutet hinsichtlich des Patienten in unserem Fall, daß – sollte die Diagnose „noogene Depression" richtig sein – zu der leicht erkennbaren und kaum zu bezweifelnden „existentiellen Frustration", der er spätestens im vergangenen Herbst in Irland zum Opfer gefallen ist, ein zusätzlicher Irritationsfaktor dazugekommen sein muß, der als letzter Auslöser der noogenen Depression fungiert hat. Worum könnte es sich dabei gehandelt haben?

Die Antwort ist nicht schwierig zu erraten. Der Patient hat von einer hochaktiven und lange währenden Arbeitsphase ohne Übergang in eine abgeschirmte und still-beschauliche Ruhephase übergewechselt. Ein solch krasser Wechsel ist höchstens von durchtrainierten Personen verkraftbar, die nach der alten Weisheitsregel „ora et labora" gewohnt sind, kraftvolles Tun mit kontemplativer Meditation auszubalancieren. Wer jedoch eine längere Periode starker Belastung, sei sie körperlich oder seelisch, hinter sich gebracht hat und sich davon erholen möchte, tut gut daran, sehr langsam und schrittweise zur Entlastung überzugehen, mit dazwischengeschobenen „Aktivitätsschleusen", die den Übergang mildern. Ansonsten läuft er Gefahr, unter im Grunde dringend benötigter aber zu schnell eingetretener Entlastung körperlich oder seelisch zu erkranken, ähnlich einem Schnell-Läufer, der am Ziel angelangt noch ein wenig „nachlaufen" muß, weil er einen Kollaps erleiden könnte, würde er sich schlagartig niedersetzen. Viktor E. Frankl schreibt dazu:

> „Sobald der Druck aber weicht, gar erst, wenn dies plötzlich geschieht, gefährdet diese plötzliche Druckentlastung den Menschen, und diese Verhältnisse erinnern in gewissem Sinne an die sogenannte Caisson-Krankheit, bei der ein Taucher, der zu rasch aus der Tiefe heraufgebracht wird, durch die damit einhergehende plötzliche Herabsetzung des atmosphärischen Drucks lebensgefährlich erkranken kann."[41]

Wir können also, um zu unserem Fall zurückzukehren, annehmen, daß die aus einer wohl schon länger sich anbahnenden Sinnleere heraus erlebte „existentielle Frustration" des Patienten durch die Caisson-Krankheits-analoge plötzliche Druckentlastung virulent geworden ist und die noogene Depression ausgelöst hat. Vielleicht hätten sportliche Betätigungen in Irland diesen Prozeß zunächst aufgehalten, hätte es nicht zufällig damals wochenlang geregnet, was uns der Patient mit seiner Klage über das Wetter auch indirekt vermittelt hat. Doch war inzwischen der Krankheitsprozeß zu weit fortgeschritten, als daß Sportempfehlungen noch „gegriffen" hätten. Außerdem gilt es in der Psychotherapie, das Übel bei der Wurzel zu packen, und die Wurzel war nach wie vor das „existentielle Vakuum", in das sein Leben abgerutscht war.

[41] Viktor E. Frankl, Theorie und Therapie der Neurosen, UTB 457, Ernst Reinhardt Verlag, München, 6. Aufl. 1987, S. 125

existentielle Frustration	+	somatopsychische Affektion	=	noogene Neurose oder Depression
		Diagnose in diesem Fall:		
länger schon sich anbahnende Sinnlehre	+	Caisson-Krankheits-analoge plötzliche Druckentlastung	=	noogene Depression

e) Psychosomatische Krankheit?

Obwohl ich, wie dargelegt, zu einer vorläufigen diagnostischen Beurteilung des Falles gelangt war, bereitete mir die schlechte *körperliche* Verfassung des Patienten Kopfzerbrechen. Seelisches kann sich zwar körperlich ausdrücken, und die hohe Dosis an Antidepressiva, die der Patient immer noch einnahm, war sicherlich auch nicht übermäßig zuträglich, doch dünkten mich seine körperlichen Beschwerden damit nicht hinreichend erklärt. War ein psychosomatisches Geschehen mitbeteiligt?

Psychosomatische Krankheiten sind keine rein seelisch bedingten, also psychogene Krankheiten, wofür Laien sie oft halten. Bei psychosomatischen Krankheiten gibt es eine körperliche Vorschädigung, die weitgehend unauffällig bleibt, weil der Organismus sie normalerweise zu kompensieren vermag. In dem Moment allerdings, da sich seelische Aufregungen, Ärgernisse oder ernsthafte Befürchtungen mit dieser körperlichen Vorschädigung summieren, büßt der Organismus durch eine Schwächung seiner Immunlage bedingt seine Kompensationsfähigkeit ein, und die Vorschädigung manifestiert sich im Krankheitsausbruch. Findet eine solche „Summierung" von körperlicher Krankheitsdisposition und seelischem Streß noch dazu auf dem Hintergrund eines fragwürdig gewordenen oder gar sinnentleerten Lebens statt, kann der physische Zusammenbruch ziemlich massiv werden. In der Logotherapie spricht man dann von einem *noopsychosomatischen Krankheitsgeschehen.*

körperliche Vorschädigung	+	seelischer Streß (Be- oder Entlastung)	=	psychosomatische Krankheit		
körperliche Vorschädigung	+	seelischer Streß (Be- oder Entlastung)	+	geistige (existentielle) Frustration	=	noopsychosomatische Krankheit

Der Patient in unserem Fall hat in seiner Vorgeschichte zwar keinerlei Krankheitsanfälligkeit erwähnt, aber da es sich bei (noo)psychosomatischen Zusammenbrüchen von Lebensfunktionen um zuvor latente, im Menschen unbemerkt schlummernde Vorschädigungen handelt, die sich nur in Kombination mit zusätzlichen Problemen bemerkbar machen, war ihr Vorhandensein bei ihm nicht ausschließbar. Zumal sie die über die noogene Depression hinausreichende schlechte körperliche Verfassung des Patienten erklären würden. Seine Diagnose wäre dann um einen – mir unbekannten – medizinischen Teil zu ergänzen:

körperliche Vorschädigung	+	Caisson-Krankheitsanaloge plötzliche Druckentlastung	+	länger schon sich anbahnende Sinnlehre	=	noopsychosomatischer Zusammenbruch unter dem Bilde einer noogenen Depression

Diese Überlegungen bedurften weiterer Klärung.

Ausgang der 1. Besprechung

Ich teilte Herrn X mit, daß eine gründliche ärztliche Untersuchung von ihm notwendig sei, bevor wir mit unserer psychotherapeutischen Arbeit beginnen könnten, und vereinbarte für ihn einen entsprechenden Termin am nächsten Tag.

Ärztliche Intervention

Mit der Ärztin, zu der ich Herrn X schickte, besprach ich die folgenden Punkte, um die es bei der Untersuchung hauptsächlich gehen sollte:

a) Was war ihre Meinung in bezug auf die Endogenität seiner Depression?
b) Wie sollte die Medikation von Herrn X künftig gehandhabt werden?
c) Gab es eine körperliche (Vor-)Schädigung, die seinen elenden Zustand erklärte?

Nach vier Tagen lag das Ergebnis der ärztlichen Untersuchung vor und half mir, den Fall klarer zu sehen. Die ärztliche Stellungnahme zu den einzelnen Punkten lautete (in umgekehrter Reihenfolge):

ad c) Herr X hatte viele Jahre lang vorbeugende Medikamente gegen Malaria einnehmen müssen und diese beim Verlassen Afrikas abgesetzt. Trotzdem waren sie noch in seinem Körper und vertrugen sich nicht mit den Antidepressiva, die er seit Wochen einnahm. Daraus resultierten seine physischen Beschwernisse. Der irische Psychiater hatte Herrn X zwar gefragt, ob dieser irgendwelche Medikamente regelmäßig benütze, aber da Herr X die Frage wahrheitsgemäß verneint hatte – die Antimalariamittel waren ja bereits abgesetzt, und wie sollte er als Nichtmediziner wissen, daß sie vom Organismus noch nicht völlig ausgeschieden waren? –, hatte der Psychiater die fatale Wirkunverträglichkeit beider Substanzen gar nicht in den Blick bekommen.
Davon abgesehen fanden sich glücklicherweise keine körperlichen (Vor-)Schäden bei Herrn X.

ad b) Die ohnehin schon überhöhte Dosis von Antidepressiva mußte demzufolge schleunigst reduziert werden, was aber nur in einem ärztlich überwachten Abbau möglich war. Entscheidend waren vor allem die nächsten 3 – 4 Wochen, in denen die Dosis unter dem Schutz von Nebeneffekt-lindernden Mitteln auf ein unkritisches Maß hinuntergedrückt werden sollte. Ein exakter Plan dazu war Herrn X unterbreitet worden.

ad a) Sollte ein endogener Faktor mitbeteiligt sein, was sich auf Grund der Wirkunverträglichkeit – und damit auch Wirkschwäche – der Antidepressiva bei Herrn X nun nicht mehr als ganz unwahrscheinlich deklarieren ließ, würde seine Depression im Zuge der Dosisherabsetzung verstärkt aufflammen. Dies wäre eine Indikation für eine Klinikeinweisung, die dann unvermeidlich würde.

Als Fazit hatte Herr X jetzt seinen genauen „Medikamentenfahrplan" mit dem Ziel, seine körperliche Stabilität rückzugewinnen, und ich hatte 3 – 4 Wochen Zeit zur psychotherapeutischen Arbeit mit ihm. Für danach war eine erneute Vorstellung von ihm bei der Ärztin anberaumt. Von dem dann feststellbaren Grad seiner Depressivität würden unsere weiteren therapeutischen Maßnahmen abhängen.

Logotherapeutische Reflexion

Da ein noopsychosomatischer Zusammenbruch beim Patienten ausgeklammert werden konnte, und eine mögliche Endogenität seiner Depression sich erst zeigen würde, stand die vorläufige Diagnose „noogene Depression" wieder im Vordergrund und hatte therapeutisch angegangen zu werden. *Lebensklärung* war angesagt.

Im Rahmen der Logotherapie ist das noogene Problemfeld einer der seltenen Anlässe, auch die Vergangenheit eines Patienten zu durchleuchten. Aber nicht auf der Suche nach seelischen Verletzungen, die verdrängt worden sind, sondern – wie in der Skizze auf Seite 101 oben links dargestellt – auf der Suche nach Höhepunkten des bisherigen Lebens, die gravierende „Sinnspuren" hinterlassen haben. „Sinnspuren", die verschüttet, aber reaktivierbar sein mögen. Ich entschloß mich, bei meinem Patienten mit einer derartigen „Schatzsuche" zu beginnen.

2. Besprechung

Erst brachte ich unser Gespräch auf eine Art „Zusammenschau" seines Lebens bis zum gegenwärtigen Moment. „Können Sie mir sagen, welche die schönsten Zeiten darin waren, Zeiten, in denen Sie wie von einem Hochgefühl getragen waren im Bewußtsein, daß es gut ist, daß es Sie gibt?" Herr X dachte nicht lange darüber nach. „Das war die Zeit, als unser Sohn geboren wurde", antwortete er. „Da hatte ich das Empfinden, wichtig und unentbehrlich zu sein, und war ganz erfüllt von der Idee, meiner Familie eine zufriedenstellende Zukunft zu schaffen." „Blieb dieses Empfinden während der drei Jahre, in denen Ihre Frau und Ihr Sohn noch bei Ihnen in Afrika weilten, bestehen?" fragte ich nach. „Im Prinzip ja", nickte er, „für mich war es eine gute Zeit. Wahrscheinlich war ich zu unsensibel, um zu merken, wie sehr meiner Frau alles mißfiel. Ich war zu wenig zu Hause, das war meine Schuld ..."

Was ich suchte, waren keine Selbstbezichtigungen, sondern basale Werte. Deshalb lenkte ich unser Gespräch auf den Sohn zurück. „Wenn ich richtig verstanden habe, haben Sie Ihren Sohn seit rund sechs Jahren nicht mehr gesehen. Warum eigentlich nicht?" Diesmal zögerte Herr X, als fände er keine passenden Worte. Aus seiner Verlegenheit schloß ich, daß ein „wunder Punkt" berührt worden war. „Ach, ich war so weit weg und hatte soviel zu tun –" meinte er ausweichend. „So weit weg und so viel zu tun", wiederholte ich nachdenklich, „aber jetzt sind Sie relativ nahe und haben wenig zu tun ...?" Herr X schwieg.

Es war nicht meine Absicht, ihn zur Kontaktaufnahme mit seinem Sohn zu drängen, aber immerhin *war* er der Vater, und dieses Vatersein mußte in seiner Sinnhaftigkeit geklärt werden. „Ich weiß nicht, wie meine frühere Frau dazu stehen würde, wenn ich sie und das Kind besuchen käme", gestand er schließlich ein. „Vielleicht ist sie wieder verheiratet, und das zu erfahren habe ich nicht eilig." Der „wunde Punkt" war also zum Vorschein gekommen und konnte „verpflastert" werden. Ich setzte Herrn X auseinander, daß er sich selbst etwas Unangenehmes ersparte, indem er seinem Sohn den Vater vorenthielt. Es konnte zwar sein, daß ein Stiefvater da war, doch würde sein Sohn dennoch eines fernen Tages Überlegungen darüber anstellen, warum sich sein leiblicher Vater niemals um ihn gekümmert, warum er ihn schier vergessen hatte. Und er würde sich eigene Interpretationen zurechtlegen, stimmige oder unstimmige ... „Unstimmige vermutlich", unterbrach mich Herr X mit rauher Stimme, „denn von Vergessen kann keine Rede sein!" „Sie sagen, Sie wissen nicht, wie Ihre frühere Frau zu einem Besuch von Ihnen stehen würde", nahm ich den Faden wieder auf, „könnten Sie dies denn in Erfahrung bringen?" Wir diskutierten noch eine Weile darüber, bis Herr X zu dem Schluß gelangte, daß er in den nächsten Tagen in der Schweiz anrufen und die Sachlage mit seiner geschiedenen Frau erörtern würde.

Doch ich gab ihm noch eine zweite Aufgabe mit auf den Weg. Als Gegengewicht zur Rückschau am Beginn unseres Gesprächs erlaubten wir uns gegen Ende eine kurze Vorausschau. Ich kam auf seine Ursprungsbemerkung zurück, er sei „nirgends mehr zu Hause" und legte ihm die Erfahrung dar, daß es für ein gelingendes Leben unabdingbar notwendig sei, einen bestimmten Ort als sein Zuhause zu definieren. Ohne eine solche innere Zugehörigkeit, ohne irgendwo Wurzeln geschlagen zu haben, machen die eindrucksvollsten Reisen und Fahrten nicht recht froh. Das heißt, Herr X müsse sich für die Zukunft ein neues Zuhause erwählen, und zwar eines, zu dem er vom Atmosphärischen (Landschaft, Sprache, Mentalität, Gebräuche) her einen Zugang besitze. Darüber, wo dieses neue Zuhause liegen könnte, solle er sich allmählich Gedanken machen. Ich betonte, daß es dazu auch gehöre, daß er sich in München und Umgebung, wo er aufgewachsen war, umsehe mit der Frage, ob er seiner Herkunftsscholle noch verbunden oder längst entwachsen sei. Daß ich mit diesem Vorschlag in erster Linie verhüten wollte, daß sich Herr X in der Wohnung seiner Schwester ähnlich vergrabe und passiv herumsitze wie in seinem Haus in Irland, fügte ich nicht hinzu.

3. Besprechung

Nach einigen Tagen traf Herr X weniger verkrampft und mit einem gewissen Elan ein. Gleich nach der Begrüßung berichtete er mir, daß das Telefongespräch mit seine früheren Frau äußerst positiv verlaufen sei. Obgleich zunächst etwas spöttisch wegen der langen „Sendepause" habe sie ihm bereitwillig anheimgestellt, mit seinem Sohn in der Faschingswoche Schilaufen zu gehen. Sie selbst sei mit einem Freund liiert, mit dem sie in derselben Woche wegzufahren gedenke, weswegen ihr die Unterbringung des Kindes beim Vater durchaus gelegen komme. Ich sah auf meinen Kalender. Bis zur Faschingswoche waren es noch zehn Tage. „Glauben Sie, daß mein Sohn mich erkennen wird, wenn er mich sieht?" Die Frage von Herrn X löste in mir ein Alarmsignal aus.

Logotherapeutische Reflexion

Hier hatten wir, was in der Skizze auf Seite 101 mit einem „Konzentrationspunkt in der Gegenwart" bezeichnet ist. Die Faschingswoche, die sich für den Patienten als erster zaghafter Lichtschimmer in der Düsternis seiner Depression abzeichnete, erforderte eine gegenwärtige intensive Vorbereitung, ohne die sie zusätzliche „Gewitter" heraufbeschwören konnte. Für das Kind war der Mann ein Fremder geworden. Es mochte sich beim Wiedersehen weinend an die Mutter klammern und jeden Kontakt mit dem „Fremden“ verweigern. Dies könnte für den Patienten im krassesten Falle bedeuten: „Jetzt habe ich Frau, Beruf und Sohn verloren, alles, was mir lieb und teuer war, jetzt mache ich ein Ende mit meinem Leben!“ In seiner labilen gesundheitlichen Verfassung und mit einer möglicherweise unterliegenden endogenen Depression, die geistige Trotz- und Widerstandskräfte lähmt, war ihm jede Kurzschlußhandlung zuzutrauen.

Ich hatte daher das eingeleitete Verfahren zur *Lebensklärung* zu unterbrechen und mich in den kommenden zehn Tagen auf die Begegnung Vater-Sohn zu konzentrieren. Diese hatte einzig dann eine Chance zu glücken, wenn sich der Vater in hohem Maße selbsttranszendent und der Lage des Kindes adäquat verhalten würde. Um ihn dafür zu „präparieren“, war die logotherapeutische Methode der *Dereflexion* angezeigt: er mußte sich selbst ganz vergessen, ja, seine Wünsche und Neigungen völlig zurückstellend sich selbst überschreiten in Richtung auf das Wohl des Kindes. Nur dann nämlich wäre für das Kind jener „Schonraum“ gewährleistet, den es benötigen würde, um sich in dem seinem Entwicklungsstand entsprechenden Tempo dem Vater vertrauensvoll anzunähern. Die uralte Paradoxie, daß derjenige am ehesten sein Glück findet, der sein Glück am allerwenigsten anstrebt, galt es therapeutisch fruchtbar zu machen.

Ausgang der 3. Besprechung

Noch stand die Frage: „Glauben Sie, daß mein Sohn mich erkennen wird, wenn er mich sieht?“ im Raum. „Darauf kommt es nicht an“, begann ich die dereflektorische Intervention. „Worauf es jetzt einzig ankommt, ist, ob *Sie* das Kind erkennen werden, erkennen in seinem Wesen, in seinen Charakterzügen, in seinen Bedürfnissen. Worauf es ankommt, ist, ob Sie geduldig werden warten können, bis der Kleine seine natürliche Scheu vor Ihnen verliert, und ob Sie freundlich auf ihn eingehen werden können, wenn er Sie brüsk herausfordert. Was auf das Kind zukommt, ist nicht leicht, und es liegt in Ihrer Hand, es ihm leichter zu machen.“

Herr X war über die Wende unseres Gesprächs etwas erstaunt, aber ich ließ nicht locker, ihm Erkenntnisse aus der Entwicklungspsychologie zu vermitteln und ihm Behutsamkeit und Einfühlungsvermögen in bezug auf die Seele eines Neunjährigen ans Herz zu legen.

4. und 5. Besprechung

In den zehn verbleibenden Tagen bis zur Faschingswoche trafen wir uns noch zweimal, und kein anderes Thema stand auf dem Programm als – das Wohl seines Sohnes. Herr X begriff, daß ein Kind kein Spielball der Launen seiner Eltern und auch kein Mittel zur Bekämpfung der Depression eines Vaters ist, sondern eine eigenständige Person in ihrer Einzigartigkeit und Einmaligkeit, der gegenüber die Eltern Verantwortung tragen. Die Überprüfung des subjektiven Wertes „mein geliebter Sohn" am objektiven Logos „unantastbare Würde der Person" (vgl. Skizze Seite 101) veränderte seine Erwartungshaltung in eine Demutshaltung in dem Sinne, daß er, als er sich von mir verabschiedete, seine Schweizer Schitour ohne überzogene Erwartungen, dafür aber mit reichlich guten Vorsätzen antrat. Mit im Gepäck hatte er die Einsicht, daß *mit Liebe gerade nicht die Erwartung des Geliebtwerdens gemeint ist.*

6. Besprechung

Fast zwei Wochen waren vergangen, als Herr X wiederkam, und es war das erste Mal, daß ich ihn lächeln sah. Er wirkte insgesamt frisch und entspannt, was zweifellos mit der inzwischen erfolgten Reduktion der Antidepressiva auf eine Minimaldosis zu tun hatte. Mein spontaner Eindruck war: „Gott sei Dank, die Depression ist nicht endogen!", und ich hoffte, daß die Ärztin, bei der Herr X tags darauf zur Kontrolle bestellt war, meine Meinung teilen würde.

Gespannt wartete ich auf seinen Bericht über die Faschingswoche, die jedoch ganz anders verlaufen war als geplant. Herr X erzählte, daß er bei seiner Ankunft den Sohn mit Grippe und Fieber im Bett und seine frühere Frau ziemlich verärgert vorgefunden habe. Er könne gleich wieder umdrehen und zurückreisen, habe sie beim Empfang gesagt, sichtlich enttäuscht darüber, daß der mit ihrem Freund geplante Ausflug ins Wasser gefallen war. Da hatte Herr X – als Ergebnis unseres dereflektorischen Trainings? – ein beachtliches Maß an Selbsttranszendenz bewiesen und ihr angeboten, die Woche am Krankenlager des Kindes zu verbringen. „All die Jahre hast du seine Erziehung allein geleistet“, hatte er gemeint, „so erlaube, daß ich dir die Sorge für ihn wenigstens ein paar Tage lang abnehme, und fahre beruhigt in den Urlaub, den du sicher dringend brauchst. Ich werde nicht von seiner Seite weichen und ihn gut betreuen. Ob ich ihm schifahren beibringe oder ihm Umschläge mache und Bronchialtee koche, ist mir egal, ich bin einfach dankbar, die Verbindung mit ihm erneuern zu dürfen.“

Das positive Offert hatte die anfängliche Skepsis der Mutter zu zerstreuen vermocht, wodurch es dazu gekommen war, daß Herr X eine ganze Woche allein mit seinem Sohn, mit dem er seit sechs Jahren nicht mehr kommuniziert hatte, in der mütterlichen Wohnung verbracht hatte.

Vielleicht war diese Konstellation rückblickend betrachtet sogar günstiger gewesen als jede Schipartie. Denn Vater und Sohn haben laut Bericht in diesen wenigen Tagen ein inniges Band geknüpft. Der Sohn hatte nicht genug Geschichten und Fabeln aus dem sagenumwobenen Afrika hören können, und der Vater war nicht müde geworden, solche zu erfinden, um die Hals- und Gliederschmerzen des Jungen zu versüßen. Als die Mutter schließlich heimgekehrt war, war ihr Sohn bereits aufgestanden, die Wohnung in tadelloser Ordnung, und Herr X abfahrtbereit gewesen. Gemeinsam hatten sie noch vereinbart, daß der Junge in den Osterschulferien seinen Vater in München würde besuchen dürfen. Während ich den Worten von Herrn X lauschte, erinnerte ich mich unwillkürlich an einen Spruch, der mir einst am Anfang meiner psychotherapeutischen Laufbahn von einem erfahrenen Praktiker mitgegeben worden ist: *„Wenn du mit einem Patienten auf dem richtigen Weg bist, hilft dir das Leben.“*

Wie wahr dieser tröstliche Ausspruch ist, erfuhr ich, als Herr X seine Erzählung fortsetzte. „Ich habe jetzt auch eine Idee“, sagte er, „wo ich mich in Zukunft gerne niederlassen würde. Als ich von der Schweiz durch die liebliche Bodenseegegend zurückfuhr, dachte ich mir, *hier* könnte ich mir ein neues Zuhause vorstellen. Nach München zieht es mich nicht, und in der Schweiz kann ich als Ausländer nur unter größten Schwierigkeiten siedeln. Aber an der deutschen Seite des Bodensees könnte ich eine Wohnung oder ein Häuschen erwerben und

„Wurzeln schlagen", wie Sie es formuliert haben. Die Landschaft und ihre Bewohner gefallen mir, und es hätte den Vorteil, daß ich mich öfters mit meinem Sohn treffen könnte. Zumal meine geschiedene Frau beabsichtigt, ihn später in ein Internat zu schicken. Von dort aus könnte er dann am Wochenende abwechselnd zu ihr und zu mir auf Besuch kommen ..." Herr X fügte hinzu, daß er einen Makler beauftragen werde, nach einem geeigneten Wohnobjekt für ihn Ausschau zu halten, damit er eventuell, wenn er seinen Sohn nach den Osterferien in die Schweiz zurückbringe, unterwegs mit diesem zusammen entsprechende Angebote am Bodensee besichtigen könne.

Ich gratulierte Herrn X zu der Art, wie er die „Schweizer Umstände" gemeistert hatte, und freute mich mit ihm über die Perspektiven, die sich ihm – als Vater – nunmehr eröffneten.

Ärztliche Intervention

Am Tag darauf setzte die Ärztin die letzte Minimaldosis Antidepressiva bei Herrn X ab, und bestätigte ihm, daß in Kürze alle Medikamentenreste (Antimalariamittel und Antidepressiva) in seinem Organismus abgebaut und alle Irritationen beseitigt sein würden. Eine Überprüfung seiner Körperfunktionen blieb ohne Störbefund. Da sich die Depression von Herrn X während der Medikamentenreduktion nicht verschlechtert, sondern sogar ein gutes Stück gebessert hatte, war kein Anhalt für ihre Endogenität gegeben, und schon gar nicht für eine Klinikeinweisung. Die Ärztin ermahnte den Patienten jedoch, seine logotherapeutische Behandlung bei mir weiterzuführen.

Logotherapeutische Reflexion

Die letzten Wochen hatten die vorläufige Diagnose „noogene Depression" voll bestätigt. Damit hatte auch das Projekt *Lebensklärung* seine endgültige Berechtigung erhalten. Diese war mit einer „Schatzsuche" in der Lebensvergangenheit des Patienten gestartet und auf Anhieb fündig geworden: die Liebe zum Sohn konnte reaktiviert und in konkretes und sinnvolles Handeln umgesetzt werden. Dabei waren auch „Nachwehen" eines vergangenen Schmerzes zutage getreten: „Vielleicht ist sie wieder verheiratet, und das zu erfahren habe ich nicht eilig", hatte der Patient im Zusammenhang mit seiner früheren Frau geäußert – Zeichen einer noch nicht vollständig gelösten emotionalen Bindung zu ihr. Ich bin auf diesen vergangenen Schmerz bewußt nicht eingegangen, sondern habe den Patienten ermutigt, der Wirklichkeit ins Gesicht zu schauen und die „Nachwehen" dabei auszuhalten. Nach der Faschingswoche (inklusive verärgertem Empfang in der Schweiz) schien er damit keine Probleme mehr zu haben, denn er sprach ganz lässig von zukünftigen Besuchskontakten, bei denen ja Begegnungen mit dem Freund seiner geschiedenen Frau unumgänglich sein würden.

Das Projekt *Lebensklärung* war kurzzeitig unterbrochen worden durch eine intensiv dereflektorische Informationsphase zum rechten Umgang mit Kindern unter Berücksichtigung des besonderen Fremdheitsgrades zwischen Vater und Sohn in diesem Fall. Doch durften wir auf dem bisher Erreichten nicht „ausruhen". Die Prognose war immer noch denkbar ungünstig. Ein kräftiger, intelligenter und harte Arbeit gewöhnter Mann Mitte vierzig kann nicht bloß die Sonntagsvaterrolle spielen und daneben ein Rentnerdasein führen. Ich sah ihn bereits vor meinem inneren Auge in einem teuren Häuschen am Bodensee sitzen, mit hängendem Kopf und stumpfem Desinteresse in den Regen hinausstarrend und auf den in zwei Wochen fälligen Sonntagsbesuch seines Sohnes wartend ... Nein, das existentielle Vakuum mußte mit Sinn angereichert und aufgefüllt werden. Sinn aber offenbart sich uns nie als ein Abstraktum, sondern stets als eine konkrete „Forderung der Stunde"[42]. Sie gemeinsam mit meinem Patienten zu entdecken war Ziel unserer nächsten Gespräche.

Die Entdeckung der „Forderung der Stunde" erfolgt gewöhnlich über eine *Werteantizipation*. Denn dort, wo Werte, die noch nicht realisiert sind, vorwegnehmend als Soll-Werte wahrgenommen werden, fühlt sich ein Mensch angesprochen und aufgerufen, zu ihrer Realisierung beizutragen. Ich hatte daher bei den nächsten Gesprächen darauf zu achten, bei welchen Gelegenheiten, Inhalten und Weltbezügen Werte vom Patienten antizipiert wurden, und das hieß, daß wir uns thematisch verstärkt von seiner Geschichte weg und „seiner" Welt zuwenden mußten.

[42] Viktor E. Frankl, Das Leiden am sinnlosen Leben, Herder, Freiburg/Br., Neuausg. 1991, S. 28 ff.

7. Besprechung

Als Herr X mit den guten Nachrichten von der Ärztin kam, lenkte ich unser Gespräch auf Afrika. Wieviel Erfahrung mochte er in den 20 Jahren seines Aufenthaltes über diesen gewaltigen und geheimnisvollen Kontinent gesammelt haben! Gern ließ ich mich von Herrn X über kulturelle und ethnologische Besonderheiten in den einzelnen Ländern belehren, und fragte unter anderem aus aktuellem Anlaß nach den tieferen politischen Hintergründen der Krise in Somalia, über die man sich bei uns nur schwer ein Bild machen konnte. Herr X gab sachlich und kompetent Auskunft und schilderte auch einige persönliche Erlebnisse, die seine Ausführungen in tragikkomischer Weise auflockerten. Er blühte sichtlich dabei auf, von demjenigen sprechen zu können, was ihm höchst vertraut war.

Gegen Ende unserer 7. Besprechung fiel mir aber auf, daß sich immer häufiger ein vorwurfsvoller Unterton in seine Schilderungen mischte, und zwar des Inhalts, daß die europäische Berichterstattung über wirtschaftliche und gesellschaftliche Entwicklungen in Afrika schlichtweg desolat sei. „Die Medien bringen fast nur verzerrte Informationen", beschwerte sich Herr X, „mir wird manchmal ganz übel dabei, wenn ich englische oder deutsche Nachrichten höre. Da schikken sie einen Reporter für zehn Tage ins Landesinnere, um ein paar Videoaufnahmen zu machen, und dann soll dieser mit seinem europäisch geschulten Verstand die schnell gedrehten Szenen kommentieren. Dabei kommt oft der reinste Unfug heraus." Ich griff seine Kritik auf und fragte nach den Medien, die einigermaßen taugliche Informationen brächten, doch Herr X winkte ab. „Um die wahren Vorgänge in diesem Kontinent und die Mentalität seiner verschiedenen Bevölkerungsgruppen zu verstehen, braucht es Jahrzehnte ..."

Logotherapeutische Reflexion

Hier hatten wir, so erstaunlich dies einem Laien vorkommen mag, eine *Werteantizipation.* Denn nicht nur die Freude an etwas drückt Wertfühligkeit und Wertschätzung aus, sondern auch das Leiden an etwas enthüllt eine Wertwahrnehmung – versteckt in einer „Unwertwahrnehmung". Viktor E. Frankl schreibt darüber: *„Das Leiden* *schafft* eine fruchtbare, man möchte sagen: *eine revolutionäre Spannung*, indem es den Menschen das, was nicht sein soll, als solches überhaupt empfinden läßt."[43] Was nicht sein soll, der wahrgenommene „Unwert", erzählt also von dem vom Betreffenden (an)erkannten und antizipierten Wert, welcher sein sollte.

Beim Patienten in diesem Fall lautete der antizipierte Soll-Wert: „Saubere und gerechte Berichterstattung über Afrika und seine Bewohner". Er eignete sich ideal zur Überleitung zum „confronting approach", wie die Amerikaner einen genialen logotherapeutischen Ansatz nennen.[44] Dabei wird der Patient mit zweierlei konfrontiert. Auf der einen Seite mit seinen spezifischen Fähigkeiten und Erfahrungen (lustvollen und bitteren Erfahrungen), die ihn in einer bestimmten Weise qualifizieren. Und andererseits mit gewissen „Unwerten" oder Unvollkommenheiten in der Welt, die nach ihrer Überwindung und Veränderung drängen, aber einzig und allein von Personen *mit dieser spezifischen Qualifikation* überwunden und verändert werden könnten. Beim „confronting approach" wird dem Patienten somit weder etwas vorgeschlagen, noch wird ihm eine Wertverwirklichung appellativ nahegelegt; er wird bloß mit zwei Teilen, man könnte sagen, mit zwei „Halbheiten" konfrontiert, die einander zu einem sinnvollen Ganzen ergänzen würden, weil sie „wie für einander geschaffen sind". Kaum jemand kann sich dem magnetischen Sog, der diesen zwei „Halbheiten" entstromt, entziehen. In der Konfrontation erwacht der Wille, zusammenzufügen, was der Logos verbindet.

Daß auch bittere Erfahrungen für bestimmte, „bitter nötige" Aufgaben in der Welt qualifizieren, gehört mit zur besonderen Attraktivität dieser Methode. So sind beispielsweise Eltern, die ein Kind durch Tod verloren haben, unter Umständen „höherqualifiziert", anderen verwaisten Eltern Trost zu spenden, als Eltern, deren Kinder leben. *Weil* sie es aber sind, und *weil* ein echter Bedarf an Trost in der Welt besteht, sind sie gleichsam „gebeten", diese Aufgabe zu erfüllen, die keiner erfüllen kann wie sie. Selbstverständlich nicht „gebeten" von einem Therapeuten, sondern von der objektiven Sinnhaftigkeit der gegebenen Situation, zu deren Transparenz lediglich die Therapie verhelfen möchte.

[43] Viktor E. Frankl, Ärztliche Seelsorge, Deuticke, Wien, 10. Aufl. 1982, S. 115

[44] Vgl. ebd., S. 224 oben

Beim Patienten in unserem Fall lauteten die beiden „Halbheiten", die auf Ganzheit drängten, etwa so:

Zu seinen spezifischen Fähigkeiten und Erfahrungen, die ihn qualifizieren, zählt eine jahrzehntelange Kenntnis Afrikas und seiner Bewohner.

Desweiteren registriert und bedauert er die mangelhaften Informationen über Afrika und seine Bewohner am europäischen Medienmarkt.

Zu den Unvollkommenheiten der Welt zählen mangelhafte Informationen am europäischen Medienmarkt über Afrika und seine Bewohner.

Nur jemand, der sowohl über eine jahrzehntelange Kenntnis Afrikas und seiner Bewohner verfügt, als auch den Mißstand am europäischen Medienmarkt und damit die Notwendigkeit einer Verbesserung registriert, wäre qualifiziert, dazu beizutragen. (Denn wer die Kenntnis nicht hat, *kann intellektuell nicht* dazu beitragen, und wer den Mißstand nicht bedauert, *fühlt nicht die „fruchtbare, revolutionäre Spannung"* (Frankl), die dazu motiviert.)

Ziel der nachfolgenden Intervention war daher die Konfrontation des Patienten mit *seinen inneren Fähigkeiten und den äußeren Notwendigkeiten* in ihrer Entsprechung, um ihn zu der berühmten Hillel'schen Einsicht zu führen: „Wenn *ich* es nicht tue, wer soll es tun ...?

Selten wird das logotherapeutische Anliegen einer Kompatibilität des je persönlichen Wertsystems mit überpersönlichen Werten so deutlich, wie bei diesem „confronting approach" im Rahmen des Projekts *Lebensklärung*.

Ausgang der 7. Besprechung

„Wer könnte solch verzerrte Informationen, afrikanische Angelegenheiten betreffend, richtig stellen?“ fragte ich Herrn X. „Wie gesagt, nur jemand mit jahrzehntelanger Erfahrung –“ „Wie Sie?“ unterbrach ich ihn. „Ja, schon möglich.“ „Ferner“, argumentierte ich weiter, „müßte es jemand sein, der im Unterschied zu den von Ihnen erwähnten Berichterstattern Zeit und Muße hat, um sozusagen die Spreu vom Weizen zu scheiden, denn wahrscheinlich sind es außerordentlich diffizile Bereiche, die einer Bewußtseinsrevision bedürfen.“ Er stimmte mir zu. „Und schließlich müßte es jemand sein, dem eine gewisse sprachliche Gewandtheit und Vielseitigkeit eignet, damit er die Komplexität der Geschehnisse einfangen und wiedergeben kann.“ „Erfahrung, freie Zeit, Sprachbegabung ... wollen Sie damit andeuten, *ich* sollte anfangen, Reportagen zu schreiben?“ Der Schalk blitzte Herrn X aus den Augen. „Ich wollte nur andeuten, daß Sie wie kaum ein anderer dazu befähigt wären.“ „Aber warum sollte ich mir die Mühe machen?“ „*Sie* haben angedeutet, *man* sollte sich die Mühe machen ... um der Gerechtigkeit willen, um der Wahrheit willen, soviel ich verstanden habe –“ Diesmal fiel er mir ins Wort: „Ja, schon. Aber ich?“ „An welchen ‚man‘ haben Sie gedacht?“ „Na, an die Leute, deren Job es ist.“ „Sie sagten, die Leute, deren Job es ist, reisen für zehn Tage nach Afrika und machen ein paar Videoaufnahmen ...“ Er lachte, dann trat eine lange Pause ein. Ich sah, daß es in ihm arbeitete, und störte ihn nicht.

Als er wieder zu sprechen begann, war er ernst. „Ich weiß, kritisieren ist leicht, aber im Konstruktiven verändern ist nützlicher. Sie haben nicht unrecht. Das Merkwürdige ist, daß mein erster Berufswunsch „Sportreporter“ gewesen ist. Als Teenager habe ich davon geträumt, bei Olympiaden dabei zu sein und die Rundfunkzuhörer am Laufenden zu halten.“ „Nun, und wenn es statt Sport Afrika wäre?“ hakte ich ein. „Sie hätten heute den großen Vorteil, daß Sie damit nicht Ihren Lebensunterhalt verdienen müßten. Es könnte die Erfüllung eines Jugendtraumes in Form eines nützlichen Hobbies sein.“ „Eine interessante Anregung“, meinte Herr X beim Hinausgehen. „Ich werde darüber nachdenken.“

8. Besprechung

Eine Woche darauf hatte Herr X gründlich nachgedacht. Er hatte sogar mit dem Direktor einer Auslandsabteilung beim Fernsehen und mit einer Reihe von Redakteuren von Magazinen telefoniert. Das Ergebnis war entmutigend; an einer „ehrenamtlichen Kooperation“ mit ihm war niemandem gelegen. Doch ich teilte seine resignative Stimmung nicht. Ich hätte es vielmehr als ein Wunder betrachtet, wenn sich innerhalb einer Woche ausbaufähige Chancen für ihn aufgetan hätten.

Daß Herr X, der gewiß über zahlreiche Hürden geklettert war, als er seinerzeit den Büromaschinenhandel in Schwung gebracht hatte, so schnell aufgeben wollte, bewies, wie tief die „Depressionswolken“ immer noch in seiner Seele „hingen“. Da bedurfte es eines *Orientierungsleitsystems* (vgl. Skizze auf Seite 101) mit klarer Planung, kleinen Einheiten und einem Impuls zur Trägheitsüberwindung. Um dies geistig präsent zu halten, entschloß ich mich, eine von ihm positiv assoziierte Symbolik zu verwenden.

„Sie haben mir doch von Ihren Großwildjagden im afrikanischen Busch erzählt“, begann ich, und gewann damit seine Aufmerksamkeit. „Wie ist es eigentlich bei solch einer Jagd mit dem Aufspüren der Tiere? Setzt man sich mit der Flinte in der Hand vor das Zelt und wartet, bis ein Nashorn oder ein Zebra herbeispaziert und in Schußweite posiert?“ Herr X amüsierte sich über meine Naivität und erläuterte mir einige Kniffe und Kunststücke über das Fährtenlesen, Wasserlöcherfinden und Gegen-den-Wind-Anschleichen. Genau das aber hatte ich hören wollen. „Man muß also bedächtig und klug selbst die leisesten Spuren verfolgen, darf sich von tagelangem Warten nicht abschrecken lassen und bei rechtzeitig fliehendem Wild nicht ungeduldig werden“, faßte ich seine eigenen Erläuterungen zusammen. „Man muß unverdrossen auf potentielle Beute zielen und im entscheidenden Moment den Mut aufbringen, sich einer hautnahen Begegnung zu stellen ... Sehen Sie, dies alles können Sie. Dies alles haben Sie, wenn Sie auf Safari waren, geübt und erprobt. Und jetzt sind Sie wieder auf Safari, nur daß die Beute in einer Chance besteht, Ihre allgemeinbildenden Fachinformationen über Land und Leute an den aufgeschlossenen Leser oder Hörer weiterzureichen. Wieder gilt es, mögliche Spuren konsequent zu verfolgen, in nervenzermürbendem Warten auszuharren, ja, vielleicht Köder zu legen in Form eingeschickter Artikel, und am Ende mutig einen Vertrag zu unterschreiben ..."

Während des nachfolgenden Gesprächs bahnte sich zusehends die „Sonne" ihren Weg durch die „Depressionswolken" von Herrn X, der die Symbolik voll akzeptierte und sich auf eine Diskussion konkreter kleiner Schritte in Richtung auf sein Ziel, seine „Beute", wie er lächelnd betonte, einließ.

9. Besprechung

Die 9. Besprechung fand in einem größeren zeitlichen Abstand statt, und war der baldigen Ankunft seines Sohnes in München gewidmet. Herr X hatte fast alle Passivität abgestreift. Die Vorbereitungen für ein kindgerechtes Oster-Ferienprogramm liefen auf Hochtouren, mehrere käufliche Wohnobjekte im Bodenseeraum warteten auf die gemeinsame Besichtigung während der Rückfahrt, und ganz nebenbei waren ein paar gute Reportagen über die Wanderungen von afrikanischen Eingeborenenstämmen in Abhängigkeit von klimatischen Veränderungen für diverse Bewerbungen verfaßt worden. Da momentan keine therapeutische Unterstützung meinerseits nötig war, wünschte ich Herrn X bei seinen Vorhaben viel Glück und vereinbarte einen Kontrolltermin im Mai.

10. Besprechung

Der zweite Kontakt mit seinem Sohn (nach der Wiederbelebung seiner Vater-Beziehung zu ihm), der sich vom ersten grundlegend unterschieden hatte, war für beide Seiten befriedigend verlaufen. Die Wohnobjekte am Bodensee hingegen hatten nicht gepaßt, und die Reportagen waren allesamt ergebnislos zurückgekommen. So standen die Dinge im Mai. Manches braucht eben seine Zeit zum Reifen, was Herr X jetzt relativ gelassen hinnahm.

Logotherapeutische Reflexion

Aus therapeutischer Sicht war eine wesentliche Besserung des psychischen Zustandsbildes des Patienten – körperlich war er schon lange wieder fit – zu verzeichnen. Seine „existentielle Frustration" schien von einer neuen Vitalität aufgesogen worden zu sein. Dafür, daß Ziele erreicht werden, hat der Therapeut nicht zu sorgen, nur dafür, daß sinn- und wertvolle Ziele existieren in einem Leben. Dieser Sorge war ich nachgekommen. Dennoch gab es einen bei der *Lebensklärung* dieses Patienten noch ungeklärten Faktor: das Haus in Irland. Den einstigen Auslöser seiner noogenen Depression. Mir war klar, darüber würde noch zu reden sein. Denn was eine noogene Depression auslöst, ist mit einem akuten Sinnlosigkeitsgefühl behaftet, und in der Tat war nach wie vor kein Sinn erkennbar, dem der irische Grundbesitz des Patienten dienen würde, außer der materiellen Absicherung eines sowieso wohlhabenden Mannes.

Nun kann Sinn, wie Viktor E. Frankl zweifelsfrei bewiesen hat, nicht gegeben werden – am allerwenigsten vom Therapeuten, sondern nur gefunden werden – am allerbesten vom Patienten selber. Der Therapeut hat nichts als *Beistand bei der Sinnfindung* zu leisten. Ein Weg dazu ist die „Heraufholung" von geistig Unbewußtem ins Bewußtsein des Patienten. Geistig Unbewußtes ist jedoch nicht zu vermischen mit triebhaft Unbewußtem, nach dem die Psychoanalyse fahndet. Es ist vielmehr mit dem innersten Zentrum menschlichen Personseins zu identifizieren, aus dem die Intuition des Ethischen, Erotischen und Pathischen[45] quillt. Aus dem heraus die Weissagung des Gewissens, die Opferbereitschaft der Liebe und die Leidenschaft für das Künstlerisch-Ästhetische erwächst.

Dieses existentielle Zentrum „weiß" um die verborgenen Sinnmöglichkeiten eines jeden Lebensdetails, und es „ahnt" den (rational unzugänglichen) Sinn des gesamten Lebensmosaiks. Es anzuzapfen, bedeutet, einen Menschen mit seiner ureigensten Bestimmung in Berührung zu bringen. Das kann geschehen über „säkularisierte Exerzitien", wie sie im logotherapeutischen Meditationskreis praktiziert werden[46], oder über Experimente zur „Erinnerung von geistig Unbewußtem".

[45] Viktor E. Frankl, Der unbewußte Gott, Kösel, München, 7. Aufl. 1988, S. 30

[46] Elisabeth Lukas, Von der Trotzmacht des Geistes, Herder, Freiburg/Br., Neuausg. 1993, S. 207

Fortsetzung der 10. Besprechung

„Ich möchte heute ein belastendes Thema ansprechen", eröffnete ich die logotherapeutische Intervention. „Und zwar Ihr Grundstück und Ihr Haus in Irland." Herr X seufzte. „Ach, im Sommer ist es dort sehr schön, und zum Golfspielen fliege ich bestimmt wieder hin." „Ja", sagte ich, „das ist ein Gesichtspunkt. Aber zum sommerlichen Golfspielen allein haben Sie das Anwesen nicht gekauft, nicht wahr?" Herr X schüttelte den Kopf, und ein trauriger Zug überschattete seine Züge. „Nein", flüsterte er. „Ich möchte jetzt ein kleines Experiment mit Ihnen durchführen", weihte ich ihn in meine Absicht ein. „Setzen Sie sich bequem hin, schließen Sie die Augen, lassen Sie es ruhig in sich werden. Schalten Sie die Wachheit Ihres Verstandes ab, und glätten Sie die Wogen Ihrer Emotionen. Tauchen Sie ein in die Stille, die Sie gleich umgeben wird, denn ich werde ein paar Minuten schweigen."

Als ich beobachtete, daß er genügend entspannt war, geleitete ich ihn gedanklich in die Zeit zurück, in der die Idee in ihm entstanden war, einen irischen Grundbesitz zu erwerben. Damals mochte es ein paar begnadete Augenblicke gegeben haben, in denen er von dieser Idee aufrichtig begeistert gewesen war, von der Überzeugung durchdrungen, daß sie gut war, und vom Schicksal ergriffen, das ihm die Möglichkeit ihrer Verwirklichung bot.

Ich bat ihn, sich jene Augenblicke ins Gedächtnis zu rufen. Als er so weit war, forderte ich ihn auf, die Szene zu beschreiben.

„Ich war total verschwitzt, Hemd und Hose klebten mir am Leib", rekonstruierte er jene Szene, „und trotzdem war es nicht die Hitze von außen, sondern eine innere Glut, die in mir brannte. Ich saß auf einer hölzernen Veranda, schaute in den Sand zu meinen Füßen, und schaute durch ihn durch auf eine grüne, saftige Wiese in Irland." „Und dann?" „Dann hörte ich wie aus unendlicher Ferne Kinderlachen."

Ein *Kinderlachen* als Schlüsselwort der Bergung einer Erinnerung aus dem geistig Unbewußten? Ich kehrte mit meinem Patienten in die Gegenwart zurück und pochte auf dieses Schlüsselwort. „Daran ist nichts Verwunderliches", erklärte er, „damals hoffte ich noch auf mehr Kindersegen und wollte eben, daß sich meine Söhne oder Töchter auf unserem Gut in Irland erholen und vergnügen könnten." „Sie meinen, Sie hörten in jenem besonderen Augenblick *Ihre* Kinder lachen?" erwiderte ich. „Das kann ich nicht sagen, so denke ich im nachhinein", antwortete er. „Welche Kinder sollten sonst dort lachen?" Welche Kinder? Die Frage schwebte plötzlich wie ein großes Fragezeichen im Raum.

„Ihr damaliger Wunsch war offenbar, daß sich Kinder in Ihrem herrlichen irischen Paradies wohlfühlen und erholen, daß sie spielen und tollen und glücklich sind. Daß sie Kummer und Darben vergessen, und die Luft von ihrem Lachen und Singen widerhallt", tastete ich mich heran. „Das alles ist immer noch verwirklichbar, genau wie damals, wenn Sie nicht darauf bestehen, daß es *Ihre* Kinder sein müssen. Wenn es außer Ihrem Sohn, der natürlich seine Ferien dort verbringen kann, auch andere Kinder sein dürfen, vielleicht Kinder aus den Elendsvierteln und Kriegsgebieten dieser Welt, angeschossene Kinder, vertriebene, halb verhungerte, vom Flüchtlingsstrom mitgerissene Kinder, Kinder, die lachen verlernt haben, aber während eines mehrwöchigen Erholungsaufenthaltes in Irland wieder lachen lernen würden –"

Irrte ich mich, oder schimmerten die Augen von Herrn X tatsächlich feucht? „Mein Gott", brach es aus ihm heraus, „ich habe das Elend gesehen. In Afrika. Es spottet jeder Beschreibung. Kinder wie Skelette, die Fliegen auf ihnen wie auf Aussätzigen." Er saß versunken da und sann nach. Schließlich straffte er sich. „Kinderlachen ... Ja, das wäre machbar. Ich kenne jemanden von der UNICEF, einen hohen Beamten, der mir bei der Finanzierung der Flüge helfen könnte. Die haben einen speziellen Etat für solche Zwecke. Und in Irland müßte ich mich selbst um die Organisation kümmern." Ich spürte, daß sein altes Organisationstalent anzulaufen begann, jenes Talent, mit dem er einst einen einträglichen Büromaschinenhandel aufgezogen hatte. Nur ging es jetzt um eine „Ware" aus Fleisch und Blut. „Sie bräuchten Helfer in Irland", lockte ich seinen Esprit hervor. „Die fände ich", versicherte er. „Viele Hausfrauen würden mir helfen, sogar teilweise unentgeltlich." „Sie bräuchten auch ausreichend Schlafplätze", bohrte ich weiter. „Richtig, das ist ein größeres Problem. Aber das Haus ist geräumig, und im Sommer könnten wir rund herum Zelte aufstellen. Die Kinder würden das lieben ..."

Als ich sah, daß Herr X „mit seiner ureigensten Bestimmung in Berührung war" und sich dementsprechende Zielpunkte in seiner Zukunft formierten (vgl. die Skizze auf Seite 101), entließ ich ihn aus der Therapie und bat bloß um eine gelegentliche Rückmeldung.

Telefonische Besprechung

Unser letztes Gespräch verlief telefonisch. Herr X rief vor einem Abflug nach England an. Er hatte mit dem Herausgeber einer bekannten Zeitschrift in London ein „Rendezvous“ vereinbart, weil sich dieser für seine regelmäßige Mitarbeit als „Afrika-Korrespondent“ interessierte. Nach dem Rendezvous sollte es nach Irland weitergehen, wo „einiges zu regeln sei“. Herr X war voller Optimismus und in einem „gesunden Streß“. Von seiner noogenen Depression war nicht der geringste Rest mehr übrig geblieben. So blieb auch mir nichts anderes übrig, als den Wiedergenesenen ans Leben freizugeben.

Schlußreflexion

Die in diesem Fall angewandten logotherapeutischen Methoden sind die folgenden gewesen:

<table>
<tr><td>1. Reaktivierung verschütteter „Sinnspuren“
(→ Höhepunkte in der Vergangenheit)</td><td rowspan="3">Klärung des persönlichen Wertsystems</td></tr>
<tr><td>2. „confronting approach“
(→ Konzentrationspunkte in der Gegenwart)</td></tr>
<tr><td>3. Erinnerung von geistig Unbewußtem
(→ Zielpunkte in der Zukunft)</td></tr>
</table>

Alle drei Methoden gehören dem Oberbegriff „Einstellungsmodulation“[47] an.

Parallel dazu hat stattgefunden:

1. Eine ärztliche Intervention (zur Medikamentenregulierung)
2. Eine Dereflexionsbehandlung (zur Vater-Sohn-Begegnung)

[47] Elisabeth Lukas, Auch dein Leben hat Sinn, Herder, Freiburg/Br., Neuausg. 1991, Kap.: Die Einstellungsmodulation in der Praxis

Auf zwei Charakteristika soll speziell hingewiesen werden, weil sie wesentlich sind zum Verständnis des logotherapeutischen Vorgehensprinzips.

a) Kein Werteoktroi

Bei der Klärung des persönlichen Wertsystems des Patienten fließt das Wertsystem des Therapeuten nicht mit ein. In dieser Hinsicht hat sich der Therapeut strikter Abstinenz zu befleißigen, wenn er auch die Kompatibilität mit übergeordneten Werten ansprechen darf und soll.

Betrachten wir das persönliche Wertsystem des Patienten in diesem Fall, wie es sich im Laufe der Behandlung herauskristallisiert hat. *Er* beschrieb die Freude über die Geburt seines Sohnes, *er* beklagte die mangelhafte Afrika-Information in Europa, und *er* hatte in seinem Innersten vorwegnehmend das Kinderlachen auf seinem irischen Grundbesitz gehört. Keiner dieser Werte, um die herum meine therapeutische Hilfe aufgebaut wurde, war von mir gekommen. Ich hatte ihm nur in konkretem Gewande wiedergereicht, was ich ihm zuvor in diffuser Gestalt entnommen hatte.

Eine gelungene Therapie beschenkt den Patienten, doch niemals mit Fremdem – auf das er fortan angewiesen wäre –, sondern immer mit Eigenem, das ihm von höherer Instanz längst geschenkt worden ist.

b) Ein Weltbezug

Eine Behandlung, bei der Sinnüberprüfung und Sinnanreicherung eine Rolle spielen, hat mehr als die Ausbalancierung des seelischen Gleichgewichts eines Patienten im Blick. Heilung geschieht in Übereinstimmung zwischen Mensch und Welt, in der Ausbalancierung des vom Selbst Gekonnten mit dem in der Welt Gesollten. Sinn ist *Sinn für alle Beteiligten*, oder er ist nicht.

Hinterfragen wir die Heilung des Patienten in diesem Fall auf jene Übereinstimmung zwischen ihm und der Welt. Er nahm seine Verantwortung als Vater wieder auf. Er begann freiwillig und unentgeltlich seine Erfahrungen für die Weiterbildung eines Leserkreises zur Verfügung zu stellen. Er schmiedete Pläne, sein Gut in eine Erholungsstätte für bedürftige Kinder umzufunktionieren. Was Sinn für ihn war, war Sinn für den Sohn, für die Leser, für bedürftige Kinder. Seine Genesung fand in dem Maße statt, in dem die Wahrscheinlichkeit anstieg, daß winzige aber bedeutungsvolle Ausschnitte der Welt durch ihn „genesen" würden. Diesen Bezug herzustellen ist die besondere Stärke und Würde der Logotherapie.

Freilich, ich hätte therapeutisch auch vorgehen können, wie es „psychologische Tradition" ist. Dann hätte ich den Akzent meiner Bemühungen auf die Aufdeckung des „Urtraumas" des Patienten im Verlassenwordensein durch seine Mutter gelegt. Ich hätte die Parallelität dieses „Urtraumas" mit dem Verlassenwordensein durch seine Frau herausgefeilt, und ihm einen uneingestandenen aber intensiven Groll gegen alle Frauen einsuggeriert. Daraufhin hätte ich ihn eingeladen, diesen jahrelang gehegten Groll auf mich zu übertragen und mir ins Gesicht zu schreien ... Ob das seine Depressionen gelindert hätte? Ich wage es zu bezweifeln.

Logotherapeutische *Lebensklärung*, wie ich sie statt dessen bei meinem Patienten initiiert habe, ist Neuausrichtung des Lebens nach (trans)subjektiven Werten, die in der Hingabe an sie dieses Leben selber mit Sinn und Werten begaben. Denn so, wie das Sein niemals Beute des Nichts werden kann, kann das wenigstens partiell sinnvoll gelebte Leben niemals Beute der Sinnlosigkeit werden. Es kann mitsamt seiner Schwere nicht umsonst gelebt worden sein.

tibi loquitur cor meum

Die Kraft

Beispiel einer logotherapeutischen Krisenintervention

Die folgende Geschichte einer logotherapeutischen Krisenintervention wurde mir von Herrn Prof. Dr. Robert C. Barnes berichtet. Barnes ist Leiter des „Department of Counseling and Human Development" der „Hardin-Simmons University" in Texas und einer der bedeutendsten Frankl-Kenner Amerikas.

In der Nähe des Wohnortes von Robert C. Barnes hatte sich ein furchtbarer Unfall zugetragen, und das kam so:

Zwei Familien wohnten in Nachbarhäusern nebeneinander; die beiden Mütter waren miteinander befreundet. Eines Morgens fuhr eine der beiden Mütter mit ihrem Auto vor der Haustüre der anderen vor, ließ den Motor laufen, sprang aus dem Wagen, ließ sogar die Wagentüre offen, weil sie sofort zu einem entfernt gelegenen Supermarkt weiterzufahren gedachte, und lief zum Hause. Dabei rief sie ihrer Freundin fragend zu, ob sie ihr etwas mitbesorgen solle. Die andere Mutter erwiderte erfreut, daß sie dieses Angebot gerne annehme, weil ihr Töchterchen am nächsten Tag seinen 4. Geburtstag feiern werde, und mehrere Kinder zur Party geladen seien. Da benötige sie noch allerlei Zutaten für das Fest. Plaudernd zog die Frau ihre Freundin mit sich in die Küche, um ihr einen entsprechenden Einkaufszettel anzufertigen.

Mittlerweile hatte das kleine Mädchen, das am nächsten Tag seinen 4. Geburtstag feiern sollte, das Auto der Nachbarin vor dem Hause bemerkt. Weil es schon öfters darin mitgefahren war und solche Ausflüge als sehr vergnüglich empfunden hatte, schlüpfte es nichts Böses ahnend in den Wagen. Was dann geschah, kann nur vermutet werden. Wahrscheinlich spielte das Kind an der Handbremse herum und löste sie, woraufhin das Auto vorwärtsruckte. Vielleicht fiel die Kleine dabei heraus, vielleicht sprang sie auch erschrocken heraus. Jedenfalls setzte sich das Auto auf Grund eines Einschlags der Räder genau auf das Kind zu in Bewegung, erfaßte es und überrollte es.

Fast im selben Moment, als die Räder das Mädchen wieder freigaben, traten die beiden Frauen aus dem Haus. Entsetzt stürzte die Mutter auf ihr Kind zu, das sterbend am Boden lag, und riß es in ihre Arme hoch. Das Kind, noch wenige Sekunden bei Bewußtsein, schaute ihr direkt in die Augen, während ihm das Blut aus Nase, Mund und Ohren quoll. Dann verschied es.

Verständlicherweise erlitt die Mutter einen schweren Schock, und auch die Zeit, die danach verging, brachte keine Linderung. Nacht für Nacht wachte die Frau schweißgebadet auf, von Traumbildern gequält, in denen sie immer wieder das blutverschmierte Gesichtchen ihrer Tochter vor sich sah, die brechenden Augen auf sich gerichtet. Schließlich konsultierte sie einen Psychologen. Doch dieser fand das tröstende Wort nicht, im Gegenteil, seine bohrenden Fragen nach der Vorgeschichte, etwa, ob das Kind überhaupt erwünscht gewesen wäre, und dgl. mehr, regten die Frau derart auf, daß sie in seiner Praxis in einen hysterischen Weinkrampf verfiel. Indigniert schob sie der Psychologe zur Hintertüre hinaus, weil er nicht wollte, daß seine im Wartezimmer sitzenden Patienten dieses „Theater" mitbekämen. Zum Schluß drückte er der Frau wohlmeinend aber nicht gerade sehr taktvoll die Adresse einer Selbstmordverhütungsstelle in die Hand und zog sich eilig in seine Praxis zurück.

Nach diesem enttäuschenden Versuch, Hilfe zu finden, vergingen weitere Wochen, und die Mutter kam nicht zur Ruhe. Tagsüber passiv und wie gelähmt fürchtete sie nach wie vor die von Alpträumen durchjagten Nächte, in denen sich alles an ihr, Leib und Psyche, in Pein aufbäumte und verkrampfte. Da hatte ihre Schwester anläßlich eines Besuches eine Idee: sie riet ihr, Robert C. Barnes aufzusuchen. „Er ist ebenfalls Psychologe und Psychotherapeut", sagte sie zu ihr, „aber er arbeitet nach einer anderen Methode. Vielleicht weiß er Rat." So gelangte die Frau in die Praxis eines Logotherapeuten, und ich rekonstruiere nun möglichst wortgetreu, was mir Robert C. Barnes erzählt hat:

„Die Patientin wirkte wie auf den Kopf geschlagen, und doch krümmte sie sich unter einer inneren Hochspannung. Was war es, das zwischen ihr und der Leidbewältigung stand? Sie verriet es mir in einem Satz, den sie ständig wiederholte: ‚Warum mußte ich meinem kleinen Mädchen beim Sterben zuschauen, warum mußte ausgerechnet ich diesen schrecklichen Anblick, der mich nie mehr losläßt, erdulden?' Hier tat sich das Zentrum der Tragödie auf, weshalb ich darauf einging. ‚Liebe Frau', antwortete ich, ‚Sie haben Erschütterndes mitgemacht. Aber ich bin so froh, daß Sie Ihr Mädchen in jenem entschei-

denden Augenblick in den Arm genommen haben. Ich bin aufrichtig froh, daß Sie nicht, vor Entsetzen starr, auf halbem Wege stehen geblieben sind und etwa die Hände vors Gesicht geschlagen haben. Dadurch haben Sie Ihrem Kind einen wirklich guten Abschied ermöglicht. Hätten Sie nämlich gezögert oder sich abgewandt, wäre das Letzte, was Ihr Kind von dieser Welt wahrgenommen hätte, der staubige Autoreifen gewesen, der über es hinweggerollt ist. So aber durfte es zuletzt in die Augen seiner Mutter eintauchen und darin die Liebe ablesen, die es ein Leben lang begleitet hat. Wir können sicher sein, daß die Kleine zu diesem Zeitpunkt keinerlei Schmerz gespürt hat, denn eine derart schwere Verletzung betäubt alle nervlichen Empfindungen. Nein, sie war schmerzfrei und geborgen. Geborgen, denn es gibt keine größere irdische Geborgenheit – schon gar nicht für ein Kind – als in den Armen der Mutter ... Ihr Mädchen durfte somit im Bewußtsein seines Geliebtseins aus der höchstmöglichen Geborgenheit in eine ganz andere Geborgenheit hinübergleiten ... was für ein guter Abschied! Allerdings um den Preis, daß Sie eben jenen schrecklichen Anblick auf sich nehmen mußten und jetzt in Ihrer Erinnerung zu tragen haben.'

Während ich sprach, war die Patientin aufmerksamer und zugleich innerlich ruhiger geworden. ,Sie meinen, es war gut, was ich gemacht habe, gut für das Kind?' fragte sie zurück, und ich erkannte die Morgenröte des Logos hinter der Finsternis ihres Leides empordämmern. ,Es war das Beste, das Sie in Ihrer Situation tun konnten', bestätigte ich ihr. ,Schmerzfrei und geborgen ...' murmelte die Patientin vor sich hin, dann straffte sie sich. ,Wenn das so ist, dann kann ich mit dem blutigen Gesichtchen meiner Tochter vor Augen leben.' ,Sollte sie wieder in Ihren Träumen erscheinen, nehmen Sie sie einfach nochmals auf den Arm und wiegen Sie sie ...' Die Patientin verließ mich gefaßt. Ein späteres Kontrollgespräch ergab, daß sie von Stunde an ungestört zu schlafen vermochte."

Diskussion der Fallgeschichte

Bis heute kennen wir kaum schlüssige Antworten auf die Frage, welche Faktoren in der Psychotherapie ausschlaggebend sind. Da es sich beim vorliegenden Bericht um einen wenig komplexen und kurzfristig

„gelösten" Fall handelt, können wir leichter versuchen, den dabei wirksam gewordenen Faktoren auf die Spur zu kommen. Deshalb will ich meinen Bericht mit ein paar Gedanken dazu ausklingen lassen.

a) Diagnose

Vor aller Therapie steht nun einmal die Diagnose – und die Gefahr einer Fehldiagnose. Eine solche entsteht, wenn eine Sachlage beim Patienten über- oder unterbewertet wird, wodurch sich das Gesamtbild verfälscht.

Bei der geschilderten Problematik hätte es schnell zu einer Überbewertung des traumatischen Ereignisses kommen können, weil der Tod eines Kindes nahezu das Schlimmste ist, das einer Mutter widerfahren kann. Allein, dieser Tod, für sich genommen, hat die Pathogenese der seelischen Störung bei der Mutter gar nicht hervorgerufen, wie sich im Verlauf der Intervention gezeigt hat. Auf der anderen Seite hat der zuerst konsultierte Psychologe das traumatische Ereignis zweifellos unterbewertet, indem er in der Vorgeschichte nach pathogenen Elementen gesucht hat. Damit entfernte er sich zu weit von der eigentlichen Last, unter der die Frau zusammengebrochen war.

Robert C. Barnes beging keinen der beiden Fehler. Mit der Überlegung: „Was steht zwischen ihr und der Leidbewältigung?" bewies er seine richtige Einschätzung der Sachlage: er schätzte das Leid (den Tod des Kindes) als prinzipiell bewältigbar ein, und gleichzeitig als an der Pathogenese beteiligt, weil noch unbewältigt.

Bei richtiger Einschätzung der Sachlage hört man auch die richtigen Sätze beim Patienten. Denn die psychotherapeutische Erfahrung lehrt, daß die meisten Patienten über ein erstaunliches „Vorwissen" verfügen, was ihre Probleme angeht. Es ist ein weder rein rationales noch rein emotionales, sondern vielmehr intuitives Erfassen dessen, was „unerledigt" (Kübler-Ross), „unausgewogen", im weitesten Sinne „unwert" und „unwürdig" ist der eigenen Person. Nur können die Patienten dieses Vorwissen in kein Fachwissen einordnen, während die Psychotherapeuten mit ihrem Fachwissen darauf angewiesen sind, es mit dem Vorwissen ihrer Patienten in Verbindung zu bringen.

Robert C. Barnes hat also bei richtiger Einschätzung der Sachlage seine „Sensoren" auf das „Vorwissen" seiner Patientin gerichtet, und siehe da, sie lieferte es ihm: „Warum mußte ausgerechnet ich diesen schrecklichen Anblick erdulden?" Das ist eine pathogene – genauer:

neurotische – Reaktion, auf die das Franklwort paßt: „In der neurotischen Existenz rächt sich an ihr selber die Defizienz ihrer Transzendenz.“[48] Hier, an dieser Stelle trauert nicht eine Mutter um ihr Kind, sondern hadert ein Mensch mit seinem Los. Und genau hier, an dieser Stelle, heilt die Wunde nicht.

b) Therapie

Wenn ein Mensch sein Los beklagt, gibt es aufs Neue zwei potentielle Fehleinschätzungen des therapeutischen Umgangs damit. Eine davon ist gegenwärtig sehr verbreitet. Sie geht von der These aus, daß es absolut notwendig und die Seele reinigend sei, daß sich der Betreffende intensiv ausklage. Die Folge ist leider oft, daß der Patient in einem schädlichen Selbstmitleid gefördert und bestärkt wird. Die andere erkennt zwar die dämonische Spirale, in die sich ein Patient solcherart immer tiefer hineindreht, sieht aber die Alternative lediglich in einer Abstoppung seines Haderns ohne existentielle Auseinandersetzung mit dem Gegenstand der Klage.

Robert C. Barnes war von seinem logotherapeutischen Hintergrund her gegen beide Varianten gefeit. Mit der konfrontativen Feststellung: „Ich bin so froh, daß Sie ihr Mädchen... in den Arm genommen haben“ beendete er die Spirale des Selbstmitleides bei seiner Patientin abrupt, um ihr *den Sinn dessen, was sie da beklagt*, transparent zu machen: „Sie haben Ihrem Kind einen wirklich guten Abschied ermöglicht“. In der nachfolgenden Begründung wird das Erschütternde des Beklagnisses in keiner Weise weggedrückt. Es darf leidvoll bleiben, denn das Leid gerinnt zum Opfer, *zum nachträglich bejahten Opfer*: „Wenn das so ist, kann ich ... damit leben“. Die Transzendenz des Leidvollzugs ist wieder hergestellt, die neurotische Störung weicht.

Die Trauer wird nicht weichen und soll es auch nicht, denn „die Trauer um einen Menschen, den wir geliebt und verloren haben, läßt ihn irgendwie weiterleben ...“[49]. Aber der ohne Hader Trauernde regeneriert sich im Schlaf, in dem die Grenze zwischen dieser und jener Welt fließend wird, und die Lebenden und die Toten einander besuchen dürfen.

[48] Viktor E. Frankl, Der unbewußte Gott, Kösel, München, 7. Aufl. 1988, S. 64

[49] Viktor E. Frankl, Ärztliche Seelsorge, Fischer, Frankfurt/M., 4. Aufl. 1991, S. 148

Von der Kraft zur Verwandlung, die im Menschen liegt

Die *Kraft zur Verwandlung* ist ein Potential, das heutzutage ungenügend genutzt wird. Eine deterministische Seelenheilkunde hat mitgeholfen, es in Vergessenheit geraten zu lassen. Dabei ist das Wissen um diese Kraft uralt und spiegelt sich in zahlreichen religiösen Mythen. In der Schöpfungsgeschichte wird ein Lehmbrocken in den ersten Menschen verwandelt, in der Eucharistie Brot und Wein zur Gegenwart Christi. Berühmte Beispiele aus der Natur sind die Raupe, die sich in einen Schmetterling verwandelt, oder das Stück „Kohle", das zum Diamanten wird.

Da der Mensch ebenso der Schöpfungsgeschichte angehört, wie der Natur, liegt die Kraft zur Verwandlung auch in ihm. Konkret bedeutet dies, daß er seinem Schicksal, seinem „Schatten" (C. G. Jung), seinen Schwächen, seinen Verführungen und Dämonen, seinem „Lehmsein" und „Raupendasein" etwas entgegenzuhalten hat, das gewichtiger ist als sie.

Als Viktor E. Frankl 1945 an Fleckfieber erkrankt dem Tode nahe war, rekonstruierte er stenographisch sein verloren gegangenes Buchmanuskript. Ein mir bekannter Alkoholiker stand mitten in der Qual des Entzugs auf und fuhr bei einer Radtour seiner Freunde mit. Eine mit ihrem Vater seit langem überworfene Frau setzte sich an einem stillen Adventsonntag hin und schrieb ihm einen Brief, der jeglichen Haß zwischen ihnen auflöste. Dasselbe muß nicht dasselbe bleiben, es verwandelt sich, sobald ein Mensch aus lauterer Absicht eine „innere Zutat" dazugibt. Ein Leid verwandelt sich in eine menschliche Leistung, eine Tragödie in einen inneren Triumph, eine Vergebung in eine Segnung und eine Reue in eine neue Reinheit. Der Mensch kann nicht nur Material in eine andere Form umschmieden, er kann *sich selbst* umschmieden.

Daß er allerdings dem „Geist, der stets verneint", um diesen poetischen Sammelbegriff allen Unheils zu gebrauchen, etwas entgegenzuhalten hat, heißt noch lange nicht, daß er dies auch tut. Und so wollen wir denn im Interesse der Psychotherapie die Bedingung der Möglichkeit erforschen, unter der sich die Wahrscheinlichkeit erhöht, daß ein

Patient die Kraft zur Verwandlung, die in ihm liegt, aufbringt und einsetzt.

Beginnen wir unseren Gedankengang mit einem hypothetischen Fall, der eine gute Überleitung zu einem authentischen Fall erlaubt, und schicken wir eine Erzählung nach Shibayama voraus:

„Es war bald nach dem verheerenden Krieg. Die Städte waren bis auf die Grundmauern zerstört, die Menschen lebten wie Höhlenbewohner in den Ruinen. Die ehedem so glatten und breiten Straßen hatten sich in holprige Fußpfade verwandelt. Nur die Sirenen schwiegen, als erstes, leises Zeichen eines fragwürdigen Friedens.

Da kam eine alte Frau in die notdürftig mit Brettern geflickte Kirche, um zu beten und zu danken. Heiter sagte sie zu dem Priester, der die Messe gelesen hatte: ‚Hochwürden, ich habe eine Laterne bei meinem Haus aufgestellt!'

‚Warum habt Ihr das getan?', fragte der Priester. ‚Ihr seid doch blind, was hilft Euch das Licht?'

‚Sehen Sie, Hochwürden, der Weg, der an meinem Haus vorbeiführt, ist sehr gefährlich. Er liegt voller großer Steine; wer ihn nachts geht, kann fallen und sich den Fuß brechen. Von meinem Mann – Gott hab' ihn selig – habe ich noch ein Grubenlicht, denn er war Bergmann. Das steht nun vor meinem Haus als Licht für die Menschen.'"[50]

Das ist zweifellos die Erzählung einer seelisch gesunden und zufriedenen Frau. Sie ist blind, sie ist arm, sie hat ihren Mann verloren und einen schlimmen Krieg mitgemacht, aber sie fühlt sich veranlaßt, zu beten und zu danken, sie ist von heiterem Gemüt, und sie stellt das Letzte, was sie noch besitzt, das Andenken an ihren Mann, als Licht für vorübereilende Menschen bereit. Ein Licht, das *sie* nicht sieht, das *ihr selbst* nichts nützt.

Versetzen wir jetzt in unserer Phantasie diese Frau in die Rolle einer Patientin, die eine psychotherapeutische Praxis aufsucht, und zwar mit einer divergenten Sichtweise derselben äußeren Umstände. Wir ändern in unserem Gedankenspiel nur wenig, machen aus dem Zusammentreffen der Frau mit dem Priester ein Zusammentreffen zwischen

[50] Aus: Marietta Till, Lautlos schreien, unbewegt tanzen, Drei Eichen Verlag, Ergolding 1992

ihr und einem Psychotherapeuten, wie es der von V. E. von Gebsattel so benannten „Abwanderung der abendländischen Menschheit vom Seelsorger zum Nervenarzt“ entspricht. Desweiteren ändern wir, wie angekündigt, ihre Sichtweise, ihr Selbst- und Daseinsverständnis.

Die Patientin eröffnet das Gespräch: „Ach, ist das alles ein Jammer! Ich weiß mir gar nicht mehr zu helfen, weiß mir keinen Rat mehr, ich bin am Ende meiner Kräfte. Ich halte dieses Drecksleben nicht mehr aus. Am liebsten wäre ich schon unter der Erde. Warum habe ich bloß den verfluchten Krieg überlebt, können Sie mir das erklären?“

Der Psychotherapeut bemüht sich, ihr Problem deutlicher zu erkennen und einzugrenzen: „Sie müssen sehr unglücklich sein. Ist es hauptsächlich die Blindheit, die Ihnen zu schaffen macht, oder ein anderer Kummer?“

Die Patientin wechselt vom weinerlichen zum anklagenden Ton: „Sie können sich wohl nicht vorstellen, wie das ist! Ihrer Stimme nach sind Sie noch jung, und wahrscheinlich nicht behindert. Aber ich bin eine alte Frau, um die sich keiner kümmert. Wer sollte auch, wir leben wie die Höhlenbewohner in den Ruinen und kriechen wie die Ratten über die holprigen Fußpfade, um etwas Eßbares aufzutreiben. Da ist jeder froh, wenn der Nachbar verreckt, damit ihm selbst mehr bleibt. Der einzige, der mir geholfen hätte, wäre mein Mann gewesen, und der ist im Krieg gefallen. Fluch über seine Mörder!“

Der Psychotherapeut versucht das Gehörte zusammenzufassen: „Sie fühlen sich allein und hilflos, seit Ihr Mann nicht mehr bei Ihnen weilt?“

Aber die Patientin läßt sich ihren Schmerz nicht auf einen Punkt konzentrieren, er soll „flächendeckend“ und „allumfassend“ ausgewalzt werden: „Auch als mein Mann noch lebte, war es nicht nur ein Honiglecken für uns. Er arbeitete als Bergmann und kam jeden Tag schmutzig nach Hause. Der Kohlenstaub aus seinen Kleidern war überall in der Wohnung. Außerdem hatte er Schichtdienst, weswegen wir nie einen vernünftigen Tagesrhythmus einhalten konnten. Es war schon vor dem Krieg ein Hundeleben, und jetzt erst recht ... ich habe rein gar nichts von meinem Leben gehabt, ich will am liebsten sterben.“

Angesichts der wiederholten Todeswunschäußerung der Patientin sucht der Psychotherapeut nach einem „Anker“ in ihrem Leben: „Ha-

ben Sie keine Kontakte zu irgendwelchen Bekannten oder Freunden, die Sie hin und wieder aufsuchen und bei denen Sie sich aussprechen könnten?"

Die Patientin wehrt rigoros ab: „Nein, nein, ich weiß, wie die angeblich treuen Freunde sind! Sie erschleichen sich das Vertrauen einer blinden Frau, um ihr in einem günstigen Moment die letzten Habseligkeiten zu stehlen."

Der Psychotherapeut will die Ängste der Patientin relativieren: „Sind Sie schon einmal auf diese Art bestohlen worden?"

Die Patientin spricht jedoch nicht aus Erfahrung, sondern aus ihrer Weltsicht heraus: „Gott bewahre, das fehlt mir gerade noch! Habe ich nicht schon genügend Schlechtes erfahren? Außerdem bin ich vorsichtig, ich traue niemandem. Da bleibe ich lieber allein."

Der Psychotherapeut merkt, in welche „Falle" seine Patientin getappt ist: sie klagt über ihre Einsamkeit und zieht es gleichzeitig vor, allein zu leben. Kann ihr Motiv für letzteres „gekippt" werden? „Hätten Sie überhaupt Wertgegenstände im Haus, die potentielle Diebe verlocken könnten?"

Die Patientin wechselt zurück zum weinerlichen Ton: „Ach was, ich habe nie Wertgegenstände besessen. Wir waren immer arm, hatten kaum mehr als das Nötigste, und im Krieg nicht einmal das. Ich besitze nur ein paar Andenken, an denen ich hänge, wie z.B. das Grubenlicht von meinem Mann. Das soll man mir mit in den Sarg legen, wenn es endlich so weit ist ... Ich sehe schon, Sie können mir auch nicht helfen. Ich habe gleich nicht geglaubt, daß unser Gespräch ergiebig sein würde. Mir kann keiner helfen ... Ja, dann werde ich mich jetzt auf den Heimweg machen. Sofern man das da draußen einen Weg nennen kann – lauter große Steine! Haben Sie eine Ahnung, wie die Sehenden Abends darüber stürzen, weil sie nicht gewohnt sind, in der Dunkelheit zu gehen. Na, was geht's mich an? Ich muß mich seit Jahren in der Dunkelheit bewegen. Adieu!"

Dieser Dialog, wie er in einer psychotherapeutischen Praxis hätte stattfinden können, war offenbar nicht von Erfolg gekrönt. Damit erhebt sich die Frage, ob es irgendeine Gesprächsmethode gegeben hätte, die es der Patientin nahegelegt und erleichtert hätte, sich in jene heitere, dankbare und menschenzugewandte Frau aus Shibayamas Erzählung zu verwandeln.

Das ist eine schwierige Frage. Sie spitzt sich in der Überlegung zu, ob es eine vertretbare Methode zur radikalen Umstellung der Sichtweisen von Menschen gibt? Betrachten wir, bevor wir uns an die Beantwortung der Frage heranwagen, einen authentischen Fall, bei dem dies gelungen ist. Er wurde von Isabella Simon aufnotiert[51]:

„Eine Bulgarin, die im gesegneten Alter von 102 Jahren verstarb, mußte in der Mitte ihres Lebens eine schwere Krise durchstehen, in der sie von Selbstmordimpulsen geplagt wurde. Instinktiv suchte sie vor der letzten Entscheidung doch noch Hilfe in einem Gespräch mit einem Priester, dem sie ihr Vertrauen schenkte. Dieser war ein weiser Mann, der sie nicht mit billigen Sprüchen zu trösten versuchte, sondern ihre depressive Stimmung ernst nahm. Er zeigte aufrichtiges Mitgefühl und auch Verständnis dafür, daß sie in ihrer Situation dem Selbstmord nahe war. Allerdings meinte er, daß es schön wäre, wenn sie noch ein wenig Zeit ihres Lebens dazu verwenden würde, etwas Wertvolles für andere Menschen zu vollbringen.

Er erwähnte ein Lager mit Cholerakranken in der Nähe ihres Ortes, in dem dringend Pflegepersonal gebraucht wurde. Da sie selbst ja „lebensmüde“ wäre, so argumentierte er, wäre das Risiko, sich mit dieser gefährlichen Krankheit anzustecken, für sie nicht vergleichbar bedrohlich wie für jüngere Krankenschwestern, die noch sehr am Leben hingen. Dort könnte sie somit viel Gutes tun und es Gott überlassen, ob sie vorzeitig aus dem Leben scheiden würde oder nicht.

Die Frau entschloß sich auf Grund des Gespräches tatsächlich, als Pflegerin in das Choleralager zu gehen, und blieb dort zwei Jahre ohne zu erkranken. Körperlich gesund und seelisch geheilt kehrte sie danach in ihren Lebensalltag zurück und starb schließlich mit 102 Jahren in voller geistiger Frische eines sanften und natürlichen Todes.

Jener weise Priester hatte ihr das einzig Richtige geraten: eine Aufgabe zu übernehmen, für die es sich lohnte, ihre Lebenskräfte einzusetzen, und die sie – in selbsttranszendenter Weise – ihren eigenen Kummer vergessen ließ!

Isabella Simon definiert den Rat des Priesters, die Patientin solle eine Aufgabe übernehmen, für die es sich lohne, ihre Lebenskräfte einzu-

[51] Isabella Simon, Heilung durch Selbsttranszendenz, unveröff. Niederschrift, Wien 1993

setzen, als das „einzig Richtige" in der gelungenen Suizidintervention. Daß sie damit nicht ganz falsch liegt, zeigt sich an der Tatsache, daß der Psychotherapeut im vorherigen hypothetischen Patientengespräch keinen wie immer gearteten Rat ausgeteilt hat. Er hat sich strikt daran gehalten, auf empathischer Ebene Fragen zu stellen, bewertende Kommentare zu vermeiden und auf die in der Psychotherapie so verpönten Ratschläge zu verzichten. Nur war das Ergebnis seiner Intervention gleich Null.

Wenn wir spekulieren, daß ein Rat von ihm vielleicht doch eine Chance gehabt hätte, die Verbitterung der alten Frau aufzuweichen und eine Verwandlung von ihr einzuleiten, dann müssen wir uns auch mit dem Inhalt des zu erteilenden Rates befassen. Er soll laut Isabella Simon auf die Übernahme einer Aufgabe abzielen, für die es sich lohnt ... *Was lohnt? Für wen lohnt?* War auf Grund des Rates für die Bulgarin wirklich vorhersehbar, daß sich ihre Arbeit als Pflegerin im Choleralager „lohnen" würde?

Hier sind wir beim entscheidenden Punkt angelangt. Die Argumentation des Priesters gegenüber der Bulgarin verlief nicht in Richtung irgendeines Lohnes für sie selbst, sondern auf das Gute zu, das sie selber bewirken könnte:

a) für die Cholerakranken, die der Pflege bedurften, aber wegen Personalmangel zu wenig davon bekamen,
b) für die jungen Krankenschwestern, die noch am Leben hingen und vom Ansteckungsrisiko entlastet werden sollten,
c) für ihr Verhältnis zu Gott, das nicht getrübt zu werden brauchte durch einen vorzeitigen Freitod.

Der Rat zielte folglich darauf ab, daß *sie*, die Patientin, gleichsam „Lohn" sein könnte für andere oder anderes, wenn sie ihre Lebenskräfte einsetzen würde. *Ihr* wurde nichts versprochen. Trotzdem fiel der Rat auf fruchtbaren Boden. Wieso das? Weil unser „Lohn-sein-für-andere(s)" unser Leben unmittelbar mit Sinn begabt. Und exakt dies hatte der Bulgarin gefehlt: ein erkennbarer Sinn in ihrem Leben.

Aus dem Bericht von Isabella Simon geht dergleichen zwar nicht direkt hervor. Es ist nur die Rede von einer schweren Krise mit Selbstmordimpulsen. Doch wissen wir aus der logotherapeutischen Forschung, daß hinter Selbstmordimpulsen, aus welchen akuten Anlässen sie auch erwachsen mögen, stets ein „existentielles Vakuum" (V. E.

Frankl) lauert. Niemand zieht den Freitod um eines verlorenen Glückes willen ernsthaft in Betracht, solange er das Weiterleben wegen eines zu erfüllenden Sinnes für notwendig erachtet.

Als der Bulgarin somit ein Weg aufgezeigt worden war, auf dem es sich – nicht für sie selbst, sondern für andere – lohnen würde, ihre Lebenskräfte einzusetzen, erlebte sie diese Wegweisung als „Sinnweisung“, folgte ihr und verwandelte sich von einem lebensmüden zu einem „lebenswachen“ Menschen.

Wäre eine ähnliche Wegweisung bei der alten blinden Frau aus dem hypothetischen Fall denkbar gewesen? Vielleicht schon. Man könnte sich den Ausgang des Dialogs in der psychotherapeutischen Praxis etwa auch so vorstellen:

...

Die Patientin wechselt zurück zum weinerlichen Ton: „Ach was, ich habe nie Wertgegenstände besessen. Wir waren immer arm, hatten kaum mehr als das Nötigste, und im Krieg nicht einmal das. Ich besitze nur ein paar Andenken, an denen ich hänge, wie z.B. das Grubenlicht von meinem Mann. Das soll man mir mit in den Sarg legen, wenn es endlich so weit ist ...“

Der Psychotherapeut registriert, daß sich die Patientin an dieser Stelle erstmals zu einem Wert bekennt. Da hakt er nach: „Das Grubenlicht Ihres Mannes – zünden Sie es noch manchmal an?“

Die Patientin ist irritiert: „Warum sollte ich?“

Der Psychotherapeut bleibt beim Thema: „Das Grubenlicht Ihres Mannes hat früher oft geleuchtet, nicht wahr? Erzählen Sie mir, wofür es entzündet worden ist?“

Die Weinerlichkeit der Patientin wechselt zu einer ruhigeren Sentimentalität: „Mein Mann hat es tagtäglich für seine Arbeit gebraucht. Dort, im Stollen, hat er es ständig bei sich getragen. Es hat den Männern Licht gespendet, und wenn einem von ihnen die Laterne umgekippt ist, hat ihm das Licht eines anderen geschienen.“

Der Psychotherapeut merkt, daß die Patientin aus ihrer selbstmitleidigen Klagehaltung auftaucht und führt sie behutsam weiter: „Sie sagen, das Grubenlicht hat den Männern unter Tag gedient. Ihrem Mann und seinen Kumpeln, die mit ihm zusammen im Berg gearbeitet haben. Es hat für sie geschienen wie eine gegenseitige Ermutigung. Schade, daß es jetzt keine Funktion mehr erfüllt. Es scheint niemandem mehr in der Nacht, Ihnen nicht, weil es ‚Ihre Nacht‘ nicht erhel-

len kann, und auch sonst niemandem. Das Andenken an Ihren Mann ist ‚außer Funktion'."

Die Patientin antwortet nachdenklich: „Das stimmt. Ich könnte es natürlich anzünden, wenn mich jemand besucht, aber mich besucht ja keiner ..."

Bevor sie wieder ins Selbstmitleid abrutscht, fährt der Psychotherapeut in seinem Gedankengang fort: „Sagen Sie, wüßten Sie auch heute einen Ort, an dem eine Laterne fehlt, wo Menschen eine solche dringend nötig hätten wie einst die Männer im Berg?"

Darauf braucht sich die Patientin nicht lange zu besinnen: „Und ob! Draußen auf den Straßen, die katastrophal sind! Vor meinem Haus z. B. liegen lauter große Steine. Haben Sie eine Ahnung, wie die Sehenden abends darüber stürzen, weil sie nicht gewohnt sind, in der Dunkelheit zu gehen! Aber schließlich, was geht's mich an?"

An dieser Stelle wagt der Psychotherapeut einen Rat: „Angenommen, Sie würden das Grubenlicht vor Ihrem Haus aufstellen. Wäre dann nicht das Andenken an Ihren Mann wieder ‚in Funktion'? Es würde den Vorübergehenden leuchten, wie es einst seinen Bergkameraden geleuchtet hat, und sie vor Schaden bewahren. Niemand würde es stehlen, denn jeder würde wissen, daß es einen guten Zweck erfüllt. Und jeder würde sich gern Ihrem Hause nähern – "

Die Patientin bleibt nicht ganz unbewegt: „Meinen Sie? Nun, vielleicht probiere ich es einmal. Wenn es so ist, wie Sie sagen, dann hätte ich den Krieg wenigstens nicht ganz umsonst überlebt ..."

Sollte dieser Dialog dazu führen, daß das in ihm angeregte Werk der Nächstenliebe nicht nur in die unebene Straße, sondern bis in die Dunkelheit der blinden Frau hineinstrahlt, müßte ihm zugebilligt werden, Auslöser ihrer Verwandlung gewesen zu sein. Was er wiederum nur sein konnte auf dem Hintergrund eines „Sinnnotstandes", eines „existentiellen Vakuums", das der tiefste Grund allen Klagens und Haderns der Patientin mit ihrem Schicksal gewesen ist. Sie wußte nicht, wozu sie den Krieg, den Tod ihres Mannes usw. überlebt hatte, wozu sie überhaupt noch lebte. Irgendwie identifizierte sie ihr Dasein mit dem erloschenen Grubenlicht, das mit ihr zusammen ins Grab sinken sollte – *aber erst, nachdem es geleuchtet und zu Ende geleuchtet hatte*, so die therapeutische Interventionsidee! Zu Ende geleuchtet ... das Licht wie ihr Dasein.

Albert Görres, langjähriger Leiter des Psychotherapie-Instituts der Technischen Universität München und einer der markantesten Vertreter der Tiefenpsychologie, schrieb als Quintessenz eines langen Erkenntnisprozesses das folgende bemerkenswerte Eingeständnis nieder: „Ich muß zugeben, daß ich mit wachsender Erfahrung dem, was Viktor E. Frankl ‚das existentielle Vakuum' nennt, dem Mangel an Lebenssinn, der existentiellen Frustration des veruntreuten Himmels, den kognitiven Dissonanzen im Selbstverständnis und Daseinsverständnis, daß ich also alledem als Unruheherd, Streßfaktor und damit als möglicher Ursache von Krankheiten und Fehlentwicklungen weit mehr Raum zugestehen muß, als etwa in meinem Buch ‚An den Grenzen der Psychoanalyse', das doch auch solchen Fragen gewidmet ist, sichtbar wird."[52] Eine Aussage, die noch ergänzt werden müßte durch die umgekehrte Erfahrung, nämlich daß der Auffüllung des „existentiellen Vakuums" und der damit verbundenen Positivierung und Harmonisierung des Selbst- und Daseinsverständnisses wesentlich mehr Raum zugestanden werden sollte, als es im Rahmen üblicher Therapieverfahren praktiziert wird.

Jedenfalls kann die Frage, ob es eine vertretbare Methode zur radikalen Umstellung der Sichtweise eines Menschen gibt, insofern beantwortet werden, als es eine Methode zur Auffüllung des „existentiellen Vakuums" sein muß. Volles Leben hat ein anderes Gesicht als leeres Leben, spannendes Leben eine andere Attraktivität als gleichgültiges Leben. Voll und spannend aber ist ein Leben ausschließlich an dem Ort, wo es *auf einen selbst ankommt.* An dem sich eine Angewiesenheit auf uns selbst abbildet. Die Cholerakranken waren angewiesen auf ausreichende Pflege, die Vorübereilenden auf das ausgestellte Grubenlicht. Auffüllung eines „existentiellen Vakuums" bedeutet mithin Fahndung nach einem Verwirklichungsinhalt, der auf den sich im Vakuum Befindlichen angewiesen ist. Will man Sichtweisen eines Menschen verändern, muß man daher Inhalte seiner Sicht zugänglich machen, durch die er sich angefragt und aufgefordert fühlt, ein Stück seiner selbst in die Welt einzubringen.

Das ist, um es deutlich herauszuarbeiten, eine andere Kommunikationsebene als die Ebene des reinen Verstehenwollens. Freilich tut es uns allen gut, verstanden zu werden bzw. uns verstanden zu fühlen.

[52] Albert Görres, Kennt die Psychologie den Menschen?, Piper, München 1978, S. 13

Doch dadurch, daß uns Verständnis entgegengebracht wird, wird noch nicht die Kraft zur Verwandlung in uns freigesetzt. Zum Verständnis muß eine Art „Eröffnung“ hinzutreten, ein Geleit in die Offenheit neuer Entwicklungsdimensionen. Ähnlich, wie eine Mutter ihrem durstigen Kind nicht bloß signalisieren wird, daß sie angesichts des warmen Sommerwetters Verständnis für seinen Durst aufbringt. Will sie ihr Kind andererseits nicht bloß „bedienen“, wird sie ihm schließlich eröffnen, wo die Gläser und die Fruchtsäfte stehen. „Im Kühlschrank findest du auch frische Milch ...“, wird sie eventuell hinzufügen. Das heißt übersetzt: „Das Eingießen von Fruchtsaft oder Milch ist gleichsam *angewiesen* auf dich, und wenn du es tust, wird dein Durst vergehen, und die Welt wird freundlicher werden. Analog dazu darf und soll sich zum Verständnis eines Psychotherapeuten für seinen Patienten, welches gemeiniglich als ein „Wahrnehmen ohne zu werten“ definiert wird, das Geleit in eine neue Offenheit des Patienten dazugesellen, welches man dann als ein „gemeinsames Wahrnehmen von Werten“ definieren könnte. Von Werten, die darauf angewiesen sind, daß jemand sie sieht, begreift und sich ihrer annimmt, jemand wie der Patient – und seine Welt wird freundlicher werden.

Was für die Psychotherapie gilt, gilt bis zu einem gewissen Grad sogar auch für die Organmedizin. Dieter Frey, Psychologie-Professor an der Universität Kiel, hat in vier Studien an Patienten einer chirurgischen Unfallklinik nachgewiesen, daß „die philosophische Auseinandersetzung mit traumatischen Situationen den Heilungsprozeß wesentlich beeinflußt“[53]. Seinen Untersuchungen zufolge erholen sich einige Menschen nach schweren Unfällen „in Windeseile“, während andere unsäglich lange an den gleichen Verletzungen laborieren. Dabei hat das Selbst- und Daseinsverständnis einen größeren Einfluß auf die Geschwindigkeit der Heilung als der objektive medizinische Befund. Gemäß den Studien wurden Unterschiede in der Länge des Klinikaufenthaltes lediglich zu 20% durch die Schwere der jeweiligen Verletzung verursacht, wohingegen innere Einstellungen und Sichtweisen für 45% dieser medizinischen „Varianz“ zuständig waren. Welche Sichtweisen aber wurden als krankheitsverlängernd, und welche als gesundheitsfördernd beobachtet?

53 Rolf Degen, in: Informationen deutscher Psychologen, Pressedienst des Berufsverbandes deutscher Psychologen, Bonn, Januar 1993

Nach Dieter Frey mußten Unfallopfer besonders lange das Krankenhausbett hüten und wurden häufiger durch Komplikationen im Genesungsprozeß zurückgeworfen, die

1. ständig darüber grübelten, ob und wie sie den Unfall hätten abwenden können,
2. sich völlig machtlos und an fremde Hilfe ausgeliefert fühlten, und
3. sich mit Gedanken über die Ungerechtigkeit des Schicksals herumschlugen.

Demgegenüber waren diejenigen, die ihr Schicksal akzeptierten, sich selbst um eine beschleunigte Wiederherstellung ihrer „Funktionsfähigkeit" und Selbständigkeit bemühten und hoffnungsvoll in eine Zukunft blickten, die ihnen mit Vorhaben aller Art angereichert erschien, bei weitem im Vorteil.

Logotherapeutisch lassen sich diese Ergebnisse noch prägnanter formulieren. Personen im „existentiellen Vakuum" bleiben länger krank und leidend, weil sich ihre „Kraft zur Verwandlung" nicht entzündet. Woran sollte sie sich entfachen? An den Selbstvorwürfen und Grübeleien über Unabänderliches? An der vermeintlichen Macht- und Hilflosigkeit? Am Unversöhntbleiben mit den Fügungen des Lebens? Nein, wenn sie trotz der Schwere der Verletzungen noch auflodern kann, dann deswegen, weil das Leben und Weiterleben gewollt wird im Bann einer zukünftigen Realisation, die darauf angewiesen ist, daß sich der Kranke erholt.

Wie ist das aber mit der Versöhnung, mit dem Akzeptieren des Schicksals? Machen wir in unseren Überlegungen einen kleinen Umweg über die zwischenmenschliche Versöhnung. Es gibt einen allgemeinen Konsens darüber, daß das einander Verzeihen unverzichtbar ist. Keine zwischenmenschliche Beziehung könnte längerfristig Bestand haben ohne das sie von Zeit zu Zeit revitalisierende Elixier der gegenseitigen Verzeihung. Ohne diese käme sie unweigerlich an einen Punkt, an dem sie sich totlaufen würde. Es könnte ein lächerlicher Punkt sein, winzig klein, von außen kaum erkennbar, eine unerhebliche Begebenheit, ein nichtiger Anlaß, aber die Beziehung käme nicht darüber hinweg. Sie stürbe ohne Verzeihung.

So groß der Konsens darüber auch ist, so wenig Klarheit herrscht über das „procedere". Woraus schöpft man die Kraft zur Vergebung, die nichts anderes ist als eine Kraft zur Verwandlung? „Im Kopf bin ich ja bereit zu verzeihen", wird häufig eingewandt, „und ich sehe auch ein, daß es notwendig ist. Aber in meinem Herzen sitzt ein Stachel, der sich dagegen sträubt. Ich kann nicht vergessen, und ich will auch nicht so tun, als ob nichts gewesen wäre. Es ist für mich einfach nicht aus und vorbei, was zwischen uns war ..." Fragen wir: Gibt es eine Hilfe, die das Lebenselixier der Verzeihung leichter fließen läßt von Mensch zu Mensch?

Nun, da ist ein Slogan, der lautet: Alles verstehen, heißt alles verzeihen. Er legt nahe, daß der Schlüssel zur Verzeihung im Verständnis für die Handlungsweisen eines anderen Menschen besteht. Wer demnach weiß, unter dem Druck welcher innerer Nöte und Ängste ein anderer fehlreagiert, wird es diesem weniger ankreiden als einer, der ihn nicht kennt. Anteilnahme bedeutet geistige Annäherung an den anderen und mildere Beurteilung in der Einschätzung seiner Äußerungen und Taten.

Trotzdem umreißt der genannte Slogan nicht die letzte Auflösung des Problems, sondern allenfalls dessen vorletzte. Genauso, wie das Verständnis des Psychotherapeuten für seinen Patienten zu dessen „Verwandlung" nicht hinreicht, wie bereits besprochen, so genügt das zwischenmenschliche Verständnis nicht zur zwischenmenschlichen Verzeihung. Und zwar aus dem einfachen Grund, weil die *Verstehbarkeit* menschlicher Handlungsweisen limitiert ist. Sie ist es aber nicht etwa nur in dem Sinne, daß unser Ringen um Verständnis gewöhnlich zu wünschen übrig läßt, sondern deshalb, weil auch bei größter Anstrengung *stets ein unerklärlicher Rest zurückbleiben muß*. Menschliche Entscheidungen sind niemals vollkommen erklärbar, und deswegen niemals vollkommen verstehbar, sie sind nur eines: respektierbar. Viktor E. Frankl schreibt dazu die denkwürdige Passage:

„Angesichts dieser radikalen Freiheit läßt sich auch verstehen, mit welchem Recht die Theologie von einem mysterium iniquitatis spricht: da unsere Entscheidungen letzten Endes frei sind, können sie unmöglich von irgendwelchen Determinanten zur Gänze bestimmt und von ihnen her pandeterministisch erklärt werden, ohne einen unerklärlichen Rest, der eben ein Mysterium bleibt. Und gäbe es das Mysterium nicht, so wären wir weder frei noch verantwortlich, und dann gäbe es eben auch keine Schuld. Sie wäre dann hinwegerklärt."[54]

[54] Viktor E. Frankl, Der Mensch vor der Frage nach dem Sinn, Piper, München, 8. Aufl. 1990, S. 220

Denkt man diese „radikale Freiheit" des Menschen zu Ende, gelangt man zu dem Schluß, daß das Verzeihen-Sollen exakt dort anfängt, wo das Verstehen-Können aufhört. Denn solange Handlungsweisen eines Menschen aus bestimmten Ursachen wie überwältigenden Trieben, asozialen Vorgeschichten oder negativen Assoziationsverkettungen heraus geschehen sind, die rekonstruierbar, erklärbar und verstehbar sind, solange hat der Betreffende keine eigene „innere Zutat" und freie Entscheidung dazugefügt, und solange ist ihm im Prinzip auch nichts vorzuwerfen. Erst in dem Moment, da das Mysterium der Entscheidung dazugekommen ist, jener Entscheidung, die unter denselben Umständen ganz anders hätte ausfallen können, was sie eben unverstehbar und nur noch respektierbar macht, erst in dem Moment wird Verzeihung überhaupt erforderlich. Oder, auf einen kurzen Nenner gebracht: *Menschlich Freies ist, wenn es sein muß, nur noch verzeihbar.*

Wir sehen, die letzte Auflösung des Problems um die Verzeihung kann nicht im Bemühen um Verständnis des Geschehenen liegen. Nicht im Verständnis für einen anderen Menschen und erst recht nicht im Verständnis eines unheilvollen Schicksals, das über einen hereingebrochen ist, um den Bogen zu den Unfallopfern aus Dieter Freys Studie zurückzuspannen. Nein, die letzte Auflösung liegt in der inneren Wandlung seinerselbst. Wir neigen dazu, alles aufklären und hinterfragen zu wollen, und dadurch geraten wir ins Grübeln und Zweifeln, Kritisieren und Interpretieren, und verstricken uns in eine zurechtgezimmerte Scheinwirklichkeit abseits dessen, was Sache ist. Dagegen tut es gut, Dinge, die wir nicht (mehr) ändern können, stehen zu lassen, Handlungsweisen von Mitmenschen zu respektieren, Schicksalsfügungen zu akzeptieren, und sich auf dasjenige zu konzentrieren, was das Eigene ist – im Verbund mit der Welt. Beide, die Kraft zur Versöhnung und die Kraft zur Verwandlung entspringen der einen gemeinsamen Sehnsucht nach einer „lohnenswerten Existenz", die nur dann „lohnt", wenn wir selber uns als „Lohn" für etwas oder jemanden empfinden dürfen. Jenseits davon ist Vakuum.

Dazu noch eine Geschichte aus meiner Praxis, die auf seltsamen Wegen gelaufen ist. Ein Patient kam auf Anraten eines Krebsarztes zu mir. Der Körper des Fünfzigjährigen war voller Metastasen, ein riesiger Tumor wucherte in seinen Eingeweiden. Der Patient wirkte agitiert, unruhig, von krampfhafter Hektik erfaßt. Er fragte, ob man „seelisch etwas gegen den Krebs tun könne"? Ich merkte bald, daß er mit falschen Hoffnungen gekommen war, wie sie leider oft von „Wunderheilern" genährt werden, nämlich mit der irrwitzigen Idee, daß psychische Mittel heilen könnten, wo medizinische Mittel versagt hatten.

Meine Aufgabe bestand darin, ihm stattdessen zu zeigen, was er nicht *gegen*, sondern *mit* dem Krebs tun könne, was es für ihn zu tun galt in dieser letzten Lebensphase. Er hatte ein Forschungszentrum aufgebaut, und durfte stolz sein auf dieses unverlierbare Werk. Er hatte zwei erwachsene Kinder, denen er Vorbild sein durfte beim Abschiednehmen. Er war begeisterter Hochseesegler gewesen und hatte davon geträumt, seine Erfahrungen über bestimmte Manöver in bestimmten Wetterlagen für die nächste Seglergeneration festzuhalten ... Daran blieb unser Gespräch hängen: diese Niederschrift könnte noch gelingen! Hier wäre seine „hochgeschraubte Aktivität" im Sinnvollen zu kanalisieren und gleichzeitig eine schöne Abrundung seines sehr aktiv gewesenen Lebens denkbar.

Doch die Aufmerksamkeit des Patienten wandte sich ständig wieder der Krankheit zu, deren Rückgang er ungeduldig erzwingen wollte. Ich verstand ihn wohl, allein, er bedurfte einer (dereflektorischen) Entkrampfung und keiner Verstärkung seines aussichtlosen Kampfes durch „Verständnis". Weshalb ich ihm schließlich unumwunden empfahl, seinem Tumor wenigsten für ein paar Stunden am Tag jegliche Beachtung zu entziehen und damit die Macht zu nehmen, ihn an der Durchführung seiner (letzten) selbstgestellten Vorhaben zu hindern. Der Patient wollte Kampf, ich plädierte für Versöhnung, der Patient suchte krebsreduzierende Strategien, ich bot ihm sinnanreichende Perspektiven. So trennten wir uns.

Ungefähr zwei Jahre später telefonierte ich mit jenem Krebsarzt, der den Patienten seinerzeit zu mir geschickt hatte. Wir sprachen über andere Fälle, doch plötzlich erinnerte ich mich an meinen Patienten von damals und fragte nach ihm. „Ach", antwortete der Arzt, „der Patient ist mit Ihrer Beratung gar nicht zufrieden gewesen. Er sagte, Sie hätten ihm geraten, seinen Krebs zu vergessen, was er als unzumutbar empfunden hat." Es tat mir leid, das zu hören. „Wie ging es denn mit ihm weiter?" erkundigte ich mich etwas beschämt. „Er hat nicht mehr lange gelebt", antwortete der Arzt, „aber er hat sich in der letzten Zeit sehr verändert. Er schrieb wie ein Besessener an einem Sport-Lehrbuch, und, so unglaublich es ist, er hat es fast vollendet. Dabei wurde er innerlich immer ruhiger und gelöster. Ich würde sagen, daß er schon bevor er starb seinen Frieden gefunden hat."

Als ich den Hörer auflegte, war mir das Herz wieder leicht. Gewiß, der Patient hat unser Gespräch nicht als angenehm erlebt. Er hat sich auch nicht positiv darüber geäußert. Aber was macht das aus, wenn es nur ein winziges bißchen mitgeholfen hat, die Kraft zur Verwandlung in ihm wachzurütteln? Und, daran besteht kein Zweifel, *er hat diese Kraft genutzt.*

Der Fall Linek – appellativ oder sokratisch?
Nachdenken über den feinen Unterschied

In seinem Buch „Ärztliche Seelsorge“ bringt Viktor E. Frankl im Kapitel „Letzte Hilfe“ ein Beispiel zur Tröstung von Menschen, die „unter einem nicht mehr gestaltend, sondern nur noch duldend zu bewältigenden Schicksal zu leiden haben“. Er schreibt:

„Wenn ich im rechten, nämlich aufrechten Leiden noch eine letzte und doch die höchste Möglichkeit zur Sinnfindung sichtbar mache, dann leiste ich nicht erste, sondern letzte Hilfe. Ein Tonband, von dem ein Fragment wiedergegeben werden soll, veranschaulicht, wie ich da vorgehe. Das Tonband hält ein Gespräch zwischen einer Patientin und mir fest ... es versteht sich von selbst, daß dieses Gespräch von A bis Z improvisiert wurde. Die Patientin war 80 Jahre alt und litt an einem Krebs, der nicht mehr zu operieren war, – selbstverständlich ist der Name der alten Frau fingiert: er wurde durch den einer Romanfigur ersetzt, nämlich den Namen jener Teta Linek aus Werfels „Veruntreutem Himmel“, der die Patientin ungemein ähnlich war.“[55]

Danach folgt das angekündigte Fragment des Dialogs zwischen Viktor E. Frankl und seiner Patientin.

Es ist ein Dialog, der des Nachdenkens darüber wert ist. Denn er führt zu einem erstaunlichen Ergebnis, das im Buch in den wenigen Worten zusammengefaßt ist:

„Eine Woche später starb sie. Sie starb wie Hiob: satt an Jahren. Während ihrer letzten Lebenswoche aber war sie nicht mehr deprimiert. Im Gegenteil, sie war stolz und gläubig. Anscheinend hatte ich ihr zu zeigen vermocht, daß auch ihr Leben sinnvoll war, ja daß noch ihr Leiden einen tieferen Sinn hatte. Vorher war die alte Frau, wie gesagt, bedrückt von der Sorge, daß sie nur ein nutzloses Leben geführt habe. Ihre letzten Worte aber, wie sie in der Krankengeschichte eingetragen stehen, waren die folgenden: ‚Mein Leben ist ein Denkmal, hat der Professor gesagt. Zu den Studenten im Hörsaal. Mein Leben war also nicht umsonst ...‘“

[55] Viktor E. Frankl, Ärztliche Seelsorge, Deuticke, Wien, 10. Aufl. 1982, S. 231 ff.

Betrachten wir das Ergebnis im einzelnen:

1. Die Patientin war nicht mehr deprimiert.
2. Die Patientin war stolz und gläubig.
3. Die Patientin war sich der Sinnhaftigkeit ihres Lebens gewiß.

Ein beachtliches Ergebnis für ein einmaliges Gespräch mit einem sterbenskranken Menschen. Wie kam es dazu?

In einem unveröffentlichtem Manuskript behauptet Christoph Kolbe, dieses Gespräch mit Frau Linek sei *ein Beispiel für den appellativen Charakter der Vorgehensweise Frankls*[56]. Ja, er läßt sogar einfließen, daß Kritiker den Franklschen Gesprächsstil als *suggestiv* empfinden würden. Wobei sich seine Kritik gerade auf das so positive Ergebnis des Dialogs richtet: „Bedeutsam scheint mir, daß die Patientin sich in ihrer Bewertung auf den Herrn Professor bezieht: ‚Mein Leben ist ein Denkmal, hat der Professor gesagt ...‘ Sie bezieht sich in ihrer Stellungnahme auf eine andere Instanz. Die weiterführende psychotherapeutische Frage würde lauten: ‚Wie verstehe ich selbst mein Leben?‘ Die Beantwortung dieser Frage schafft einen eigenen Grund.“

Soweit Christoph Kolbe. Prüfen wir, ob sein Einwand stimmt, ob es tatsächlich appellative und suggestive Momente – also im weitesten Sinne fremdinduzierte Inhalte – waren, die die Deprimiertheit der Patientin zu lindern vermochten.

Womit eröffnet Viktor E. Frankl den Dialog mit Frau Linek?

Frankl: „Nun, liebe Frau Linek, was halten Sie von Ihrem langen Leben heute, wenn Sie darauf zurückblicken? War es ein schönes Leben?“
Patientin: „Ach, Herr Professor, ich muß wirklich sagen, es war ein gutes Leben. Das Leben war so schön ...“

Offenbar hat Viktor E. Frankl Christoph Kolbes Wunsch, daß die Patientin gefragt werde, wie *sie selbst* ihr Leben verstehe, bereits in der Dialogeröffnung erfüllt. Er steht gleichsam von vornherein auf „dem ihr eigenen Grund“. Und die Patientin hat sich (ohne jede Einmischung von außen) klar darüber geäußert, daß sie ihr Leben für gut

[56] Christoph Kolbe, Zur Entwicklung der Personalen Existenzanalyse, Hannover, Vortragsmanuskript 1993

und schön hält. Aber, und das ist der „springende Punkt“, sie war trotzdem deprimiert, was eindeutig aus dem Schlußtext hervorgeht, wonach sie in ihrer letzten Lebenswoche – eben nach dem logotherapeutischen Gespräch – *nicht mehr* deprimiert gewesen ist. Das heißt, obwohl sie selbst ihr Leben als gut und schön verstand, war sie deprimiert. Warum?

Hier setzt das therapeutische Gespür Frankls ein:

„Ich mußte ihre unbewußte, verdrängte, existentielle Verzweiflung ins Bewußtsein heben. Sie sollte mit ihr ringen, wie Jakob mit dem Engel gerungen hatte, bis der Engel ihn segnete. Ich mußte sie so weit bringen, daß sie schließlich und endlich ihr Leben segnen konnte, daß sie „ja“ sagen konnte zu ihrem Schicksal, das sich nicht ändern ließ. Ich mußte sie – das klingt paradox – also dazu bringen, daß sie am Sinn ihres Lebens zunächst einmal zweifelte. Und zwar auf bewußter Ebene und nicht, wie sie es sichtlich getan hatte, ihre Zweifel verdrängend.“

Frankl: „Sie sprechen von so schönen Erlebnissen, Frau Linek. Aber das wird doch nun alles aufhören?“
Patientin (nachdenklich): Ja, das wird nun alles aufhören.“

Niemand wird das schlichte Argument, daß auch das schönste Leben zu Ende geht, bzw. in diesem konkreten Fall das Leben der Patientin dabei ist, sich seinem Ende zuzuneigen, als Appell oder als Suggestion einstufen. Es ist lediglich ein Blick in die Realität hinein, in das So-Sein eines Sachverhaltes. Es ist ein gemeinsames Schauen auf eine Gegebenheit, die sich mit deutlicheren Konturen als bisher im Bewußtsein der alten Frau abzeichnen soll, um dezisiver und stimmiger als bisher bewertet und in persönlicher Stellungnahme beantwortet werden zu können.

Das heißt, Viktor E. Frankl verdeutlicht der Patientin die bis dahin unausgesprochene Quelle ihres Deprimiertseins, die damit zu tun hat, daß das von ihr als gut und schön empfundene Leben alsbald aufhören wird. Die Trauer über die Vergänglichkeit des Lebens und die Frage, welche Sinn ein derart vergängliches Leben gehabt haben könnte, stehen jetzt zur Bearbeitung an. So weit aber wäre ein striktes Fragen nach dem Selbstverständnis der Patientin gar nicht gekommen.

Sehen wir nach, wie sich der Dialog im folgenden entwickelt. Viktor E. Frankl verbleibt in „sokratischer Haltung“, im gemeinsamen Schauen auf das hin, was *ist*. Er fragt, ähnlich wie die großen pädagogischen Vorbilder der Antike bereits ihre Schüler gefragt haben, um sie eigenständig herausfinden zu lassen, was es zu erfassen gilt. Etwa die Mathematiker, die fragten: „Wenn man die Winkel eines beliebigen Dreiecks halbiert und Geraden durchzieht, treffen sich diese in mehreren Punkten?“, womit sie ihren Schülern zu der Erkenntnis verhalfen, daß sich die Winkelhalbierenden eines Dreiecks stets nur in einem Punkte schneiden. Ist das Appell, Suggestion? Ist es nicht vielmehr Zeigen und Aufzeigen von Wahrem und Schlüssigem, ein winziger Blick hinein ins unendliche Sein?

Genauso und nicht anders formuliert Viktor E. Frankl seine Fragen, um Frau Linek einer philosophischen Schlüssigkeit gewahr werden zu lassen. Um ihr einen Einblick über ihren „eigenen Grund“ hinaus in einen tragenden Grund zu ermöglichen, aus dem heraus sie ihr Leben trotz dessen Endlichkeit wird „segnen“ können.

Frankl: „Kann jemand die Güte auslöschen, der Sie im Leben begegnet sind?“
Patientin: „Nein, das kann niemand.“
Frankl: „Kann jemand auslöschen, was Sie erreicht und errungen haben?“
Patientin: „Sie haben recht, Herr Professor, das kann niemand aus der Welt schaffen.“

Im sokratischen Dialog geht Frau Linek zunehmend die unvergängliche Ernte ihres vergänglichen Lebens auf. Die einfache Frau begreift, daß nichts von dem Guten und Schönen ihres Lebens – weder das ihr Geschehene, noch das durch sie Geschehene – vom Tod ausradiert werden kann. Sie versteht, daß es nicht der Tod ist, dem die Allmacht gehört, das letzte Wort über den Sinn unseres Daseins, sondern umgekehrt, daß es der Sinn unseres gelebten Lebens ist, der über den Tod hinaus wirkt und in der Welt bleibt.

An diesem Erkenntnisstand angelangt ist Frau Linek empfänglich für ein Bild, das das von ihr selbst Erkannte auf leicht verständliche Weise symbolisiert: das Bild des Denkmals. Es sammelt sozusagen die philosophische Schlüssigkeit, der sie gewahr geworden ist, in einem unkomplizierten Wort auf. Ihr Leben gleicht einem Denkmal – ja, so ist es. Jetzt weiß sie es. Sie weiß es wie die Mathematikschüler, die vor ihren Dreiecken sitzen, die Schnittpunkte der Winkelhalbierenden vor Augen. Was der sokratische Dialog vermittelt, nennt die psychologische Fachsprache: „Aha-Erlebnisse“.

Wodurch unterscheidet sich nun ein „Aha-Erlebnis“ von einer appellativ einsuggerierten Indoktrination? Vielleicht kann man es so formulieren: Das „Aha-Erlebnis“ ist ein „Einsichts-Erlebnis“, und zwar gewährt es Einsicht in einen *transsubjektiven* Sachverhalt. Ein „Zipfel“ objektiver Wahrheit wird dabei gelüftet. Im Gegensatz dazu ist die Indoktrination ein „Einfluß-Erlebnis“, und zwar insofern, als eine *subjektive* Meinung unter einem fremden, äußeren Einfluß geformt bzw. verformt wird.

Im Dialog mit der Patientin geht es Viktor E. Frankl sichtlich nicht um eine Schönfärberei ihres Lebens. Er weiß wohl, daß dieses Leben auch seine Schattenseiten und Versagungen gehabt haben muß. Er hat zunächst überhaupt keine Meinung über ihr Leben, er fragt nur allgemein:

Frankl: „Kann jemand aus der Welt schaffen, was Sie tapfer und mutig durchgestanden haben?“

Hier spielt er der Patientin die Gelegenheit zu, das „Durchgestandene“, also die dunkle, schmerzvolle Seite ihres Denkmals zur Sprache zu bringen. Gleichzeitig akzentuiert er das „tapfer Durchgestandene“, das innerhalb ihrer Lebensernte schwerer wiegen mag als alle vollbrachten Arbeitsleistungen. Ob die Patientin diese anklingende Superiorität des „aufrechten Leidens“ kognitiv versteht, ist ungewiß, doch wird sie davon emotional berührt, zu Tränen gerührt, was beweist, daß „Einsicht“ kein bloß intellektueller Akt ist, sondern sehr oft eine „Einsicht des Herzens“.

Patientin: „Sicher, ich habe viel zu leiden gehabt. Aber ich habe auch versucht, die Schläge einzustecken, die das Leben mir versetzt hat. Verstehen Sie, Herr Professor, ich glaube, daß das Leiden eine Strafe ist. Ich glaube nämlich an Gott.“

Wiederum erzählt die Patientin ganz im Sinne von Christoph Kolbe, wie *sie selbst* ihr Leben versteht und wie *sie selbst* ihr Leiden interpretiert. Auf Grund von ersterem bildet sich Viktor E. Frankl nun eine Meinung, die er ihr später mitteilen wird: „Sie haben aus Ihrem Leiden das Beste gemacht ...“ Das ist keine therapeutische Finte, sondern der ehrlich gemeinte mitmenschliche Beifall zum Schläge-Einstecken, wie ihn die zuhörenden Studenten durch ihr spontanes Händeklatschen ebenfalls noch ausdrücken werden. Auf Grund von zweiterem jedoch interveniert Viktor E. Frankl erneut als Arzt. Denn die Leidensinterpretation der Patientin enthüllt ein strafendes Gottesbild, zu weit abseits vom (transsubjektiven) irdischen Widerschein des liebenden Schöpfers.

Frankl: „Aber sagen Sie, Frau Linek, kann das Leiden denn nicht auch eine Prüfung sein? Kann es denn nicht auch sein, daß Gott hat sehen wollen, wie die Frau Linek das Leiden trägt? Und zum Schluß hat er vielleicht zugeben müssen: jawohl, sie hat es tapfer getragen ...“

Auch an dieser Stelle gibt Viktor E. Frankl die sokratische Fragestellung nicht auf. „Kann es nicht auch sein – ?“, fragt er. Und es ist in Wirklichkeit Frau Linek, die etwas zugeben muß: Ja, das kann auch sein. Leiden kann etwas anderes sein als Strafe. Es kann eine Herausforderung sein, eine Bewährungsprobe etc., und dann ... ja, dann habe ich sie – nicht verdient, sondern – *bestanden!* Mehr noch: *Ein- für allemal bestanden!*

Frankl: „Das bleibt doch, nicht wahr?“
Patientin: „Bestimmt: das bleibt!“

Jetzt hat sie alles beisammen, was genügt, um einem Leben zuzustimmen (es zu „segnen“): das Gute und Schöne, das als Denkmal bleibt, und das Leidvolle, das als „bestandene Prüfung“ in die Ewigkeit eingeht. Kein Wunder, daß Frau Linek am Ende nicht mehr deprimiert, sondern stolz (auf das Gute und Schöne), gläubig (im Sinn eines liebenden Gottesbildes) und vom Sinn ihres Lebens (ihre Leiden miteinbegreifend) überzeugt war. Daß sie sich in ihren letzten Worten auf Viktor E. Frankl bezog, bedeutet nicht zwangsläufig, daß sie seine Meinung repetierte. Vieles spricht dafür, daß sie eher jenes Menschen dankend gedacht hat, der ihr zur beglückenden Einsicht in die Zustimmungswürdigkeit ihres Lebens *trotz dessen Begrenztheit* verholfen hat.

carpe vitam

Die Freude

Das Rätsel des kleinen Glücks

Biblische Gestalten, Philosophen von Rang und Namen, Dichter der Weltliteratur und auch der heimgesuchte „Mann von der Straße" mit seinem gesunden Volksgespür haben darüber sinniert, wozu das Leiden in der Welt ist. Wäre nicht genausogut eine Schöpfung ohne Kummer und Schmerz denkbar gewesen, ein Lebensprinzip ohne Leid? Alle bisherigen Erklärungsversuche dazu sind allerdings dürftig ausgefallen; die Theodizee dürfte ein ewiges Rätsel bleiben.

Doch nicht von diesem Rätsel soll hier die Rede sein. Auf seinem Hintergrund scheint in psychologisch-psychohygienischem Licht ein weiteres Rätsel auf, schlichter, lösbarer, uns Menschen angemessener, und dennoch – wie Rätsel nun einmal sind – nur mit einigem Aufwand zu „knacken". Ich möchte es das „Rätsel des kleinen Glücks" nennen.

Des kleinen deshalb, weil uns das große Glück nicht gegeben ist. Nicht von Dauer. Nicht ohne Verführung. Nicht unbeschadet. Unsere Spezies verträgt es nicht, es bekommt ihr nicht.

Ohne mich auf den schlüpfrigen Boden einer Glücksdefinition einlassen zu wollen, ist doch festzustellen, daß manche Menschen unheimliches Glück haben. Intelligenz und Talente und/oder Schönheit, Reichtum und Luxus fallen ihnen zu. Geliebtwerden und Beliebtheit krönen ihr irdisches Dasein. Manche von ihnen werden von den Medien umworben und von den Fans umjubelt. Andere bekommen eine sagenhafte Portion Macht in die Hand gedrückt mit dem Freibrief, fast alles nach ihrem Willen zu lenken. Wieder andere werden mit dem Lorbeerkranz gekürt und von der Selbstverwirklichungswelle emporgeschleudert.

Unheimlich ist dieses ihr Glück auf jeden Fall, weil es den Keim des Niedergangs bereits in sich trägt. Und weil der Niedergang kaum je von außen eingeleitet wird, sondern stets im Inneren des Menschen lauert, in einem Zipfel seiner „Seele", der langsam und unbemerkt verroht und verrottet im Glanz des großen Glücks. Arme reiche Menschen! Arme schöne, arme berühmte Menschen! Sie sind nicht zu beneiden, diese Tänzer und Tänzerinnen auf den Spitzen des Wellenkamms, im sonnendurchfunkelten Sprühregen der Gischt, Äonen unter sich das dräuend grünschwarze Wellental, dessen Schwerkraft sie nicht entrinnen werden. Der Sturz pflegt tief zu sein.

Dem gegenüber ist das kleine Glück von ruhiger, stabiler Natur. Es hat mit Frieden zu tun, mit Harmonie, mit Einssein zwischen demjenigen, der es findet, und dem Gefundenen. Es ist nichts, das die Welt bewegt, es bewegt nur ein Herz. Es glitzert auch nicht im Rampenlicht, im Gegenteil, es ist so hauchzart, daß es meistens übersehen wird. Derjenige jedoch, der es sieht, schaut hinein in das Mysterium des Numinosen.

Das Erstaunliche ist, daß es jedem offensteht, ohne Ansehen der Person. Der Hausfrau zum Beispiel, wenn sie die passenden Worte im „Kreuzworträtsel des kleinen Glücks" einzufügen vermag. Was da alles gefragt ist! *4 waagrecht*: Dein Kind kommt verschmutzt vom Spielen heim. *Antwort*: Wie froh bin ich, ein gesundes Kind zu haben. *8 senkrecht*: Es ist Zeit, das Abendessen zu kochen. *Antwort*: Welche Gnade, daß wir genug zu essen haben. *7 waagrecht*: Hausaufgaben müssen noch überprüft werden. *Antwort*: Neben der manuellen ist auch die geistige Beschäftigung eine Lust. *11 senkrecht*: Dein Mann ist abends müde und abgespannt. *Antwort*: Wie gut, daß ich nicht allein bin, daß mein Partner Arbeit hat, daß wir einander verstehen und aufeinander Rücksicht nehmen ...

Viele lange Zeilen gibt es im „Kreuzworträtsel des kleinen Glücks" auszufüllen, und immer noch bleiben leere Zwischenkästchen übrig, für die das richtige Wort fehlt. Aber es ist da, ist zweifellos existent, wie jedes Rätsel seine Auflösung hat, es fällt nur im Moment nicht ein. Später vielleicht, wenn sich die Konturen des Ganzen deutlicher abzeichnen ...

Jeder hat sein individuelles Rätsel vor sich, keiner kann vom anderen abschreiben. Für den Gemüsemann um die Ecke zum Beispiel steht bei *4 waagrecht*: Ein halber Lastwagen voll Kisten ist abzuladen. *Antwort*: Das ist ein prima Fitness-Training für meine Muskeln. Und bei *8 senkrecht* heißt es bei ihm: Jetzt kommt wieder die freundliche Kundin hereinspaziert. *Antwort*: Menschen wie ihr zu begegnen macht Freude. Natürlich ist es jedem unbenommen, Worte differenter Qualität auf die dafür bestimmten Zeilen zu schreiben, etwa Worte der Gleichgültigkeit, Abgestumpftheit und Alltagsroutine. Nur geht dann das „Rätsel des kleinen Glücks" nicht auf, und ein Leben muß mit Lücken und Leerstellen zu Ende gelebt werden.

Wem es hingegen gelingt, dieses Rätsel in hohem Grade aufzulösen, der hat – welch seltsames Spiel des Geschicks! – am Ende *doch* das große Glück gefunden. Das einzige von Beständigkeit: bedingungslose Lebensbejahung, die selbst noch ein versöhntes Sterben miteinbegreift.

Ich sagte anfangs, daß nicht von der Theodizee die Rede sein soll. Trotzdem möge mir ein Hinweis aus der reinen Empirie gestattet sein. Menschen verändern sich, wenn ihnen ein schweres Leid widerfährt, und vielfach leben sie „danach“ bewußter, wacher, bescheidener und wertfühliger als zuvor. Ein waches Bewußtsein, Bescheidenheit und Wertfühligkeit sind aber geradezu „Nachhilfe-Elixiere“ zur Auflösung des „Rätsels des kleinen Glücks“, weil sie für die Gunst der Stunde sensibilisieren im Wissen, daß nicht jede Stunde selbstverständlicherweise eine gute sein muß. Wer schwere Stunden erfahren hat, weiß die Bürde der leichten zu schätzen.

Könnte es demzufolge sein, daß uns ohne „Nachhilfe“ durch das Leid das kleine Glück verwehrt bliebe, und ohne kleines Glück das einzige wirklich große Glück ...?

Die Freude als Therapeutikum
Von der „Intensiviermacht des Geistes"

Die Logotherapie klammert das subjektive Erleben des Menschen nicht aus. Im Gegenteil, ihr Ansatz hilft mit, sich selbst als Person zu spüren, sich von Werten berühren zu lassen, sich als „vom Leben gemeint"[57] zu verstehen. Trotzdem wird in der Logotherapie vorsichtig mit dem Begriff des Gefühls umgegangen, denn es gibt zweierlei Kategorien von „Gefühl"[58]. Zum einen gibt es die *Wertfühligkeit* als geistigen Akt des Menschen, der „ganz bei sich" ist, indem er ein über sich Hinausgehendes intendiert. Zum anderen gibt es die psychisch-triebhafte Gefühlslage im Menschen, die irrational, täuschend und sein Ich blockierend sein kann, wie wir aus der Neurosenlehre wissen. Das heißt, nicht jedes Gefühl ist existentiell, steigt empor aus tiefstem Menschsein und Eigentlichsein; gewisse Gefühle sind auch schlichtweg Zeichen einer krankhaften Entwicklung bei diesem Menschen. Hier ist Differenzierungsarbeit zu leisten! Deswegen ist die Spaltung zwischen Kognition und Emotion nicht dadurch zu überwinden, daß die Würfel zugunsten der Emotion fallen – wie es manche psychologische Strömung heute fordert –, sondern nur dadurch, daß beides überhöht wird in der Geistigkeit des Menschen, in der sich eine neue Dimension öffnet: die Sinnperspektive.

Die Freude ist nun ein klassisches Beispiel für ein intentionales Gefühl der ersten Kategorie. Sie kann nie anderes sein, als Freude *über etwas* oder *an etwas*, sie ist kein Kind des Vakuums, sondern besitzt stets einen „Grund", ihren spezifischen „Grund zur Freude". Dieser pfropft sich auf auf einem über jeglichen aktuellen Anlaß hinausreichenden „Sinn-Grund", das Leben zu bejahen, zu lieben, wertzuschätzen, eben sich daran zu erfreuen. Ohne einen solchen „Sinn-Grund" wird der spezifische „Grund zur Freude" mühsamer aktiv und verglimmt schneller als sonst, fast wie ein „Strohfeuer". Weshalb gute Lebensbedingungen und ein freudloses Dasein leider kein notwendiger Widerspruch sind.

Dank ihres normalerweise in den „Sinn-Grund" des Lebens eingeni-

[57] Vgl. dazu: Uwe Böschemeyer, Das Leben meint mich, SKV Edition, Lahr 1993

[58] Viktor E. Frankl, Der unbewußte Gott, Deutscher Taschenbuch Verlag, München 1992, S. 28

steten und ihm aufgelagerten spezifischen „Grundes" verhilft die Freude zur vielleicht gegenwärtigsten Form des In-der-Welt-Seins. Der Mensch, der sich freut, ist ganz da, ganz präsent, in optimaler Übereinkunft mit sich und der Welt, er ist nicht entzweit, entfremdet oder in der Irre. Er ist gleichsam, wo er hingehört, ist für Momente seines Daseins kein Suchender mehr, sondern ein Findender, ein Sich-Wohlbe-findender auf dem Boden einer basalen Übereinstimmung mit dem Sein der Welt. Der Mensch, der sich freut, ist integriert, er steht nicht draußen vor der Tür seiner Existenz.

Demgegenüber ist der Mensch ohne Freude der Mensch ohne Zugehörigkeit. Er ist ein Fremder in allen Lebensbereichen, und auch mit sich selbst nicht im Reinen. Er lebt nicht, wie es ihm gefällt, und es gefällt ihm nicht, wie er lebt. Hinter dem Vermissen eines „spezifischen Grundes zur Freude" ist ihm meist ein Stück „Sinn-Grund" entglitten. Da er nichts sieht, über das und an dem er sich erbauen könnte, dominiert die Leere in seiner Welt. Der Mensch ohne Freude existiert wesentlich im *Fehlen von etwas*.

Hier soll jedoch nicht der Eindruck entstehen, es gäbe zwei Sorten von Menschen: diejenigen, die sich freuen, und diejenigen ohne Freude. Die Erfahrung lehrt, daß ein- und derselbe Mensch sich hin und wieder freut, und zu anderen Zeiten ohne Freude ist. Sie lehrt überdies, daß die freudvollen Stunden im Durchschnittsleben seltener vorkommen, während das freudlose Dasein große Areale des Alltags durchzieht. In der Konsequenz könnte spekuliert werden, daß jeder Mensch mehr „draußen" als „drinnen" ist, mehr Suchender als Findender, mehr sich selbst fremd als in die Welt integriert. Doch wäre diese Hypothese insofern voreilig, als die seltenen Stunden der Freude die herrliche Eigenschaft haben, über ihre Zeit hinaus zu wirken. Sie schimmern sozusagen durch ein Stück des freudlosen Daseins hindurch wie die bereits untergegangene oder noch nicht aufgegangene Sonne durch die Finsternis der Nacht hindurch ihren Schein gegen Himmel wirft. Stunden der Freude erfüllen nicht nur sich selbst, sie verkürzen zudem die Absenz von Freude in den vorhergehenden und nachfolgenden Lebensstunden, weswegen man genaugenommen parallel zum Begriff der „Vorfreude" den Begriff der „Nachfreude" einführen müßte. Der Mensch in der Vor- bzw. Nachfreude befindet sich schon bzw. noch in der basalen Übereinstimmung mit dem Sein der Welt, ist sich aber dessen nicht so bewußt, wie der sich Freuende. Er weiß nur, daß er *gerne* existiert, aber nicht, *worin* er existiert, worin seine Übereinkunft mit der Welt besteht.

Wir sehen, die Erfahrung lehrt zwar, daß Freude und Freudlosigkeit in unserem Leben wechseln, und daß die Freude rein quantitativ seltener auftritt als die Freudlosigkeit; diese Erfahrung berechtigt aber trotzdem nicht zur Resignation. Denn weil die Freude vor sich und hinter sich her in die Freudlosigkeit hineinscheint, verändert sie rein qualitativ unser gesamtes Leben. Sie ist ein Stabilitäts- und Integrationsfaktor, der es uns ermöglicht, immer wieder der Entfremdung zu entrinnen und da zu sein, wo wir hingehören: bei uns selbst und mit unserem Selbst in der Welt.

Was allerdings geschieht, wenn der Seltenheitsgrad der Freude hochschnellt, weil sich ein Mensch kaum jemals freut oder die Momente seiner Freude, von keinem „Sinn-Grund" genährt, zu schnell verglimmen? In diesem Fall nimmt das *Fehlen von etwas* überhand und das kurze Aufflackern einer Vor- und Nachfreude zwischendurch erinnert bloß schmerzlich an das Fehlende. Unter dem rosa Nachthimmel, der keine Sonne hervorbringt, erlischt der Bezug zum Tag. Damit erlischt der Bezug zu sich, zum Nächsten, zu den Ereignissen und Dingen. Der nachstehende Ausschnitt aus einer Patientenzuschrift beschreibt dies sehr deutlich:

„Ich versuche mich mit allen möglichen Sprüchen, erlesenen Erfahrungen und Ermutigungsworten am Leben zu erhalten, und trotzdem zieht mich etwas nach unten. Krampfhaft will ich mich davon loszureißen, denn ich weiß, ich habe kein Recht, unglücklich und deprimiert zu sein. Habe ich doch so vieles, worum mich andere Menschen beneiden würden! Auch verstehe ich vieles, fange tausend Sachen an, deren Vorbereitungen mich aktiv machen, und auf einmal ist alles wieder vorbei. Irgendwie komme ich stets zur Ausgangsposition zurück, zum Sinnlosigkeitsgefühl dem Leben gegenüber, und ich schäme mich in diesem Moment, es schwarz auf weiß niederzuschreiben. Mich interessiert kein Ziel wirklich, vielleicht bin ich krank ... Dann wieder versuche ich, mich mit einem fröhlich-unbeschwerten Zustand aufzuputschen, in dem ich mich befinde, aber das ist nichts als Selbstbetrug. Mich richtig zu freuen, gelingt mir so selten ..."

Freude und Bezüge haben also wechselseitig miteinander zu tun. Schrumpfen Bezüge, schrumpft die Freude im und am Leben. Erlischt die Freude, erlöschen Restbezüge. Alfred Adler, der bekanntlich versucht hat, sämtliche Arten von Neurosen und „Nervositäten“, worunter er Charakterzüge wie Ängstlichkeit, Verschrobenheit und Pessimismus verstand, auf ein unentwickeltes Gemeinschaftsgefühl zurückzuführen, meinte dazu: „In allen Fehlschlägen des menschlichen Seelenlebens ist stets die tiefste Wurzel der Mangel des Mitlebens, Mitspielens, Mitarbeitens, Mitliebens.“ Man könnte – durchaus auch mit Blick auf o.g. Patienten anfügen: ... und des sich Mitfreuens. Von irgendeiner Kombination des „Mit-“ ist im zitierten Brief bezeichnenderweise nichts zu finden.

Betrachten wir im folgenden die Freude weniger unter dem Blickwinkel eines „Gradmessers der seelischen Gesundheit“, sondern eher als *Therapeutikum.* Es liegt auf der Hand: Könnte sich jemand öfter und inniger freuen – und das könnte er eben nur „über etwas“ oder „an etwas“ – würde sich sein Bezug zu jenem Etwas verstärken, was gleichbedeutend wäre mit einer Erstarkung seiner „Bezugsfreudigkeit“. Das Mitleben, Mitspielen, Mitarbeiten und Mitlieben in der Diktion Adlers würde ihm wieder geläufiger, der ihm entglittene „Sinn-Grund“ würde ihm transparenter. Der Haken dabei ist bloß, daß man sich nicht auf Befehl freuen kann. Es ist jedoch denkbar, daß die von Viktor E. Frankl sobenannte „Trotzmacht des Geistes“ auch der Freudlosigkeit gegenüber zum Zuge kommen kann, und zwar im Gewand einer „Intensiviermacht des Geistes“, sprich, einer Haltung des Menschen, aus der heraus er gezielt die vielen kleinen Anlässe, die das Leben ihm zur Freude bietet, aufgreift und mit einer Aura der Besonderheit umgibt. Als ein Besonderes sprühen sie länger am Nachthimmel und im Zwielicht der Vor- und Nachfreude und lassen vielleicht mit der Zeit den Tag anbrechen – den Tag einer rückgewonnenen Übereinkunft mit der Welt.

Hier einige konkrete Hinweise, wie es gelingen kann, die Freude zu intensivieren.

I. Die Freude am eigenen Sein

1. Die Freude am Tun, Gestalten, Sich-bewegen

Viele Stunden täglich müssen wir eine Menge tun. Wir müssen aktiv sein und uns körperlich und geistig bewegen. Solches Tun und Sich-Bewegen kann als lästig empfunden werden, als mühseliges Sich-Aufraffen-Müssen, als ermüdender Streß etc. Man kann alles Tun mit Widerstand tun, und jede Bewegung mit einem Seufzer der Überwindung. Allein, unser Standpunkt zählt. Denn es kann auch als herrlich empfunden werden, etwas tun zu dürfen und sich bewegen zu können. Nicht gelähmt zu sein, etwa durch Krankheit ans Bett gefesselt oder durch Schmerzen im Aktionsradius behindert. Sich nicht mehr zu bewegen, nicht einmal geistig zu „wandern" und (wenigstens) ontologisch Räume und Weite zu durchschreiten, heißt ja fast schon, tot zu sein.

Was im Alltag zu tun ist, kann in überwiegender Vielfalt mit Schwung und Elan getan werden. Das Aufstehen, verbunden mit ein paar gymnastischen Übungen, bei denen man sich in Dankbarkeit für das „Wieder-geweckt-Sein" streckt und dehnt, kann zum Genuß werden. Das Frühstückkochen, bei dem sich angenehmer Kaffeeduft verbreitet, kann sich mit dem Glücksgefühl verbinden, genügend Lebensmittel zu besitzen, um nicht mit leerem Magen aus dem Haus gehen zu müssen. Der Gang zur Arbeitsstätte ist in der Verkehrshektik unserer Zeit meist weniger lustig, aber geschickte Menschen vermögen sogar ihm einen Funken Lustbarkeit abzugewinnen: einen kurzen Gang in der frischen Luft oder eine Fahrstrecke, die langes Laufen erspart. Immerhin ist ein Gang zur Arbeitsstätte, und würde er mitten durch Benzingestank führen, noch besser als ein Herumsitzen wegen Arbeitslosigkeit. Die Beispiele sind beliebig fortsetzbar; jede Tätigkeit, alles was anzupacken ist, kann mit innerer Bereitschaft und im Bewußtsein getan werden, daß es auch seine „besondere" Seite hat. Das Gekanntsein dieser Seite intensiviert unsere Freude an der jeweiligen Aktivität.

Untersuchen wir, warum eine solche Freude rechtmäßig als Therapeutikum zu bezeichnen ist. Sie ist in einem generellen Sinne „Freude am eigenen Können". Ich *kann* aufstehen, ich *kann* Frühstück kochen, ich *kann* meine Arbeit verrichten, usw. Ich bin ein Könnender, ich habe Fähigkeiten, die mir zu Verfügung stehen, auf die ich bauen kann, ich lenke geistig meinen Körper, und er gehorcht mir, ich nehme Einfluß auf meine Umwelt, und sie gestaltet sich nicht zuletzt nach meinem Einfluß. Wenn dies kein Anlaß zur Freude ist! Selbstachtung, Selbstbewußtsein, Selbstvertrauen schwingen im Sog der Freude am eigenen Tun mit. Wenngleich nicht als „Größenwahn", weil sie sich mit Elementen der Dankbarkeit für die Empfängnis des Gekonnten verträglich mischen.

Dem gegenüber gibt es eine typisch neurotische Lebenspraxis, deren Basis das „Nicht-Können-Wollen" ist. Wer etwas nie tut, der kann es auch nicht, und wer es nicht kann, braucht es nie zu tun – so die Maxime des ängstlichen und unsicheren Menschen mit seinen zögerlichen Attitüden, dessen Hauptanliegen es ist, sich vor Verantwortlichkeit und der entschiedenen Lösung von Problemen zu drücken. Er züchtet bei sich einen in Analogie zum Totstellreflex im Tierreich definierbaren „Dummstellreflex", der gewisse kurzfristige Vorteile hat, wie sie auch unter dem Seligmanschen Begriff der „erlernten Hilflosigkeit" in der Fachliteratur beschrieben worden sind.

Dieser Vorteil, daß dem Ängstlichen manches abgenommen wird, daß sich gleichsam andere Leute „seinen Kopf zerbrechen", ob gern oder ungern, ist jedoch nur erkaufbar über den Doppel-Nachteil, a) realistischerweise immer weniger zu können, und b) immer weniger Freude an dem wenigen Können zu haben. Hier setzt die Intensivierung der Freude als Therapeutikum ein: der Mensch, der gezielt darangeht, seinem Tun und Handeln etwas „Besonderes" zu verleihen, wird zunächst das Wenige aus dem Repertoire seiner Schaffenskraft mit mehr Zufriedenheit ausführen, und als nächsten Schritt gewillt sein, sein Repertoire aufzustocken.

Ähnliches haben sämtliche Körpertherapien zum Ziel, indem sie über ein intensiveres Fühlen der eigenen Körperlichkeit und Beweglichkeit den Kontakt eines Patienten mit sich selbst verbessern wollen. Logotherapeutisch würde ihr Anliegen dahingehend variiert werden, daß über eine Intensivierung der Freude an der eigenen geistigen und körperlichen Beweglichkeit der Kontakt des Patienten mit dem „Logos" wieder in Gang gebracht wird, mit dem Sinnvollen, das seinen Fähigkeiten entspricht, und zwar seinen echten, von keiner neurotischen Strebung beeinträchtigten Fähigkeiten.

2. Die Freude am Schauen, Lauschen, Denken

Einige Stunden täglich müssen wir nichts tun, zumindest nichts klar Umrissenes, von Sachzwängen Diktiertes. Es sind die Stunden oder mitunter bloß Viertelstunden, die uns allein gehören. Wir bestimmen, wofür wir sie verwenden. Keine Zeiten in unserem Leben sind uns derart „untergeben" wie diese kostbaren kleinen Freizeiten, und keine sind in Gefahr, derart dämlich verwendet zu werden wie sie. Oft werden sie für Streit und Zank „hergerissen", mit Genußmittelsucht und Fernsehkonsum „totgeschlagen" oder zwischen selbstauferlegten Arbeitsblöcken in Gleichgültigkeit „zerquetscht".

Dabei könnten sie das reine Auftankreservoir der Freude sein. Vorausgesetzt, daß nach vorangegangener Aktivität Ruhe einkehrt in die Seele; die Seele „baumeln" darf, wie es der Volksmund so anschaulich ausdrückt. Denn nur die „baumelnde Seele" träumt und verwebt das Grandiose und Zärtliche dieser Welt in ihren Traumgespinsten. Beim versunkenen Schauen zum Beispiel: auf einen blühenden Strauch auf der Wiese, auf ein Schneckengehäuse am moosigen Waldboden, auf eine stimmungsvolle Abbildung in einem Kunstband oder eine humorvolle Dekoration im Wohnzimmer ..., sie alle rücken uns näher in ihrem Erschautwerden und erzählen von unserem Dazugehören und Einssein mit der unbegreiflichen Fülle des Ganzen. Oder beim mitvibrierenden Lauschen, ob musikalischen Klängen oder Vogelgezwitscher oder jener fast heiligen Stille, die sich an verborgenen Plätzen von allen Hintergrundgeräuschen abhebt, als ginge ein göttlicher Hauch um die Erde.

Nicht zu vergessen die Möglichkeit des träumerischen Denkens, die Freude am Tanz der Gedanken! Sie können Rätsel knobeln und (z.B. lesend) an niegedachten Gedanken partizipieren, sie können Ideale hegen, verschlossene Türen entriegeln und mit Wirklichkeiten spielen, als wären sie Bauklötze kindlicher Verfügungsgewalt. Die Freude am Sehen, am Hören, am Vernehmen, am Phatasieren und Kombinieren ist die Freude eines Wesens, das nicht nur zur Veräußerlichung seiner selbst, sondern auch zur Verinnerlichung einer sich ihm partiell offenbarenden Schöpfung geboren ist.

Untersuchen wir wiederum, warum eine solche Freude rechtmäßig als Therapeutikum zu bezeichnen ist. Sie schafft Entwicklungsspielraum. Im Träumen entwickeln wir uns auf unsere Traumbilder zu. Im Rezipieren vom Schönem werden wir ein Stück schöner, im Mitklingen von Harmonie ein Stück harmonischer. Im gedanklichen Spiel mit Wirklichkeiten ist der Keim für Wirklichkeitsveränderung enthalten. Demgegenüber gibt es seelische Basisschwächen mit lebenslangen Konsequenzen. Disziplinlosigkeit ist ein gutes Beispiel dafür. Sie sorgt für Übergewicht genauso wie für Geldschulden oder für häufig abgebrochene Ausbildungen. Ihr und anderen Unzulänglichkeiten kann nur begegnet werden in der Einsicht und Einkehr stiller Stunden, in denen der Mensch sich seinen eigenen Schwächen stellt, sein Leben überdenkt, und von den in ihm ruhenden Entwicklungsmöglichkeiten träumt. In denen er sich befruchten läßt vom Proportionierten, Sinnigen und Bescheiden-Konsequenten, das sich ihm im feinen Hineinspüren in eine ihn umschließende natur- und kulturüberschreitende Ganzheit enthüllt.

Ähnliches haben fernöstlich-spirituelle Meditationskulte zum Ziel, indem sie über ein intensiveres Freiwerden von drängenden Begierden und Ablassen von programmatischen Planungen der inneren Entwicklung eines Menschen – auf ein höheres Seinsniveau zu – Raum geben möchten. Logotherapeutisch kann ihr Anliegen dahingehend interpretiert werden, daß über eine Intensivierung der Freude an den kleinen Gedankenspielen und Träumen frei verfügbarer Zeiten die Verbindung des Menschen zum Großen, ihm nicht Verfügbaren, aber ihn von Stufe zu Stufe Geleitenden in Gang gebracht wird, mit jenem „Logos", der sich dem Menschen nicht selten im Winzigen mitteilt, um ihm eine Teilhaberschaft am Riesigen zu verkünden.

II. Die Freude am mitmenschlichen Sein

1. Die Freude an gemeinsamen Unternehmungen

Sowohl unser aktives tägliches Tun, als auch unsere Muße- und Ruhestunden verbringen wir in hohem Maße gemeinschaftlich mit anderen Menschen. Dies kann wiederum ein ununterbrochener Reibungspunkt oder ein zusätzlicher Quell der Freude sein. Freude wird es demjenigen bereiten, der Kooperation und Teamwork schätzt und sich bei hinreichender sozialer Kompetenz seine Individualität zu bewahren weiß.

Er braucht keinerlei Rivalisieren und Konkurrieren. Er braucht sein Ansehen in der Gruppe nicht zu verteidigen, indem er andere in ein schlechtes Licht rückt. Er braucht auch nicht empfindlich zu reagieren, falls er selbst, gerechtfertigt oder nicht, in ein schlechtes Licht gerückt wird, etwa von einem Gruppenmitglied, das sich für minderwertig hält. Er ist innerlich frei, sich schlichtweg an den Gemeinsamkeiten zu erfreuen, am beabsichtigten gemeinsamen Tun genauso wie am absichtslosen friedlichen Beisammensein.

Diese Freude an der Gemeinschaft ist in der Tat etwas Besonderes und sollte als solches registriert werden. Man steht nicht allein da, Familie, Freunde, Bekannte und Kollegen stehen einem „zur Seite". Einer ist darunter, der einem sein Ohr leiht, wenn man sprechen will. Ein anderer ist darunter, der einen stützt, wenn man schwankt. Ein dritter ist darunter, der einem das Gefühl gibt, ihm nicht gleichgültig zu sein. Wie oft merken Menschen erst nach ihrer Trennung, was sie an einander hatten. Wie oft ist der Nachruf positiver als es das Zusammenleben war, und dies nicht nur aus Pietätsgründen. Die Freude, daß es den anderen gibt, daß er da ist und einem nahe ist, ist eine sehr elementare Freude, die eingedenk der Blumen, die an den Gräbern reichlich spät blühen, stets ein Quäntchen Intensivierung verdient.

Darüber hinaus gibt es die Freude an diversen Gemeinsamkeiten, die als Einzelaktionen geringeren Spaß machen würden oder überhaupt nicht durchführbar wären. Am gemeinsamen Spielen zum Beispiel, das sich im Zeitalter der Schachcomputer und Videospiele als unverzichtbar entpuppt hat. Ebenso am gemeinsamen Wirken und Werken mit seinem Ergänzungscharakter. Der eine wirft den Ball, um im Bilde zu sprechen, und der andere fängt ihn. Keiner kann werfen und fangen in einem. Und was würde aus dem Ballspiel, wenn beide nur werfen oder nur fangen wollten? Oder wenn einer den Ball nicht hergäbe, also das Zuwerfen verweigerte und dadurch seine eigenen Hände nicht mehr frei hätte, um Zugeworfenes zu empfangen? Das gemeinsam Durchgeführte in seinem minutiösen Zusammenspiel ist ein Kunstwerk mehrerer Künstler, das von einem allein nicht zu schaffen wäre, aber im Entstehen alle Beteiligten mit Freude beschenkt. Daß auch Haushalt, Berufstätigkeit und Kindererziehung ein solches Gemeinschaftskunstwerk darstellen können zur Freude seiner „Künstler", muß heute gelegentlich neu erinnert werden.

Nach dem Gesagten wird verständlich, warum die Freude an gemeinsamen Unternehmungen ein Therapeutikum spezieller Art ist. Sie reduziert den Ärger des einzelnen. Den Ärger des Spielers, der im Spiel verliert – die Freude am gemeinsamen Spiel entschädigt ihn. Den Ärger des Ehrgeizigen, der seine Ziele isoliert nicht erreichen kann – die Freude an gemeinsamen Zielsetzungen rückt überdehnte Ansprüche wieder zurecht. Den Ärger des Loslassen-Müssenden, der seine Hände für kommende Empfängnis frei bekommt. Wer nicht kooperativ ist, hat Mühe, sich in einer tristen Welt zu behaupten. Die Wertschätzung der Kooperation hingegen lockert die Notwendigkeit, sich zu behaupten, und entlockt der Welt einen fröhlicheren Schimmer. Wo die Kraft des Ichs endet, trägt ja das Wir weiter.

Die systemischen Ansätze der Gruppen- und Familientherapie haben ebenfalls ein gut funktionierendes Wir im Blick. Durch Aufdecken der wechselseitigen Rollen und unterdrückten Motive im Beziehungsgeflecht erhoffen sie sich eine Verbesserung des zwischenmenschlichen Zusammenspiels. Logotherapeutisch wird diese Hoffnung günstiger beurteilt, wenn die Freude am Beziehungsgeflecht selbst erhalten und intensiviert wird. Denn in welche Rolle wir auch zuweilen hineinschlüpfen, welche geheimen Tendenzen uns umtreiben mögen, in der Freude sind wir so spontan und ehrlich wie selten, hingegeben an dasjenige, was zwischen den Rollen und Masken passiert – wie Kinder an einen Ball im Flug.

2. Die Freude an der „silent communication“

Im Amerikanischen gibt es den Begriff der „silent communication“. Damit ist gemeint, was per Ausstrahlung von einem Menschen auf einen anderen „überläuft“. Wobei sich die Begriffssphäre der „silent communication“ keineswegs auf nonverbale Signale wie Körperhaltung, Mimik, Gestik und das sich darin Ausdrückende beschränkt. Sie inkludiert Geisteshaltungen und Existenzvollzüge der Person, die auf ihre Mitwelt ausstrahlen. Deshalb wird in amerikanischen Psychotherapie-Ausbildungen u.a. sehr auf das Menschenbild geachtet, das ein angehender Therapeut vertritt. Dieses wird später bei noch so korrekter „Übertragungsabstinenz“ (im psychoanalytischen Sinne) über nicht nachvollziehbare Kanäle auf seine Patienten „überlaufen“ und sie beeinflussen. Freilich kann jedem Einfluß widerstanden oder nachgegeben werden, dennoch konstituiert er eine Verführungssituation; und wenn Patienten schon „verführt" werden sollen, dann *zum Leben* und *zur Liebe zum Leben*. Dafür aber bedarf es eines positiven und würdigen Menschenbildes.

Innerhalb der menschlichen Gemeinschaft ist die „silent communication" von höherem Stellenwert, als man denkt. Es gibt Menschen, die Wohlbehagen um sich verbreiten. Bei ihnen ist gut sein. Es braucht nichts Besonderes mit ihnen unternommen, besprochen oder ausdiskutiert zu werden, das Besondere ist die Atmosphäre, die sie verbreiten. Eine Atmosphäre, in der jeder frei atmen und er selbst sein kann. Mehr noch, ein Klima, in dem die besten Seiten seines Selbst zum Vorschein kommen, ohne irgendwie „eingeklagt" worden zu sein. Mit solchen Menschen beisammen zu sein, ist einfach die reine Freude. Weil sie das Leben lieben, locken sie die Liebe zum Leben hervor. Es ist sehr unwahrscheinlich, keinen einzigen solchen Menschen zu kennen. Steht uns aber der Kontakt mit einem solchen offen, sollten wir uns bewußt von diesem „verführen" lassen, indem wir unsere Freude am gemeinsamen Kontakt intensivieren.

Es gibt Patientengeschichten, die nichts anderes sind als Geschichten von den falschen Freunden. Stets war da ein guter Kern im Menschen, auf Durchbruch durch eine „angekratzte Schale" angelegt, und stets hat dann die Verleitung über ihn gesiegt. Die Schlange aus dem Paradies, die auch außerhalb des Paradieses eine große Schauspielerin ist, hat ihre erfolgreichsten Auftritte in der Verkleidung des scheinbaren Freundes. „Sei nicht dumm", redet sie mit Engelszungen, „wozu schuften, wenn das Geld leichter zu bekommen ist?" oder „Probier' mal, dieser Trip ist umwerfend, das mußt du erlebt haben!" Aber sie ist zu entlarven, die Schlange, denn die „silent communication" verrät sie. Was von ihr ausstrahlt, ist in Wahrheit Gleichgültigkeit. Sie liebt nicht. Denjenigen nicht, den sie gerade in ihren Netzen fangen will, und sich nicht. Wer die Kälte spürt, die sich hinter ihren Engelszungen verbirgt, der handelt weise, wenn er auf Abstand geht.

Aus diesem Grund ist die Freude an der „silent communication" nicht nur ein Therapeutikum, sondern sogar ein Prophylaktikum. Gemeinsame Unternehmungen sind wunderbar solange sich über die „silent communication" seelisches Wohlbehagen einstellt. Umgekehrt bedarf das Wohlbehagen in der Nähe eines Menschen mit positiver

Ausstrahlung nicht einmal gemeinsamer Unternehmungen. Es kann erbaulich sein, einem solchen hin und wieder zu begegnen und ohne Worte zu spüren, was von ihm „herüberkommt“, zum eigenen Sein befreiend.

In gewisser Weise tragen Schweigeübungen, wie sie z.B. während klösterlichen Exerzitien praktiziert werden, zur Fühlbarmachung jener „silent communication“ bei. Aus logotherapeutischer Sicht kommt der Haupteffekt dabei weniger durch die selbstauferlegte Beschränkung im Reden zustande, als vielmehr durch eine Intensivierung der Freude an der Menge dessen, was unabhängig vom Reden zwischen uns Menschen schwingt, insbesondere zwischen Menschen mit dem Charisma der Liebe.

3. Die Freude an Konfliktlösung und Mediation

Daß mediatorische Handlungen wie Konfliktlösung, Streitschlichtung und Kompromißerarbeitung mit Freude in Verbindung zu bringen sind, wird kaum vermutet. Meist erscheinen sie als notwendiges Übel und werden eher mit Wut, Hilflosigkeit und dem Zwang zum Gesicht-Wahren assoziiert. Dabei bereitet es ausgesprochene „Lust“, mit allen nahestehenden Menschen in einem ausgeglichenen Verhältnis zu leben und mit niemandem verfeindet zu sein. Dieselbe „Lust“ kann es bereiten, auf diesen Status hinzuwirken und also an einer Friedensstiftung zu arbeiten.

Logotherapeutische Mediation beachtet insbesondere die Wertsysteme der im Konflikt befindlichen Parteien. Eine allgemeine Regel lautet: *Gemeinsame Werte verbinden.* Das gilt jedoch nur unter der Voraussetzung, daß beide Seiten tatsächlich wertorientiert denken und argumentieren. Ansonsten geraten sie sich im wetteifernden Dienst am gemeinsamen Wert in die Haare, wie z.B. die Ehefrau und ihre Schwiegermutter bei der Frage: „Wer versteht den Mann/Sohn besser, du oder ich?“ Statt daß sich beide absprechen, welche Art von Unterstützung ihm gut täte, und welche Art von Einmischung in seine Angelegenheiten ihm schaden würde.

Unterschiedliche Werte müssen im Kontrast dazu behutsam gehandhabt werden. Sie trennen, wenn beide Seiten bar jeglichen Einfühlungsvermögens sind. Bemüht sich jedoch eine Seite, sich in die Wertewelt der anderen hineinzutasten, merkt sie bald, daß auch jene andere nicht nur egoistische und destruktive Anliegen verfolgt, was bei einem Streit üblicherweise angenommen wird. Die Erkenntnis, welche Werte für den „Feind“ ausschlaggebende Bedeutung haben, rüttelt am Feindbild und stimmt milde. Ein „wertorientierter Feind“ kann kein „ganz böser“ sein.

Was die Freude an der gegenseitigen Besichtigung der Wertsysteme auf der Suche nach Lösungen problembeladener zwischenmenschlicher Beziehungen trübt, ist gewöhnlich ein einziger Aspekt: die Schuldzuweisung. Sowohl der Angriff, als auch das Sich-Angegriffen-Fühlen. In dem Augenblick, da sich die Gesprächsspirale um Anklage und Rechtfertigung zu drehen beginnt, ist die Chance, über eine Erhellung der beidseitigen Wertsysteme einen Konsens herbeizuführen, zunächst vertan.

Daß der Angriff unheilvolle Auswirkungen zeitigt, bedarf keiner Erläuterung. Daß das Sich-Angegriffen-Fühlen vergleichbar unheilvoll sein kann, ist weniger bekannt und soll deshalb anhand einer Mini-Kommunikationseinheit demonstriert werden. Eine Mutter hat Besuch von ihrem erwachsenen Sohn. Sie will ein Rollo vor dem Fenster herablassen und zieht an der Rolloschnur, welche reißt. Spontan ruft ihr Sohn aus: „Gott sei Dank, daß *ich* das nicht war!“

In dieser Antwort des Sohnes steckt eine Menge „Zündstoff“ für Disharmonie.

1. Er denkt und argumentiert nicht wertorientiert. Der „beschädigte“ Wert des Rollos – vernetzt mit dem Wert eines gemütlichen Heims – ist für ihn irrelevant. Was für ihn zählt, ist bloß, ob er daran schuld ist. Da er es nicht ist, ist die Welt für ihn in Ordnung.
2. Wenn das Rollo schon keinen gemeinsamen Wert für ihn und die Mutter darstellt, bedeutet es doch in der genannten Vernetzung vielleicht einen Wert für die Mutter. Aber der Sohn fühlt sich darin nicht ein, indem er etwa sein Bedauern äußert oder seine Hilfe bei der Wiederbefestigung anbietet. Da er am Reißen der Schnur nicht schuld ist, geht ihn die Reparatur nichts an.

Für das Verhalten des Sohnes drängt sich eine Erklärung auf, die mit seiner Kindheit zu tun hat. Der Verdacht ist nicht auszuschließen, daß er während seines Entwicklungs- und Werdeprozesses heftige Vorwürfe für kleine Vergehen hat einstecken müssen, und deshalb in dieser Richtung sensibilisiert ist. Allein, wer weiß, ob die Hypothese einer Überprüfung standhielte. Es gibt überempfindliche Menschen, die kaum mehr Kritik als andere erhalten haben, aber allergischer darauf reagieren als andere. Jedenfalls trägt eine solche „automatische Angriffsabwehr", die (auch ohne erfolgten Angriff) durch winzige Ereignisse in Alarmbereitschaft versetzt wird, nicht zur Entschärfung einer kritischen Gesamtsituation bei. So braucht auch die Mutter im genannten Beispiel gute Nerven, um den inadäquaten Ausruf ihres erwachsenen Sohnes gelassen und humorvoll hinzunehmen.

Ein hervorragendes Therapeutikum gegen Schuldzuweisungen und Zurückweisungen von – echten oder vermeintlichen – Schuldzuweisungen ist nun die Freude an der positiven Konfliktlösung. Sie darf nicht verwechselt werden mit einer lauen Beschwichtigungstendenz, wie sie konfliktscheuen Menschen eignet, die innerlich weiterhin auf der Vorwurfsebene vor sich hinbrüten. Nein, die Freude an der positiven Konfliktlösung legt die Schuldfrage zur Seite und stellt die Wertfrage in den Mittelpunkt. Welche Werte welcher Person sind bedroht, beschädigt, und wie können sie gemeinsam „repariert" werden, ohne daß einer der Beteiligten einschneidende Eingriffe in sein eigenes Wertsystem in Kauf nehmen müßte? Ein spannendes Unternehmen, auch in der Variante der Mediation, bei der ein Unbeteiligter seine Unterstützung gewährt.

In den letzten Jahren sind zusätzlich zu den Eheberatungen sogenannte Scheidungsberatungen modern geworden, bei denen neben Psychologen auch Juristen und Haushaltsexperten mit den Trennungswilligen zusammen Neuregelungen für „danach" suchen. Daß dieser Trend trotz seiner unbestreitbaren Vernünftigkeit kein gutes Zeichen im Sinne der Volksgesundheit ist, ist nicht zu verhehlen. Die Logotherapie, die sich als „familienfreundlich" versteht, befürwortet, daß derartige Mediationen vorrangig darauf hinauslaufen, daß die Trennungswilligen ihre Freude an der positiven Konfliktlösung intensivieren, indem sie gegenseitig ihre Wertsysteme erforschen. Was sie dabei entdecken, könnte sie Vorwürfe vergessen und Frieden schätzen lassen.

4. Die Freude an der Freude eines anderen

Eine Abhandlung über die Freude soll nicht enden ohne Hinweis auf die höchste und vollendetste Form der Freude, nämlich die Freude an der Freude eines anderen Menschen. Allerdings ist diese Freude nicht „billig“ zu haben. Sie verlangt ein Ablegen aller Regungen von Mißgunst und Neid, deren Nährboden die nach gerechtem Ausgleich heischende Frage ist, warum es einem anderen besser gehen soll als einem selber?

Nehmen wir z.B. an, eine Frau erleidet Schiffbruch in ihrer Partnerschaft. Sie erhält Besuch von einer früheren Schulkollegin, die ihr freudestrahlend erzählt, daß sie jungverheiratet ist und „im siebenten Himmel schwebt“. Wie schwer mag es jener Frau, die gerade ihre zerbrochene Partnerschaft beweint, ums Herz werden, wenn sie den Schwärmereien ihrer Schulkollegin zuhört. Natürlich weiß sie, daß eine glückliche Ehe dem „Himmel“ gleicht. Sie weiß es besser als je zuvor, weil sie selbst aus diesem Himmel gestürzt ist. Das heißt, sie weiß genau, daß ihre Schulkollegin allen Grund zur Freude hat, die Frage ist nur, ob sie ihr diese Freude auch *gönnt*? Und dabei ist das gnädige Gönnen einer Freude noch eine Etage niedriger angesiedelt als das sich aufrichtig Mitfreuen.

Zweifellos könnte sich die Frau in unserem Beispiel eher mit ihrer Schulkollegin mitfreuen, wenn ihre eigene Partnerschaft intakt wäre. Obwohl ihr in diesem Fall nicht so deutlich vor Augen stünde, welch profunden Grund zur Freude ihre Kollegin hat. Daraus läßt sich das Paradoxon ableiten, daß wir umso weniger geneigt sind, einem anderen Menschen eine Freude zu „gestatten“, je mehr wir in der eigenen bitteren Erfahrung den Grund dessen Freude vermissen und also um ihn wissen. Oder kürzer ausgedrückt: sich mitfreuen ist erheblich leichter für die sich Freuenden als für die Freudlosen.

Gibt es ein Entrinnen aus dieser Widersprüchlichkeit? Gewiß, sobald die Freudlosen beginnen, ihre Mitfreude an der Freude der sich Freuenden zu intensivieren! Würde sich die Frau aus unserem Beispiel überwinden und das Glück ihrer Schulkollegin begrüßen, würde ihre Mitfreude wie Balsam auf das Beweinen der eigenen zerbrochenen Partnerschaft träufeln. Sie würde plötzlich nicht mehr mitten in ihrem Elend stecken, sondern stünde „darauf“, stünde „darüber“, stünde in einer Distanz dazu, die es ihren Wunden erlaubte, zu vernarben. Wenn das kein Therapeutikum ist!

Die Freude, daß es einem oder mehreren anderen gut geht, besitzt geradezu „Weltverbesserungspotential". Man stelle sich bloß vor, Völker würden jubeln, wenn ihre Nachbarn in beständigem Frieden und Wohlstand leben. Wie würde doch der Planet Erde sein Antlitz verändern! Wie überflüssig würden Ängste und Mißtrauen, Rückversicherungen und Abgrenzungen mit einem Mal werden! Man braucht sich diese Utopie nicht in allen Einzelheiten auszumalen, um eine Ahnung von dem ungeheuren Potential der Mitfreude zu gewinnen. Es genügt vollauf, im eigenen Haus und Bekanntenkreis einen Versuch mit ihr zu starten, um zu erfahren, was diese höchste Form der Freude zu bewirken vermag: *es gibt kein Elend und keinen Zustand absoluter Freudlosigkeit, aus dem sie nicht sukzessive herauszulösen vermöchte.*

Freilich, wir sagten, sie ist nicht „billig" zu haben. Um die Freude an der Freude eines anderen zu intensivieren, müssen wir wahrlich unsere „Intensiviermacht des Geistes" anzapfen. Jene Macht, die uns als „Trotzmacht des Geistes" selbst einem „höllischen" Schicksal noch die Stirn zu bieten hilft, die uns aber nicht minder befähigt, dem „himmlischen" Schicksal unserer Mitmenschen ein wohlwollendes Lächeln zu schenken. Kommt es aus ehrlichem Herzen, ist der „Himmel" auch in uns.

Weshalb ich dem ratsuchenden Patienten, aus dessen Brief ich anfangs dieses Kapitels zitiert habe, folgendermaßen antwortete:

„Sie versuchen, sich aufzumuntern, Sie kämpfen gegen Ihr Unglücklichsein, Sie wissen, daß Sie beneidet werden können, Sie verstehen vieles, Sie schämen sich Ihrer Klagen, Sie interessieren sich für nichts, Sie betrügen sich selbst, Sie freuen sich selten, und so fort. Ihr Leben hat sich auf Sie selbst zurückgebogen („irgendwie komme ich stets zur Ausgangsposition zurück ...") wie ein Bumerang, der seine Beute verfehlt hat und zum Jäger zurückgekehrt ist.

Senden Sie diesen Bumerang noch einmal in entgegengesetzter Richtung aus. Versuchen Sie, jemanden aufzumuntern. Kämpfen Sie gegen sein Unglücklichsein. Teilen Sie mit ihm, was Sie haben, damit er Sie nicht zu beneiden braucht. Nützen Sie Ihre Kenntnisse zu seinem Wohl und schämen Sie sich nicht, seine Klagen anzuhören. Interessieren Sie sich für ihn und betrügen Sie ihn nicht. Und wenn es ihm allmählich besser geht, freuen Sie sich mit ihm. Dieser Bumerang wird treffen; und sobald er getroffen hat, wofür er gebaut war, kehrt er nie mehr zu Ihnen zurück. Dann richtet sich Ihr verbogenes Leben wieder gerade aus und verbindet Sie mit dem Grund einer echten Freude daran.

Lange erhielt ich keine Rückmeldung. Doch eines Tages rief er an, „um mir mit seinem Dank Freude zu bereiten", und ich erkannte – tatsächlich zu meiner Freude! –: der Himmel war in ihm.

et lux in tenebris lucet

Die Rückbindung

Der unbewußte Gott
Anregungen und Beispiele zu Frankls Meisterwerk

In der späten Mitte des 20. Jahrhunderts begann ein psychologischer Begriff in aller Munde zu sein: der Begriff der Selbstverwirklichung. Jetzt, da wir uns dem Ende dieses Jahrhunderts nähern, ist es um die Idee von der Selbstverwirklichung wieder ziemlich still geworden. Handfeste Sorgen wie Massenentlassungen, Überschuldungen und problematische politische Entwicklungen im unregierbaren Erbe des einstigen Ostblocks haben gleichsam die selbstverliebten Spielereien der Wohlstandszeit abgewürgt. Sobald es um die Sicherung des täglichen Brotes geht, wird der Höhenflug phantastischer Schwelgereien auf den harten Boden der Realität zurückgeholt.

Dem gegenüber steht ein psychologischer Begriff, der nie Mode geworden ist und deshalb auch nie aus der Mode kommen wird: der von Viktor E. Frankl geprägte Begriff der *Selbsttranszendenz menschlicher Existenz*. Er stellt das Gegenstück zu jedem Vorantreibenwollen der Selbstwerdung und des Sich-selbst-Entfaltens dar, und wird im Originaltext folgendermaßen definiert:

> „Darunter verstehe ich den grundlegenden anthropologischen Tatbestand, daß Menschsein immer über sich selbst hinaus auf etwas verweist, das nicht wieder es selbst ist, – auf etwas oder auf jemanden: auf einen Sinn, den da ein Mensch erfüllt, oder auf mitmenschliches Sein, dem er da begegnet. Und nur in dem Maße, in dem der Mensch solcherart sich selbst transzendiert, verwirklicht er auch sich selbst; im Dienst an einer Sache – oder in der Liebe zu einer anderen Person! Mit anderen Worten: ganz Mensch ist der Mensch eigentlich nur dort, wo er ganz aufgeht in einer Sache, ganz hingegeben ist an eine andere Person. Und ganz er selbst wird er, wo er sich selbst – übersieht und vergißt."[59]

Selbsttranszendenz meint demnach die Fähigkeit des Menschen, sich selbst loszulassen, seinen eigenen Horizont über sich hinauszudehnen, sich selbst zu übersteigen, ja, selbstvergessen hingegeben zu sein an etwas von sich selbst Verschiedenes, Weltteilhaftiges und als wertvoll Empfundenes.

[59] Viktor E. Frankl, Ärztliche Seelsorge, Fischer, Frankfurt/M., 4. Aufl. 1992, S. 201

Das Erstaunliche, ja fast Unglaubliche an diesem Phänomen aber ist, daß es in seiner praktischen Konsequenz ausgerechnet bewirkt, wovon es intentional Abstand nimmt, nämlich die bestmögliche Ausreifung des Selbst. Im Akte der Selbsttranszendenz geschieht unbemerkt und ungezielt Selbstverwirklichung von höchstem Grade, und das nicht als Endpunkt eines psychischen Strampelns um Eigenliebe und Ichbefreiung, sondern als unerwartetes Zusatzgeschenk an eine sich verströmende Existenz, die wie die Wasserläufe im Strömen erst ihre Identität bildet.

Nun gibt es zum Franklschen Konzept von der menschlichen Fähigkeit zur Selbsttranszendenz den Einwand, diese sei doch recht außenorientiert. Beispielsweise schreibt ein angesehener Kritiker dazu: „Hier entwickelt der Arzt Viktor E. Frankl ein ganz einseitiges Bild vom Menschen, das das gesunde Selbst-Interesse ignoriert. Die hier vorgeschlagene extreme Veräußerlichung des Lebenssinnes wirkt bei vielen wie ein Narkotikum; Arbeit und Geschäftigkeit werden zur Droge und Selbstflucht. Sie hat zu dem gegenwärtigen hypertroph gewordenen Erfolgsstreben um jeden Preis geführt, das die Suche nach dem wahren Selbst-Interesse betäubt."[60] Demnach würden vorrangig selbsttranszendent lebende Menschen sich überlastig in ihrer Arbeit oder in einem mitmenschlichen Dienst aufreiben und dabei ihr Inneres derart vernachlässigen, daß sie mit sich selbst nicht mehr in Kontakt stünden – sie würden sich selbst und ihre Interessen nicht mehr wahrnehmen.

Die Kritik beruht auf einem doppelten Mißverständnis, das ich gerne aufklären möchte. Zum einen ist einer menschlichen Sinn-Intention nichts ferner als Erfolgsstrebigkeit. „Erfolgsstreben um jeden Preis" ist sogar ausgesprochen *sinnwidrig*, weil es, wie das Wort bereits besagt, vom Sinn weggebogen ist auf den persönlichen Erfolg, auf die eigene Karriere hin. „Um jeden Preis" bedeutet noch dazu, eben auch um den Preis einer Sinnverfehlung. Da, wo es hingegen einem Menschen ehrlichen Herzens um den zu erfüllenden Sinn einer Sache, eines Werkes oder einer Liebe geht, steht weder der zu erwartende Gewinn für sich selbst (= Erfolg), noch ein erhofftes Entkommen von sich selbst (= Flucht, Betäubung) zur Debatte, sondern schlichtweg das Jasagen zu demjenigen, was als sinnvoll erachtet wird. Der Sinn ist Sinn des Handelns und des Sich-Engagierens genug, er ist ein „Mo-

[60] Oskar Lockowandt, Du kannst werden, der du bist, Herder, Freiburg 1988, S. 134

tivator ohne Hintergedanken". Oder umgekehrt formuliert: Da, wo sich ein Mensch unsinnigerweise aufreibt, wo er zuviel, selbstschädigend oder ohne wichtigen Grund agiert, ist der Pfad der Sinnorientierung längst verlassen worden.

Zum anderen meint Selbsttranszendenz keinesfalls nur ein sich selbst Übersteigen *in Richtung Außenwelt*. Es gibt auch ein sich selbst Transzendieren *nach innen*. Bloß ist dieses „nach innen" nicht gleichzusetzen mit einer Gerichtetheit auf die Innenwelt der Psyche in einem „analytischen Begaffen von Seelenzuständen und ihren Hintergründen", wie Martin Heidegger es einst leicht polemisch ausgedrückt hat.[61] Nein, auch ein sich selbst Transzendieren nach innen ist entsprechend der allgemeinen Definition von Selbsttranszendenz gerichtet auf etwas, *das nicht wieder es selber ist*. Worauf kann es aber gerichtet sein, wenn es nicht das eigene Gefühlsleben und Wohlbefinden sind, die Anlagen, Neigungen, Sehnsüchte und tief verborgenen Wünsche ans Leben, die es „im Interesse des Selbst-Interesses" zu erkunden gilt? Wohin gelangt der Mensch im Akt des sich Loslassens und des sich Vergessens, im Durchdringen und Überschreiten seines Selbst nach innen? Nun, er nähert sich dem Punkt, an dem sein Menschsein entspringt, und *zwar eben nicht aus sich selber entspringt*, sondern aus jener Urquelle, die alles Strömen und Sich-Verströmen erst ermöglicht. Er nähert sich dem Ur-sprung seiner Existenz, dem Ur-moment seiner Ent-bindung, woran er „rückgebunden" ist auf ewig, er nähert sich dem ihm „unbewußten Gott".

Und wieder kommt die Paradoxie zustande, daß gerade dort, wo die Suche nach eigenen Triebfedern und Seinszuständen zurücksteht vor der Suche nach dem Grund des Seins, gerade dort das eigene Wesen besonders deutlich hervortritt als „Staub vom Staube", aber auch „Geist vom Geiste", was heißen will, als schwächlicher, endlicher Mensch, der man ist, und gleichzeitig als die unbeschädigbare geistige Person in ihrer unverlierbaren Würde, die man genauso ist. Wer sich nach innen, auf seinen nicht-ich-haften Grund hin transzendiert, erlebt sich als ein von diesem Grunde her getragenes und in ihm geborgenes Ich.

Angesichts der Tatsache, daß die Selbsttranszendenz „nach außen" auf sinnvolle Werke oder nahestehende Mitmenschen verweist, also

[61] Martin Heidegger, Sein und Zeit, Tübingen 1972, S. 272 ff.

Teilaspekte der Schöpfung und über sie letztendlich den Schöpfer meint (man denke nur an das Wort: „Was du dem Geringsten meiner Brüder getan hast ...“), ist es ein Faszinosum zu erkennen, daß somit *jede Art von Selbsttranszendenz*, ob nach außen oder nach innen, in die Transzendenz hineinschwingt. Viktor E. Frankl war sich bei der Kreation seines Begriffes darüber durchaus im Klaren, brachte er doch beide „Gerichtetheiten“ auf einen Nenner in der kühnen Aussage: „... daß Gott von uns unbewußt immer schon intendiert ist, daß wir eine, wenn auch unbewußte, so doch intentionale Beziehung zu Gott immer schon haben.“[62]

Hier wird das Mißverständnis offenkundig: Während Selbstverwirklichung *den sich selbst noch unbewußten Menschen in seinen* vielfältig schillernden *Möglichkeiten* anpeilt – schreibt doch unser Kritiker an anderer Stelle: „Gesundes Leben ... ist ein Spiel mit Kräften, Entfaltung von Spannung, Bildung neuer Formen, Selbstgestaltung, Verwirklichung von in ihm selbst liegenden Möglichkeiten ...“ – peilt Selbsttranszendenz (nicht Erfolg oder Narkotikum, sondern) *den einem Menschen (noch) „unbewußten Gott“ in seiner Realität* an. Peilt sie an die *Auswahl der jeweils besten* unter den im Menschen liegenden Möglichkeiten, nicht aus der Willkür eines innermenschlichen Kräftespiels heraus, sondern in bezug zu dem Willen einer außermenschlichen Instanz.

Beschäftigen wir uns nun etwas ausführlicher mit der beschriebenen Fähigkeit zur Selbsttranszendenz „nach innen“ und fragen wir, über welche Zugänge ein Mensch zur geistig unbewußten Tiefe (oder Höhe?) in sich selbst vorstoßen kann. Viktor E. Frankl benennt drei solche Zugänge: den ethischen, den erotischen und den pathischen.

Unter dem *ethischen Zugang* versteht er das Erlauschen der Stimme des eigenen Gewissens. Wobei es sich um ein alle Erziehung oder Fehlerziehung übergreifendes intuitives Erfassen dessen handelt, was für die Gesamtheit sinnvoll wäre, würde man sich dazu entschließen.

Unter dem *erotischen Zugang* versteht er das Erschauen der Wertgehalte eines anderen Menschen. Wobei es sich um ein von allen Äußerlichkeiten unabhängiges imaginatives Erfassen dessen handelt, was aus einem Du in positiver Weise werden könnte, würde man es lieben.

[62] Viktor E. Frankl, Der unbewußte Gott, Deutscher Taschenbuch Verlag, München, 7. Aufl. 1988, S. 47

Unter dem *pathischen Zugang* versteht er das Erspüren einer künstlerischen Herausforderung. Wobei es sich um ein über alle Verstandes- und Gefühlsregeln hinausgehendes inspiratives Erfassen dessen handelt, was von ästhetischer Kostbarkeit wäre, würde man es schaffen.

Zitat:

„Wo das – geistige – Ich eintaucht in eine unbewußte Sphäre als in seinen Grund, dort können wir je nachdem von Gewissen, von Liebe oder von Kunst sprechen ...“[63]

Gewissen, Liebe und Kunst sind demnach Tore zum „unbewußten Gott“, und Intuition, Imagination und Inspiration die Wege, die uns diese Tore durchschreiten helfen. Dazu möchte ich nachfolgend einige Beispiele bringen und sie unter den Stichworten „existentielle Entscheidungen“, „existentielle Erschütterungen“ und „existentielle Eingebungen“ den drei o.g. Wegen zuordnen.

Zugänge zum „unbewußten Gott“

Ethischer Zugang	...	Gewissen	...	Intuition	...	existentielle Entscheidungen
Erotischer Zugang	...	Liebe	...	Imagination	...	existentielle Erschütterungen
Pathischer Zugang	...	Kunst	...	Inspiration	...	existentielle Eingebungen

[63] Viktor E. Frankl, Der unbewußte Gott, Deutscher Taschenbuch Verlag, München, 7. Aufl. 1988, S. 29

1. Existentielle Entscheidungen

Immer wenn ein Mensch schwerwiegende Entscheidungen zu fällen hat, ringt er im Für und Wider mit seinem Gewissen. Je stärker er sich der Auswirkungen bewußt ist, die seine jeweilige Entscheidung haben wird, und das nicht nur für ihn allein, desto intensiver gestaltet sich sein Ringen um die „richtige“ Entscheidung. Dabei hilft ihm die reine Logik relativ wenig, und auch die Moralgesetze seiner Kultur und Gesellschaft, in der er lebt, können ihn in eine Zwickmühle bringen. Auf die innerste Stimme des Gewissens ist jedoch weitgehend Verlaß, sogar dann, wenn die Botschaft ihres Spruchs im Moment nicht ganz verstanden werden sollte. Gerade die existentiellen Entscheidungen von großer Tragweite werden zumeist aus geistiger Tiefe heraus getroffen.

Beispiel:
Auf dem 9.Weltkongreß für Logotherapie, der im Juli 1993 in Toronto/Kanada tagte, sprach mich eine Teilnehmerin beim Mittagessen an. Ob ich wohl zwischendurch für ein Beratungsgespräch Zeit hätte? Nun sind Kongresse mit ihren fachlichen Disputen und freundschaftlichen Verpflichtungen kein optimaler Ort für Therapiesitzungen. Die Frau machte jedoch einen ziemlich deprimierten Eindruck, so daß ich ihrer Bitte nachkam und mich mit ihr in eine ruhige Ecke zurückzog.

Kaum saßen wir, platzte die „Bombe“. Eigentlich sollte sie gar nicht hier sein, eröffnete sie mir, denn sie sollte tot sein. Sie hätte fest vorgehabt, Selbstmord zu begehen. Irgendetwas habe sie davon abgehalten, vermutlich eine in ihr drinnensteckende Feigheit. Und irgendetwas habe sie zu dem in den Medien angekündigten Kongreß gelockt, vermutlich der Wunsch, ihrem Kummer für ein paar Stunden zu entfliehen. Nach wie vor sei sie überzeugt, der Selbstmord sei die einzig richtige Lösung unter den ihr gegebenen Umständen. Da sie mich jedoch auf dem Kongreß über Sinnsuche und Sinnfindung habe sprechen hören, wolle sie mit mir erörtern, warum sie glaube, daß es in ihrem Fall sinnvoll sei, aus dem Leben zu scheiden.

„Warten Sie“, unterbrach ich sie, „bevor Sie mir mehr erklären, möchte ich eine Korrektur anbringen. Sie vermuten Feigheit und Fluchttendenzen als Grund Ihres Hierseins. Mir scheint dies nicht stimmig zu sein. Feigheit und Fluchttendenzen hätten Sie eher zum Selbstmord getrieben. Schließlich gehört eine Portion Mut dazu, am Leben zu bleiben, wenn es schwer ist, und sich der Schwere zu stellen." „Was sonst aber könnte mich bewogen haben, das als richtig Empfundene nicht zu tun?" fragte die Frau zurück. „Sie sagten, *irgendetwas* habe Sie abgehalten und hierhergelockt", antwortete ich ihr. „Vielleicht ist dieses *irgendetwas* Ihr persönliches Gewissen, das um einen anderen Sinn weiß, als Ihr Verstand. Um einen Sinn Ihres Weiterlebens, den Sie im Zuge dieses Kongresses bewußt entdecken sollen, aber unbewußt längst schon ahnend vorweggenommen haben."

Die Teilnehmerin sann meiner Interpretation eine Weile nach. Dann erzählte sie mir ihre Geschichte. Es war eine in unserer Zeit fast alltägliche Geschichte, und dennoch eine herzergreifende. Ihre Ehe, aus der zwei Kinder entstammten, hatte nicht gehalten. Nach der Scheidung waren die Kinder ihr, der Mutter, zugeteilt worden. Der Vater, welcher Alimente zahlen mußte, übte sein Besuchsrecht aus. Und nun kam der Punkt auf dem „i" des (für viele Familien heute leider alltäglichen) Leides: der Vater würde die Kinder mißbrauchen, um seine geschiedene Frau zu demütigen und zu verletzen. Die Kinder selbst würde er schon mögen, aber solange sie, die Mutter, mit im Spiel wäre, die Frau, von der er im Haß Abschied genommen hatte, würden die Kinder von ihm quasi als Pfeile benutzt, um die Mutter seelisch zu quälen und zu durchbohren. Die Erzählung der unglücklichen Frau schloß die Schilderung mehrerer Begebenheiten ein, welche ihre These erhärteten. „Deshalb", so endete sie, „ist es das beste, wenn ich sterbe. Dann wird mein geschiedener Mann die Kinder nicht mehr gegen mich aufhetzen und sich fürsorglich um sie kümmern."

Was mir in dieser Darstellung einer vertrakten Situation angeboten wurde, war die Idee einer Mutter, sich für ihre Kinder aufzuopfern. Eine irrwitzige Idee allerdings, die ihr Ziel verfehlen würde, würde sie in die Tat umgesetzt werden. Und darüber galt es zu reden – über den gräßlichen Irrtum. Einen Irrtum, der sich im Denken und Fühlen der Frau zusammengebraut hatte, in den Fallstricken rationaler Argumente und in der Abwehr emotionaler Zerrissenheit. Nicht aber in geistig unbewußter Tiefe, die durchtönt wird von einer außermenschlichen Instanz.

„Ich glaube zu verstehen, was Ihr Gewissen gegen Ihren Plan einzuwenden hatte", begann ich meine Überlegungen zu artikulieren. „Ihr

Plan baut darauf auf, daß Ihr geschiedener Mann den Kindern ein guter Vater sein wird nach Ihrem Tod. Ich kenne diesen Mann nicht, ich weiß nichts über ihn, aber eines weiß ich gewiß: Wer bereit ist, Kinder zu „Waffen" zu degradieren, der liebt sie nicht. Nicht wirklich und echt. Denn wie könnte jemand einen Menschen aufrichtig lieben und ihn im selben Atemzug als ein Mittel zu selbstsüchtigen destruktiven Zwecken verwenden?"

Die Frau blickte mich erschrocken an, aber ich mußte ihr Erschrecken noch forcieren. „Wenn Sie und ich recht haben", fuhr ich fort, „wenn es wahr ist, daß Ihr geschiedener Mann die Kinder skrupellos benutzt, wie *Sie* es behaupten, und sie daher gar nicht wirklich liebt, wie *ich* es (unter diesem Vorzeichen) behaupte, wessen Liebe haben die Kinder dann noch, sobald Sie tot sind? Wäre es nicht so, daß sie dann niemandes Liebe mehr hätten?" Schweißperlen sammelten sich auf der Stirne der Frau, während sie mir zuhörte; trotzdem war ich mit meinen Überlegungen noch nicht zu Ende. „Mit der Liebe", sagte ich, „hat es eine geheimnisvolle Bewandtnis. Sie äußert sich auf mannigfache Weise. Daneben gibt es Weisen, wie sie sich niemals äußert. Mißbrauch gehört dazu. Im-Stich-Lassen auch. Sollten Ihre Kinder einen Vater haben, der sie mißbraucht, und eine Mutter, die sie im Stich läßt, würden sie mir sehr leid tun ..." „Nein, nein", schluchzte die Frau auf, „das will ich nicht. Das darf nicht sein!"

Als sie sich wieder beruhigt hatte, nickte sie mir zu. „Jetzt glaube ich auch, daß mich eine innere Stimme am Selbstmord gehindert und zum Kongreß geschickt hat", bekannte sie. „Was Sie sagen, klingt mir vertraut, als hätte ich es mir selbst gesagt. Dennoch konnte ich es vorher nicht so sehen." „Ja", erwiderte ich, „aber entschieden haben Sie sich schon vorher richtig, nämlich *für* das Leben. Für das Leben mit Ihren Kindern, in aller Schwere und in – Liebe. Übrigens gibt es kein besseres ‚Schutzschild' gegen etwaig anfliegende ‚Pfeile', als den gemeinsamen Zusammenhalt in Gelassenheit und Versöhnlichkeit; daran prallt mit der Zeit jede Gehässigkeit ab. Sie brauchen nur ein wenig Geduld."

Als die Teilnehmerin den 9.Weltkongreß für Logotherapie verließ, blieb ihre Selbstmordabsicht gleichsam im Müll der Kongreßabfälle zurück. In hellem Licht betrachtet muß man jedoch zugeben, daß sie gar nicht beim Kongreß angekommen wäre, wäre sie nicht zuvor im Ringen um eine existentielle Entscheidung ihrem „unbewußten Gott" begegnet.

2. Existentielle Erschütterungen

Die Person entwickelt sich zu ihrem authentischen Selbst in Schüben. Mit Blick auf diese Beobachtung ist in Fachgremien wiederholt darüber diskutiert worden, was wohl am meisten „Schubkraft" besitze, um der Persönlichkeit eines Menschen einen solch schubartigen Zuwachs an Reife, Wachheit und Sensibilität zu bescheren. Und stets taucht im Mittelpunkt jener Diskussionen „das Tragische" als die stärkste Kraft auf, als Auslöser existentieller Erschütterungen mit enormer Veränderungsgewalt.

Bereits Karl Jaspers hat über „Das Tragische" reflektiert und dabei festgestellt: „Mit dem tragischen Wissen beginnt die geschichtliche Bewegung, die nicht nur in äußeren Ereignissen, sondern in der Tiefe des Menschseins selbst geschieht"[64], und: „Im Tragischen geschieht das Transzendieren über Elend und Schrecken zum Grunde der Dinge hin."[65] Somit bringen existentielle Erschütterungen den Menschen nicht nur in seiner Reifung weiter, sondern oft auch (im *Zu-Grunde-Gehen*) der ihn speisenden Urquelle in sich selbst näher, was bedeutet, daß er nachhaltig ein anderer wird, als er gewesen ist, ein anderer im Sinne seiner ureigensten Bestimmung.

Beispiel:
Auf dem vorhin erwähnten Kongreß in Toronto/Kanada trug ein argentinisches Arztehepaar das logotherapeutische Konzept einer Selbsthilfegruppe für „verwaiste Eltern" vor.[66] Es war ein beeindruckendes Dokument, aus eigener Betroffenheit und wissenschaftlicher Forschung entstanden. Dieses Konzept ging von dem Faktum aus, daß niemand, der ein Kind verloren hat – einen normalen elterlichen Bezug vorausgesetzt –, jemals wieder derjenige sein wird, der er vor dem Tod seines Kindes gewesen ist. Wer oder was aber wird er nachher sein? Ein zerbrochenes Wrack? Ein resignierter, vorzeitig gealterter Mann, bzw. eine in dumpfer Wehmut erstarrte Frau? Oder – ? Das Arztehepaar repräsentierte eine Alternative, zu der hin es Hunder-

[64] Karl Jaspers, Über das Tragische, Piper, München 1952, S. 11

[65] Ebd., S. 47

[66] Gustavo Berti, Alicia Schneider Berti, When an offspring dies. Logotherapy and self support groups, unpublished paper, presented at the 9th World Congress of Logotherapy, Toronto 1993

te von verzweifelten Eltern begleitet hatte, Personen, die mit sich und der Welt ins Reine gekommen waren.

Fragen wir, wie es möglich ist, ein Leid dieser Kategorie in einen Wachstumsschub zu verwandeln? Nun, das Konzept für „verwaiste Eltern" zeichnet offenbar einen Weg nach, der in Jaspers Worten zum „Grund der Dinge" führt.

Den Eltern wird zunächst eine kathartische Phase eingeräumt, die Phase der Klage, Anklage und des Sich-Ausklagens. Es ist praktisch die Phase, in der Verstand und Gefühl ohnmächtig scheitern dürfen. Der Verstand kann das Ungeheure nicht fassen, und das Gefühl kann die Wucht des Schicksalsschlages nicht abfedern; ungezügelte Aggression, Depression und Regression herrschen vor.

Das Scheitern in der kognitiv-emotionalen Bewältigung leitet zum Ende der kathartischen Phase geistige Suchbewegungen ein, denen das Konzept in den darauffolgenden Etappen gerecht wird. Es hilft Eltern zunächst, ihre Trauer mit der Werthaftigkeit ihres Verlustes in Verbindung zu bringen. Keiner trauert um Wertloses. Mehr noch: je größer ein verlorener Wert, desto größer die Trauer um ihn. Wenn folglich Menschen *immens* trauern, muß ein *immenser Wert* in ihrem Leben gewesen und es „erleuchtet" haben. (Das Arztehepaar nennt diese Phase wortwörtlich die Phase des „enlightment".) Eltern lernen zu unterscheiden zwischen dem Wert, der ihr Leben „erleuchtet" hat, und über den sie sich aus tiefster Seele freuen können – wäre doch ein Leben ohne ihn unvergleichlich ärmer gewesen –, und der Begrenztheit des Wertkontaktes in der Zeit, welcher Erstkontakt und Letztkontakt miteinschließt, Annehmendürfen und Hergebenmüssen.

Da es sich im Falle „verwaister Eltern" und in jedem anderen Liebesbezug um konkrete Menschen als Wertträger handelt, um die Schau des Wertbildes eben jener Menschen, die herzugeben niemand bereit war, ist es wichtig, dieses Hergeben sozusagen freiwillig nachzuvollziehen. Für die „verwaisten Eltern" bedeutet es, ihren toten Kindern nachträglich die Erlaubnis zum Sterben zu erteilen. Dies mutet makaber an, führt aber aus dem verzweifelten Klammern, Haben- und Haltenwollen in der Zeit heraus und läßt die Eltern unmittelbar erfahren, wie sehr das von ihnen erschaute Wertbild ihres Kindes in der Zeitlosigkeit bestehen bleibt, und mit ihm das Leuchten in ihrem Leben.

Jetzt können die Eltern darangehen, das Leben ihres Kindes mit Anfang und Ende als ein Ganzes in ihr eigenes Leben zu integrieren. Zu integrieren als ein Dazugehöriges, Bejahenswürdiges und Bereicherndes, das sich in ihrer Liebe, Freude und Trauer verewigt hat. Sie können es imaginieren als ein vollendetes Gemälde, bei dessen Entstehung sie, die Eltern, mitgewirkt haben; das sie einst gesehen haben als blanke weiße Leinwand, vom ersten Pinselstrich an, bis zum letzten, der dem Gemälde seine endgültige Gestalt verliehen hat. Da schmückt es nun eine Wand in ihrem Lebensgebäude, aus dem es nicht mehr wegzudenken ist, eine Wand, die nie mehr leer sein wird; und der Tisch, auf dem gemeinsam gemalt worden ist, ist wieder frei – für neue Aufgaben.

Wer eine solche Symbolik zu imaginieren vermag, der versteht, warum Karl Jaspers sein Werk „Über das Tragische" mit dem Satz ausklingen ließ: „Das Tragische ist nicht in der Transzendenz, nicht im Grunde des Seins, sondern in der Erscheinung der Zeit."[67] Oder anders formuliert: Wen eine existentielle Erschütterung tief genug auf den innersten Grund des Seins hinabwirft, der mag sich dort in den Armen seines „unbewußten Gottes" aufgefangen wiederfinden und daraufhin als ein anderer, in seiner Persönlichkeit Gereifter aus der Tiefe emporsteigen.

In diesem Kontext sei auf einen interessanten psychologischen Sachverhalt verwiesen, nämlich auf das Problem der *verdrängten Gelungenheit*. Bekanntlich wird Gelungenes in unserem Leben leicht in der Schublade mit der Aufschrift „Selbstverständliches" abgelegt. Daß es dort nicht hineingehört, wissen diejenigen, die durch eine existentielle Erschütterung gegangen sind, besser als andere. Sie sind „eingeweiht" in die merkwürdige Spannung, die darin besteht, daß es einerseits in jedem Menschenleben Myriaden an partieller Gelungenheit gibt, das heißt, viele kleine Splitter einer großen Gnade, die in dieses Leben eingefallen sind, aber Splitter andererseits, die sich in keinem Leben zu den Konturen einer vollkommenen Existenz zusammenfügen. Die Spannung zwischen dem partiell Gelungenen und der Sehnsucht des Menschen nach mehr und nach totaler Gelungenheit dauert unaufhebbar an. Diese Spannung zu akzeptieren und dennoch die Dankbarkeit für jene kleinen Gnadensplitter nicht zu verlieren, ist die erhabene

[67] Karl Jaspers, Über das Tragische, Piper, München 1952, S. 63

Kunst, die am ehesten erlernt wird in der Tiefe des Leides, in der Nähe des Seinsgrundes.

3. Existentielle Eingebungen

„Des Lebens Ruf an uns wird niemals enden", schrieb Hermann Hesse, und drückte damit eine weltanschauliche Überzeugung aus, die für die seelische Erstarkung und Erbauung des Menschen von höchster Relevanz ist. „Du bist bei deinem Namen gerufen ..." Vielleicht beruht der Unterschied zwischen Theisten und Atheisten einzig darin, daß sich erstere persönlich angesprochen und gerufen fühlen, aufgerufen zu dem, wozu sie gemeint und gedacht sind, und was *für sie* gemeint und gedacht ist, während zweitere selber rufen – hineinrufen in die unendliche Weite, und aus der Vergeblichkeit ihres Wartens auf Widerhall heraus dem Glauben eine Absage erteilen.

Wie dem auch sei, daß es das Phänomen existentieller Eingebungen, also besonderer Einfälle oder Ideen von weitstreuender Wirkung gibt, leugnen auch Atheisten nicht. Solche Einfälle sind nicht einfach identisch mit vorhandenen Wahlmöglichkeiten in einem Entscheidungsprozeß, die als sinnvoll eingeschätzt werden, sondern werden als absolut neue Inspirationen erlebt, die vorher nicht zur Disposition gestanden sind, weil sie geistig nicht präsent gewesen sind. Darüber hinaus sind sie häufig „genial". Es haftet ihnen etwas Ungewöhnliches, Überraschendes an, und der Betreffende weiß gar nicht recht, wie er zu ihnen gekommen ist. Er ist von sich selbst – von dem urplötzlich empfangenen „Ruf an sich selbst" – überrascht.

Künstler und Wissenschaftler haben von jeher davon profitiert. Ihre Werke basieren zu einem hohen Prozentsatz auf unermüdlicher Handarbeit oder mühsamer Kopfarbeit, was beides sie niemals berühmt gemacht hätte, wären nicht zwischendurch jene kleinen erstaunlichen Ideen wie Sternschnuppen vom Himmel des Gewöhnlichen niedergegangen.

Dennoch sind existentielle Eingebungen keineswegs ein Vorrecht der Künstler und Wissenschaftler. Sie eignen dem männlichen wie weiblichen Prinzip gleichermaßen und sind auch bei fast allen grandiosen Lösungen festgezurrter Knoten im Netz zwischenmenschlicher Beziehungen zugegen.

Beispiel:
Von einer Krankenhausseelsorgerin erfuhr ich die folgende Episode: Sie besuchte Kranke auf ihrer Station, hörte da und dort teilnahmsvoll zu, und wechselte da und dort ein freundliches Wort. Dabei umging sie stets das Bett eines älteren Patienten, weil sie aus Erfahrung wußte, daß er sich abzuwenden pflegte, sobald sie sich ihm annäherte. Er war an ihrem Besuch nicht interessiert.

An dem bestimmten Tag, von dem sie mir berichtete, tat sie dasselbe. Sie umging sein Bett, begrüßte die anderen Patienten, und verließ das Krankenzimmer. Als sie draußen am Gang die Türe hinter sich schloß, eine Hand noch auf der Türklinke, kamen ihr auf einmal die Hände jenes älteren Patienten in Erinnerung, welche mit Warzen übersät waren. Eine innere Eingebung flüsterte ihr zu, ins Zimmer zurückzukehren und dem Patienten stumm die Hände zu drücken. Von der eigenen Courage überrascht zögerte sie erst, doch dann gab sie sich einen Ruck und folgte ihrer Eingebung.

Die Wirkung war verblüffend. Der Patient drehte sich ihr zu und vertraute ihr mit zittrigen Lippen an, daß ihm seit Jahren niemand mehr die Hände gereicht habe, weshalb er sich wie ein Ausgestoßener, wie ein „Bündel Dreck" gefühlt habe. Er sprach sich all seinen Kummer von der Seele, und als er geendet hatte, erstrahlte ein so glückliches Lächeln auf seinen ausgemergelten Zügen, daß er ihr vorkam wie ein Junge unter dem Weihnachtsbaum. Auch späterhin hätten sie noch gute Gespräche miteinander geführt.

Diese Episode ist sicher nicht weltbewegend und macht die Krankenhausseelsorgerin auch nicht berühmt. Trotzdem kann man ihre Eingebung als „genial" bezeichnen und ihr geradezu einen künstlerischen Stellenwert zuordnen. Denn nichts an der vorliegenden Situation hatte auf die Bedeutung einer Handreichung hingewiesen. Auch ist das gängige Werkzeug der Seelsorge das Wort, und der Patient hatte wiederholt zu verstehen gegeben, daß er am Wort nicht interessiert war. Es gab demnach keine „Auslöser", keine Minizeichen in die richtige Richtung. Es gab nur den „Gedankenblitz" an der sich schließenden Türe, die hohe Kunst der spontanen Improvisation, die eine jahrelange Schmerzverbissenheit aufzuschließen vermocht hatte.

Allgemein läßt sich sagen, daß für existentielle Eingebungen gilt, was gleichermaßen für die Regungen des Gewissens und der wahren Liebe gilt, nämlich daß sie nicht auf reine Denk- oder Gefühlsakte zurückzuführen sind. Denken und Fühlen sind keine Reservate des Menschen, es sind hirngesteuerte psychische Kräfte und Funktionen, wie sie im Tier- *und* Menschenreich vorkommen. Existentielle Eingebungen jedoch, innere Wertbilder und sittliches Empfinden zählen zur geistigen Sphäre des Menschen allein, denn sie setzen spezifisch humane Organe zur „Antizipation des Logos“ voraus, wie Viktor E. Frankl es formuliert, Antennen, die einer geistigen Vorwegnahme dessen fähig sind, wozu ein Mensch *als Mitschöpfer im Interesse der Schöpfung (sein gesundes Eigen-Interesse einschließend aber nicht ausschließlich!)* gerufen ist.

Zwei letzte Beispiele sollen verdeutlichen, aus welch unvorstellbar steilen Abgründen heraus, und erst recht aus ihnen, der Logos antizipiert werden kann, so als würden unsere geistigen Antennen – im Unterschied zu den physikalischen – in der Tiefe noch besser empfangen als in der Höhe. Was daran liegen mag, daß die geistig unbewußte Tiefe des Menschen seine eigentliche Höhe ist, zu der sich sein Sein im Hinauslangen über sich selbst aufgipfelt ...

Beispiel:
Das erste Beispiel betrifft einen bosnischen Kollegen von mir, einen Psychologen, der im Zuge des Jugoslawien-Krieges nach Slowenien geflüchtet ist. Er wurde mir bei einem Expertentreffen nach einem Seminar in Ljubljana vorgestellt. Da er sich am Gespräch nicht beteiligte und nahezu versteinert wirkte, versuchte ich, ihn zum Sprechen zu bringen. „Sie müssen Furchtbares durchgemacht haben vor Ihrer Flucht“, tastete ich mich vorsichtig an ihn heran. „Ja“, antwortete er, „ich habe 15 Jahre lang auf ein Haus gespart, das wir knapp vor Ausbruch des Krieges gebaut haben, und das jetzt in Trümmern liegt. Ein solches Haus werde ich mir in meinem ganzen Leben nicht mehr anschaffen können. Aber das ist nicht das Schlimmste.“

Sein Nachsatz hielt mich davon ab, auf die Hausproblematik einzugehen. Ich spürte, daß es um weit mehr ging, und wartete, ob er sich mir öffnen wollte. Monoton und mit unverändert versteinerter Miene fuhr der Kollege fort: „Dann ist meine Frau gestorben. Eine Operation hätte sie gerettet, aber in unserem Krankenhaus konnte nicht mehr operiert werden, weil es keine Narkosemittel mehr gab und die meiste

Zeit der Strom ausgefallen war." Scheinbar gleichmütig setzte er hinzu: „Auch das war nicht das Schlimmste."

Hilflos schwieg ich in der Erwartung, was noch kommen mochte. „Später hat eine verirrte Kugel aus dem Hinterhalt meinen Sohn in den Kopf getroffen. Es passierte, als wir an einem ruhigen Vormittag die Straße vor unserem ehemaligen Haus entlang gingen. Ich sprach gerade mit ihm über den Waffenstillstand, den die Politiker ausgehandelt hatten, und über unsere Hoffnung darauf. Ein Knall, und mein Sohn lag tot neben mir." Mit schrecklich unbewegter Stimme fügte der Kollege hinzu: „Trotzdem war auch das nicht das Schlimmste." Mir stockte der Atem. Gab es Schlimmeres? Da fuhr er fort: „Und dann habe ich auf Frauen und Kinder geschossen. *Auch ich.* Das war das Schlimmste ..."

Obwohl ich durch meine langjährige psychotherapeutische Praxis etwas „abgehärtet" bin, trieb mir dieses Bekenntnis die Tränen in die Augen. Ich brachte kein Wort heraus. Dennoch bahnte sich in der darauffolgenden Stille eine Einsicht ihren Weg durch mein ausuferndes Mitgefühl, eine Einsicht, die sich auf meine Lippen drängte. „Daß Sie Ihr eigenes Mittun im Krieg als das Schlimmste erachten", hörte ich mich sagen, „das adelt Sie."

Wie auf ein Stichwort hin vertauschten sich unsere „Rollen". Während ich meine Fassung wiedererlangte, wurden die Augen meines Kollegen feucht, und als er sich zu weinen erlaubte, fiel endlich die Versteinerung von ihm ab, worüber ich sehr froh war. Der Ruf hatte ihn spät erreicht, für manch einen anderen zu spät, aber mittlerweile, davon bin ich überzeugt, vernahm er ihn mit höchster Präzision. Jetzt hatte er sich dem Erbarmen seines „unbewußten Gottes" übergeben.

Beispiel:
Das zweite Beispiel stammt aus einem Brief, den ich in einer medizinischen Zeitschrift abgedruckt fand.[68] Darin schreibt ein an unheilbarem Knochenkrebs erkrankter Mann seinem alten Schulfreund und Arzt über die innere Entwicklung, die durch seine Krankheit angestoßen worden ist. Einige Passagen sollen exemplarisch herausgegriffen sein:

[68] Karl-Eberhard Zwicker, Warum gerade ich? In: Natur und Medizin, Bonn, Heft 5/1993, S. 8

1. Die Ausgangslage

„... mich packten Verzweiflung, Angst, Zorn und Machtlosigkeit. Dazu gesellte sich während der ersten Zeit auch Selbstmitleid: warum ich, wozu mir gerade diese grausame Prüfung? Eine nie gekannte innere Panik kam zu den sich wie Feuer im ganzen Körper ausbreitenden Schmerzen.

Mein Leben hat sich mit der „Diagnose Krebs“ total verändert. War ich vorher beruflich nimmermüde tätig gewesen ... so weiß ich nun, was es heißt, mit seinen Kräften hauszuhalten ...“

2. Die erste Sinnerkenntnis

„Ich kam zu der Erkenntnis, daß das oftmals angesprochene ‚Warum gerade ich‘ sich mir in diesem Sinne auf einmal gar nicht mehr stellte. Eher kam mir der Gedanke, warum bin ich denn bisher in so vielen extremen Gefährdungen gerade noch davongekommen?

Im Zusammenhang mit meiner Krankheit wird mir wie nie zuvor bewußt, wieviele Gelegenheiten „das Schicksal“ ausließ mein Leben zu zerstören, wieviele es dagegen nützte, es zu retten! Ganz offensichtlich war eben noch nicht alles getan und verwirklicht, was mir zugedacht ist ...“

3. Die zweite Sinnerkenntnis

„Wäre es nicht völlig falsch, jetzt zu hadern, weil mich dieser Schlag traf? Habe ich doch für so viel Schönes, ja Hervorragendes zu danken. Eine Dankbarkeit, die von einem Tag zum anderen ins Zaudern käme, wäre nur eine leere Hülse, ein würdeloses Kokettieren mit einem hoffentlich nie zu Ende gehenden Wohlleben.

Dankbar sein bis hinein ins Sterben ... Es erleichtert nicht nur mir, auch allen um mich herum, sehr vieles ... Man kann die Angst vollkommen verlieren.“

4. Die dritte Sinnerkenntnis

„Wie unser ganzes Leben von Anfang bis Ende eine Schule ist, so ist es auch mit jeder Krankheit. Immer klarer werden mir die großen Zusammenhänge, immer deutlicher ihr Sinn ...

Meine Berufstätigkeit läuft in diesen Wochen aus. Hätte ich im Besitz all meiner Kräfte, bei voller Gesundheit, so leicht dem entsagt, was mich über viele Jahrzehnte in Amt und Würden auslastete? Meinen Lehrstuhl als Professor, meine mir so wichtigen Studenten, Doktoranden ..."

5. Die vierte Sinnerkenntnis

„Nein, dies alles nahm Gott mit solcher Wucht mir aus den Händen, daß mich seine Stimme erschreckte: „Genug – genug! Es ist genug getan!" Mehr noch. Er lähmte meine Hände, indem die Bildung von Metastasen fortschreitet ...

Nie nahm ich mir Zeit für einen Liegestuhl im Garten, den meine liebe, immer besorgte Frau für mich aufstellte; jetzt bin ich glücklich dort, unterm Ahorn, der sich wie ein silbrig-grüner Sonnenschirm über mich breitet und von wo ich die Staren- und Bachstelzeneltern ihre Jungen füttern sehe ... Ich erlebe Dinge, über die ich nur staunen und mich zutiefst wundern kann."

6. Die endgültige Stellungnahme

„Zerfall und Tod sind nicht das Letzte. Wir erdverbundenen Menschen dürfen loslassen, uns fallen lassen in Gottes ewigen Willen. Meinst Du nicht auch, dies sei ein großer Schritt zum Ziel?"

Dieser Brief braucht nicht kommentiert zu werden. Er legt ein phänomenales Zeugnis dessen ab, wozu ein Mensch befähigt ist, wenn ihm sein „unbewußter Gott" *bewußt geworden ist.* Wenn er sich seinem „gewußten Gott" gegenüber weiß.

In beiden Beispielen mischen sich existentielle Erschütterungen, die nun einmal von ungeheurer Wachstumsschubkraft sind, mit existentiellen Eingebungen, die in Gestalt plötzlicher Sinn-Erkenntnisse auftreten, und existentiellen Entscheidungen, die getroffen werden in lebensverändernder Art. Vielleicht ist überhaupt alles, was Leben heilsam verändern kann, an seinem Ursprung unbewußt – *im* Menschen, aber nicht *des* Menschen, und noch nicht *in der Verfügung des* Menschen. Noch nicht, bis es zur Wirksamkeit erwacht, über das eine oder andere, mehr oder minder schwerwiegende Ereignis aus der Transzendenz geweckt.

Zitat:
„Wie oft sind es erst die Ruinen, die den Blick freigeben auf den Himmel!"[69]

[69] Viktor E. Frankl, Der leidende Mensch, Piper, München, Neuausg. 1990, S. 379

Die Metapher „Engel“
Eine höhenpsychologische Deutung

Märchen sind wiederholt tiefenpsychologisch gedeutet worden. Doch kommt es bei solchen Deutungen leicht zu Entwertungen, indem „höheren“ Inhalten „niedrigere“ Stellvertretungen zugesprochen werden. Davon nimmt die Logotherapie Abstand. In ihren Auslegungen steht der gerechte Riese nicht für prahlende Männlichkeit, der ehrsame Bauer nicht für tölpelhafte Ichschwäche, und die geliebte Rose nicht für den Mutterschoß, der das auszutreibende Kind mit narzißtischen Stacheln festhält[70].

Entlarvung in Richtung primitiver Triebhaftigkeit und verborgener Persönlichkeitsdefizite geschieht nicht. Wobei nicht geleugnet sein soll, daß eine derartige Symbolik in der phantastischen Literatur ihre Berechtigung haben kann. Nur findet sie nicht das Interesse der Logotherapie, aufgegriffen und „ausgeschlachtet“ zu werden.

Wenn aber entwertende und „echtheitshinterfragende“ Deutungen bewußt ausgeklammert werden, welche Deutungen gelten dann als logotherapeutisch zulässig? Man könnte sagen, allenfalls solche, die einen mystischen Weg zur Wiedereinwurzelung des Menschen in seinen über das rein Physische hinausgehenden Seinsgrund ebnen. Dieses (durchaus therapeutische) Ziel rechtfertigt dann das *Deutungsrisiko*, welches in der Logotherapie sehr realistisch eingeschätzt wird; denn alles Deuten bewegt sich im Grenzbereich zwischen Wahrheitsfindung und Betrug, und insofern zwischen seriöser Hilfe und unverantwortbarer Gaukelei.

Das folgende Beispiel zeigt eine „höhenpsychologische“, also logotherapeutische Deutung, die nicht von mir, sondern von einer Patientin von mir eingeleitet worden ist. Ich habe ihre Anregung lediglich aufgegriffen und, da sie mir von besonderer Relevanz erschien, „ausgesponnen“.

Die Patientin berichtete davon, wie sie ihre Zukunfts- und Existenzängste in Zusammenhang mit einem fortschreitenden Nierenleiden und einer brüchig gewordenen Partnerbeziehung zu meistern versuch-

[70] Vgl. dazu Eugen Drewermann und Ingritt Neuhaus: Das Eigentliche ist unsichtbar. Der Kleine Prinz tiefenpsychologisch gedeutet, Herder, Freiburg 1984

te. Und zwar stellte sie sich an jedem Abend vor dem Einschlafen plastisch vor, wie rund um ihr Bett Engel Position bezögen, um ihren Schlaf zu bewachen und zu behüten, wobei ihr die musikalisch meisterhaft gestaltete „Engelszene" aus Engelbert Humperdincks Oper „Hänsel und Gretel" als Modell diente. In dieser Szene heißt es:

Abends, will ich schlafen gehn,
vierzehn Engel um mich stehn:
zwei zu meinen Häupten,
zwei zu meinen Füßen,
zwei zu meiner Rechten,
zwei zu meiner Linken,
zweie, die mich decken,
zweie, die mich wecken,
zweie, die mich weisen
zu Himmels Paradeisen!

Die Visualisierung dieses traumhaft schönen Bühnenbildes als ihr eigenes „Traumbild" würde sie so beruhigen, daß es ihr gelänge, fast sorgenfrei die Augen zu schließen und mit jedem neu anbrechenden Tag ihr weiteres Geschick getrost auf sich zukommen zu lassen.

Da die Patientin hierin einen Rettungsanker gefunden hatte, durfte ihr dieser auch nicht genommen werden. Er sollte im Gegenteil verstärkt werden, um ihr auch dann noch Halt zu bieten, wenn sie ihn vielleicht eines Tages bitter nötig haben würde. Deswegen begann ich gemeinsam mit der Patientin über die Opernfassung des Märchens „Hänsel und Gretel" und die darin enthaltene Botschaft der Engelszene nachzudenken. Wir beide suchten und fanden gleichsam die „Essenz" der von ihr erlebten Beruhigung heraus, das Abstrakt der märchenhaften Ausschmückung einer unbewußten Gewißheit.

Zunächst ein Gedanke: Die Engel treten zu einem ganz bestimmten Zeitpunkt auf. Und zwar ist es der Zeitpunkt, da die Kinder total *verlassen und verirrt* sind, verlassen von ihren Eltern und verirrt im ungeheuerlichen dunklen Wald.

Die Verlassenheit der Kinder ist deswegen so total, weil ihre Mutter aus einer Überforderungs- und Verzweiflungssituation heraus versagt hat und schwach geworden ist. Sie hat den Topf Milch zerschlagen, der die Grundlage für die Abendmahlzeit der Familie gewesen wäre, und daraufhin in ihrer Not die Kinder – viel zu spät in der Dämmerung – zum Erdbeerenpflücken aus dem Haus geschickt. Der Vater, der die Gefährdung der Kinder klarer als die Mutter erkannt und folglich eingegriffen hätte, war noch nicht daheim gewesen. So haben in gewisser Weise beide Eltern „gefehlt", die Mutter in ihrer Aufsichtspflicht, der Vater in seiner Anwesenheit. Und da Kinder nur zwei Eltern haben, sind sie, wenn beide „fehlen", total verlassen.

Aber die Kinder haben natürlich sich. Sich selbst und einander. Und sie haben einen Auftrag: die Erdbeeren zu holen und der hungrigen Familie zur Verfügung zu stellen. Sie haben die Gelegenheit, viele zuvor erbrachten Liebesbeweise ihrer Eltern jetzt, da die Mutter einmal schwach geworden ist und der Vater sich abrackernd verspätet, mit einer hilfsbereiten Tat zu vergelten. Doch die Kinder lassen sich verleiten, die gepflückten Erdbeeren selber zu essen, und das heißt, sie schlagen den falschen Weg ein. Sie erfüllen den Auftrag nicht. So wie sie mit ihrem Herzen zu wenig daheim bei der weinenden Mutter weilen, so kommen sie als ganze Personen nicht mehr heim. Sie haben ihre Orientierung verloren und sich total verirrt.

Es ist keine sehr gewagte Interpretation, wenn man *Verlassenheit* als *die* Chiffre für das Leid im menschlichen Leben betrachtet – hat doch sogar der Gekreuzigte in seiner schwersten Stunde nach dem Grund seines Verlassenseins gerufen. Auch ist es nicht aus der Luft gegriffen, *Verirrtheit* als *die* Chiffre für das Phänomen Schuld im menschlichen Leben anzusehen. Ist doch alles Schuldigwerden ein Versäumnis des rechten Weges, ein Abweichen von uns Gewiesenem. Womit Verlassenheit und Verirrtheit im Bilde stehen können für die beiden „lebendigen Säulen" der „tragischen Trias" Leid, Schuld und Tod[71], die das gesamte Schmerzgebäude menschlicher Existenz aufspannen.

Genau zu dem Zeitpunkt aber, um zu Humperdincks Oper zurückzukehren, da beide „Säulen" zu „brennen" beginnen, also im Moment der größten Verlassenheit und Verirrtheit, kommen die Engel.

[71] Viktor E. Frankl, Logotherapie und Existenzanalyse, Piper, München 1987, vgl. Kap. Metaklinische Pathodizee.

Ein zweiter Gedanke: Die Engel treten in der höchsten Not auf, wie wir herausgearbeitet haben, aber nicht als Retter. Sie nehmen die Kinder nicht bei der Hand und führen sie aus dem finsteren Wald in die Geborgenheit. Sie verhindern auch nicht, daß die Kinder am nächsten Tag der Hexe in die Arme laufen werden, oder halten schützend ihre Flügel zwischen sie und die Käfigstäbe bzw. Backofentüre.

Nein, die Engel greifen in das dramatische Geschehen im Walde nicht ein, wie sie es auf Erden nicht tun. Sie stehen jedoch als die Garanten eines ewigen Ratschlusses da, der zugunsten der Rettung von uns Menschen gefallen ist. Und so erscheinen sie in der Oper als sichtbar gewordene Prophezeiung eines glücklichen Ausgangs der zu erwartenden Geschehnisse – am Ort der Verlassenheit und Verirrtheit und umgeben die Kinder mit einer Aura prinzipieller Unversehrbarkeit. Keine zornig-depressive Mutter, kein im Abseits befindlicher Vater und nicht einmal das Böse an sich in Hexengestalt kann die Kinder wirklich beschädigen. Sie werden durch Leid und Schuld hindurchstolpern müssen, sie werden Versuchungen erliegen, Existenzbedrohung erleben, und sie werden sich selbst sehr anstrengen müssen, um ihr Erdendasein zu sichern, aber „hinter“ und „über“ all dem sind sie längst gerettet, aufgenommen im Hause eines unfehlbaren „Vaters“. Der Ring des Heils, der sich in der Metapher Engel um sie schließt – exakt schließt, sobald das Unheil vehement nach ihnen greift –, ist nicht mehr zu sprengen.

In dieser Auslegung hat die Hexe nie eine echte Chance gehabt, von allem Anfang an nicht. Sie hat ihr Hexenhaus umsonst gebaut, ihre Tricks, ihre Tarnung umsonst eingeübt. Die böse Saat ihres Handelns geht nicht auf, obwohl keine himmlische Kraft sie dabei stört. Sie darf Kinder anlocken, quälen und auffressen, aber es nützt ihr nichts, denn die Engel sind um jedes Kind. Es ist ein merkwürdiger Gesichtspunkt, daß das Böse gerade deswegen unbehelligt in der Welt wirken darf, weil sein Wirken a priori „umsonst“ gesprochen ist.

Ein dritter Gedanke: Die Engel erscheinen nicht nur zum Zeitpunkt größer Not, sondern auch zum Zeitpunkt geringster Wachheit der Kinder. Diese haben sich, orientierungslos und müde wie sie sind, im Wald eng aneinandergeschmiegt niedergelegt und sind eingeschlafen. Nichts vom Ring des Heils, der sich um sie schließt, wird ihnen bewußt. Nicht, daß zwei Engel zu ihren Füßen Stellung beziehen, und nicht, daß zwei zu ihren Häupten stehen ... Sie wissen rein gar nichts von der Garantie des „guten Ausgangs", die ihnen mit diesem lichtvollen Bilde zuerteilt ist.

Wäre es nicht tröstlich für sie, wenn sie es wüßten? Wäre es nicht unerhört erleichternd für sie, wenn sie den Reigen der Engel um sich herum zu Gesicht bekämen und am nächsten Tag aus der Erinnerung daran die Kraft zur Begegnung mit der Hexe schöpfen könnten? Würden nicht schier alle Ängste mit einem Schlage von ihnen abfallen, wenn sie mit wachen Augen *sehen* könnten, was sich ihnen im Schlafe offenbart?

Geradeso denken wir Menschen. Wir möchten erst sehen, und dann vertrauen, wir möchten erst wissen, und dann glauben. Wir wollen die Garantie schwarz auf weiß haben, um uns zu beruhigen. Doch wären wir in diesem Falle tatsächlich beruhigt? Würden die Zweifel nicht weiterhin ihr Spiel mit uns treiben? Angenommen, Hänsel und Gretel hätten des Nachts ihre Augen geöffnet und staunend um sich geblickt. Hätte nicht bereits das Morgengrauen den Verdacht in ihnen geweckt, „bloß" geträumt zu haben?

Und würden wir überhaupt begreifen, wenn wir *sehen* könnten, *was* wir sehen? Angenommen, die Kinder hätten die Engelschar um sich herum wahrgenommen – *was* davon wäre in ihrem Bewußtsein hängen geblieben? Freundliche Besucher? Anmutige Elfen? Wallende Gewänder und funkelnde Kränze? Hätten sie die Botschaft des ewigen Ratschlusses begreifen können? Wohl kaum. Es ist zu vermuten, daß sie später mit demselben Herzklopfen in der Falle der Hexe gesessen wären.

Unser Bewußtsein ist nicht das Instrument, das fassen könnte, was jenseits unserer Erfassensgrenzen liegt. Es ist ungeeignet für „transzendente Erfahrungen", weshalb sich solche am ehesten bei reduzierter Wachheit einstellen. Das bedeutet aber nicht, daß solche Erfahrungen nicht in uns einsickern und unsere Seelen berühren würden. Denn auch was uns nicht bewußt wird, schwingt in uns nach. Hierin stimmen Tiefenpsychologie und Höhenpsychologie überein. Nur gabelt sich ihr Interpretationsmuster in bezug auf Qualität und Inhalt dessen, *was* da unbewußt in uns schwingt.

Höhenpsychologisch jedenfalls wird die Möglichkeit zugelassen, daß Humperdincks Oper vom Lebens- und Reifeweg des Menschen erzählt, von des Menschen Verlassenheit und Verirrtheit und von seinem trotzdem im Prinzip und für immer Bewahrtsein, welches ihm niemals zu Bewußtsein kommt und auch keine irdische Schonung verspricht, aber unbewußt in ihm schwingt, sobald die „Engel" ihren Ring um ihn geschlossen haben. Wer sich jener transzendenten Erfahrung mit den geschlossenen Augen eines schlafenden Kindes anvertrauen kann – wie es jener Patientin von mir gelungen ist –, braucht die „Hexe" im Leben nicht mehr zu fürchten.

Im Franklschen Schrifttum gibt es eine Textstelle, an der die Metapher „Engel" auf sehr ähnliche Weise verstanden und verwendet wird, wie in der o.g. Deutung, wenn auch in einem konträren Kontext. Nämlich im Kontext einer dichterischen Beschreibung der grausamen Vorgänge in den Konzentrationslagern des 2. Weltkrieges. Daß es sich hierbei um keine „Märchen" gehandelt hat, ist heute hinlänglich bekannt. Im Theaterstück „Synchronisation in Birkenwald", welches seinem im KZ umgekommenen Vater gewidmet ist, schildert Viktor E. Frankl an Hand des Schicksals einiger Häftlinge deren Auseinandersetzung mit ihrer desolaten Situation. Gleichzeitig beleuchtet er dieselbe Situation aus „höherer" Warte unter dem Aspekt einer „metaphysischen Konferenz" bedeutender (längst verstorbener) Philosophen, die die schlimmen Vorgänge auf Erden beobachten und kommentieren.

In diesem Theaterstück tritt nun ein Engel auf: der sogenannte „schwarze Engel". Er hat einen unangenehmeren Auftrag zu erfüllen als die sanften und singenden Engel im Walde von Hänsel und Gretel. Denn er muß das inhaftierte Brüderpaar Franz und Karl prüfen, zur Vollendung ihrer Leben geleiten und „heim"holen. Dennoch verhält er sich den vorhin ermittelten Kriterien analog.

1. Der Engel tritt im Moment der größten Verlassenheit und Verirrtheit der Häftlinge auf.

Karl hat einen falschen Namen und eine falsche Nummer auf einer Transportliste angegeben, um von seinem Bruder Franz nicht getrennt zu werden. Dabei ist er vom Lagerältesten gedeckt worden, dessen Namen er, nachdem der Schwindel aufgeflogen ist, verraten soll. Das Brüderpaar steht allein da mit seiner tödlichen Bedrohung, mit seiner Verantwortung, mit der Frage, wer sich für wen und wofür opfern soll oder auch nicht? Keiner kann ihnen helfen, kann ihnen die Entscheidung abnehmen, selbst die Mutter, die Franz in seiner Verzweiflung um Beistand anfleht, ist tot.

2. Der Engel führt sie aus ihrer Bedrängnis nicht heraus und schützt sie nicht vor Schmerz.

Das pure Gegenteil geschieht. Der „schwarze Engel“ bedient sich der Person eines psychopathischen SS-Mannes, welcher Karl bis aufs Blut quält. Dies beunruhigt sogar die Mutter, die von „oben“ zuschauen muß. Da wird ihr gesagt: „Haben Sie denn nicht gesehen, es war ein Engel vorhin hier –“ Ein versteckter Hinweis auf die Garantie des „guten Ausganges“? Karl erfüllt, was ihm abverlangt ist; er wird nicht zum Verräter und besteht sterbend sein Leben. Sein Vorbild springt wie ein Funke auf den Bruder über, der ihm mit einem gleichermaßen großartigen „Schlußakkord“ nachfolgen wird.

3. Der Engel, der das Geschick der Brüder leitet und bewacht, wird ihnen nicht bewußt.

Erst als Karl im Tode „heim“kommt, stellt ihm die Mutter seinen „schwarzen Engel“ vor. Karl kennt ihn nicht, aber er verneigt sich: „Ich danke Ihnen –“. Da spricht der Engel: „Mir? Sie haben doch gehört: über Auftrag ...“. Zur gleichen Zeit ist der Engel bei Franz, der noch lebt und nichts von seinem Begleiter ahnt. Aber der Engel ist um ihn, und dies genügt. Des Engels Botschaft sickert in ihn ein und läßt ihn – mitten in der irdischen Hölle – aus unbewußter Tiefe heraus voll Inbrunst sagen: „Ich glaube! An mich! An dich, Mutter! ... Karl! ... Herr!“

Süddeutsches Institut für Logotherapie GmbH

Fachliche Leiterin: Dr. phil. Elisabeth Lukas
Adresse: Geschwister-Scholl-Platz 8
D-82256 Fürstenfeldbruck
Telefonnummer: 0 81 41/1 80 41
Telefax: 0 81 41/1 51 95

Das gemeinnützige Institut ist eine Wissenschafts- und Ausbildungsstätte, in der die originäre Logotherapie nach Viktor E. Frankl gelehrt, angewandt und weiterentwickelt wird. Ratsuchende finden Lebenshilfe in der psychotherapeutischen Ambulanz des Institus, Interessenten treffen sich im Arbeitskreis des Instituts, Fachleute können den vom Institut angebotenen Lehrgang in Logotherapie absolvieren.

Das Institut ist eingebunden in einen internationalen Freundeskreis logotherapeutischer Einrichtungen in aller Welt und kooperiert mit zahlreichen Universitätsinstituten im In- und Ausland.
